张颂文集

U0950008

朗读学

/第四版/

张颂 著

中国传媒大学出版社
·北京·

图书在版编目（CIP）数据

朗读学 / 张颂著. -- 4 版. -- 北京 ：中国传媒大学出版社，2022.1（2023.6 重印）
（张颂文集）
ISBN 978-7-5657-3114-3

Ⅰ.①朗…　Ⅱ.①张…　Ⅲ.①朗诵学　Ⅳ.①H019

中国版本图书馆 CIP 数据核字（2021）第 274294 号

朗读学（第四版）
LANGDUXUE（DI-SI BAN）

著　　者　张　颂
策划编辑　赵　欣
责任编辑　张　笛　赵　欣
封面设计　拓美设计
责任印制　阳金洲

出版发行　中国传媒大学出版社
社　　址　北京市朝阳区定福庄东街 1 号　　邮　　编　100024
电　　话　86-10-65450528　65450532　　传　　真　65779405
网　　址　http://cucp.cuc.edu.cn
经　　销　全国新华书店

印　　刷　北京中科印刷有限公司
开　　本　787mm×1092mm　1/16
印　　张　17.25
字　　数　380 千字
版　　次　2022 年 1 月第 4 版
印　　次　2023 年 6 月第 2 次印刷

书　　号　ISBN 978-7-5657-3114-3/H·3114　　定　　价　59.00 元

本社法律顾问：北京嘉润律师事务所　郭建平

向张颂老师学习(代序)

我是1986年来北京广播学院(现中国传媒大学)上学的。当时从南方一个小山村跌跌撞撞走来,一开口全是家乡话,普通话说不利索,也不善表达。我偶然看到一本《朗读学》,一翻就上瘾了,把它读了三遍。当时正是求知若渴的年龄,这本书给了我语言表达方面很好的启蒙教育,对我未来的成长起到了很大的帮助作用,我对这本书充满感情。至今我还清晰地记得,这本书是1983年出版的,书的作者,正是我敬仰的张颂老师。我毕业后留校工作,对张颂老师有了进一步了解,了解愈深,敬仰愈隆,早已萌生写写张颂老师的想法。不久前,中国传媒大学出版社为纪念张颂老师逝世十周年,准备修订出版“张颂文集”,约我写几句。借此机会,我把欲吐之词尽书之,表敬仰之情,寄缅怀之意。

张颂老师是追求理想、不忘初心的楷模。

张颂老师非常热爱党。习近平总书记说:“一个人也好,一个政党也好,最难得的就是历经沧桑而初心不改、饱经风霜而本色依旧。”张颂老师就是这样一个人。他从小对党充满感情,在北京师范大学读书时就写了入党申请书。之后,无论人生如何跌宕起伏,他信仰不移,信念不改。因历史原因,张颂老师在1984年才得以入党。但是在思想上,他从填写入党申请书之日起,就一直以一个共产党员的标准严格要求自己。他认为,新闻媒体是党的喉舌,而从事播音工作更是直接用喉舌为党服务。尤其是培养广播电视语言传播人才,培养播音员、主持人,更使他感到责任重大,任务艰巨。所以他时时告诫自己,必须政治高标准,业务严要求,才能不辜负党,不辜负播音主持专业教师这一份工作,不辜负"人民教师"这一光荣称号。

张颂老师是献身学术、开拓创新的楷模。

张颂老师非常热爱学术研究工作。他于 1963 年 8 月从中央人民广播电台调入我校新闻系播音专业任教,从此开启学术生涯。没有专业教材,参照资料也少,他便长期坚持自编教材。播音学教材《播音基础》的初稿写出来后,他向人征求意见。有人说他把播音写玄了,播音有学吗?他因此陷入苦恼。但他并未止步。播音学与朗读学相交相融,他便从朗读学方面着力,很快,中国第一本《朗读学》横空出世。接下来,张颂老师又琢磨起播音学来了。张颂老师有一股不服输的精神,他执着于学术理想,认为耳得之声、目遇之色皆有学问,播音里面一定是有学问的,他要一点一点把它全部给挖出来!试上高峰窥皓月,偶开天眼觑红尘。张颂老师带领他的同事们悟中华有声之道,得往圣不传之学,终于打破了"播音无学"的说法:他反复修改、完善,推出了播音基础理论研究的奠基之作《播音基础》(后改为《播音创作基础》)等;他主编的《中国播音学》标志着世界范围内绝无仅有的播音学理论体系的建立;他撰写的《播音语言通论》《播音主持艺术论》《语言和谐艺术论》等是对播音学理论体系的充实、深化和拓展;他撰写的《朗读学》《朗读美学》等开创了有声语言艺术精品的创作范式。时至今日,连传媒业非常发达的西方国家也不曾有这样的学科和这样成建制地培养学士、硕士、博士的教育体系,他的理论成果在播音主持艺术界乃至世界有声语言传播界都具有不可替代的重要指导作用!

张颂老师是立德树人、教书育人的楷模。

张颂老师非常热爱教学工作。他以赤诚之心、奉献之心、仁爱之心投身教育事业。他曾说:"接受师范教育,从事教学工作,是我自觉的选择,无怨无悔,乐在其中。"张颂老师认为教师应该先律诸己,"种树者必培其根,种德者必养其心";张颂老师认为教师应该力求进取,有所作为,实现"教学相长、继往开来”的理念,身先士卒,率先垂范;张颂老师认为教师是“红烛”,应该“春蚕到死丝不断,蜡炬成灰热犹存”。张颂老师一直坚守“德才兼备,声形俱佳”“以播为主,一专多能”和“有稿播音锦上添花,无稿播音出口成章”的专业人才培养理念,一直坚持理论与实践相结合、大课与小课相结合、课堂讲授与大运动量训练相结合的专业人才培养方法。其中,他特别强调语言功力,即观察力、理解力、思辨力、感受力、表现力、鉴赏力、调检力、回馈力。他一直强调:“教师不但要有教学能力、科研能力,还要有示范能力。”他认为,本科是高校的基础和重心,教师必须使学生在本科阶段扩大视野、夯实根基、扬长补短,培养事业心和责任感,养成如饥似渴的学习习惯,提高在话筒前、镜头前“体现时代精神,充满人文关怀”的自觉性。张颂老师亲自带领学生坚持晨练(练声),因此斗牛之下,白杨树旁,中传学子诵明月之诗,歌窈窕之章!张颂老师爱才惜才,只要发现好苗子,便不放过。很多学生在张颂老师鼓励下考上我校,后来成为我国优秀播音员、主持人。《荀子·劝学》有云:“学莫便乎近其人……学之经莫速乎好其人。”张颂老师,学生所好也。张颂老师家里,常常挤满了前来求教、“打牙祭”的学生。在学生心中,张颂老师是严师,更是慈父。而在张颂老师心中,学生是他最大的财富和骄傲。他一直有一个理想,就是希望“播音员、主持人的创造性,能够催生有声语言表达的典范,传承‘书同文’,成就‘语同音’,让中华文化响彻寰宇,光耀千秋”。

张颂老师是夫妻恩爱、家风清正的楷模。

积善之家,必有余庆。成就张颂老师的,是时代,更是家庭。他和夫人赵培根老师几十年来相濡以沫,相敬如宾。两人虽是经人介绍相识,老家却在河北易县同一个地方,可以说青梅竹马。燕赵大地的淳朴民风,思想观念的高度契合,成全了这一桩金玉良缘。张颂老师把全部心力用在教学科研上,赵老师独自揽下全部家务,全力支持。工作后,张颂老师一家四口住在广桥附近12平方米的又破又小的房子里,床边放一把凳子,就是他从事学术研究的桌台,《朗读学》《播音基础》等书,就是在这样的环境下完成的。在广桥居住的20多年,天热时,张颂老师趴在斗室奋笔疾书,赵老师就在身后摇扇。后来条件改善了,搬进了楼房。张颂老师有腿疾,上楼梯时赵老师跟在身后,下楼梯时赵老师走在身前，以防他摔倒。张颂老师几十年来一直资助贫困学生，先后受资助的学生不下十位。自己的日子也不宽裕，但赵老师从无怨言……他们夫妻和睦，勤俭持家，恩爱偕老。张颂老师品行高致，学问高深，德高望重，为我国广播电视事业做出了不可估量的重大贡献，赢得了人们的普遍尊敬和爱戴。他多次被评为全国优秀新闻工作者，获得国家级“有突出贡献专家”称号并享受国务院特殊津贴，还是第二届国家级教学名师。而他的每一份荣耀，都有夫人赵培根老师的默默奉献与无悔付出！

……

现在全国上下正在弘扬“三牛”精神，张颂老师就是播音学领域的孺子牛、拓荒牛、老黄牛。张颂老师曾把“语同音”作为自己毕生追求的理想。在媒体融合、万物互联的现时代，“语同音”显得多么重要。张颂老师的真知灼见、远见卓识，令人十分钦佩！

大学之大，大在大师，张颂老师就是播音学领域的世界级大师。中国传媒大学已经绘就“十四五”规划蓝图，正迎来高质量发展关键时期。这需要广大中传人踔厉奋发，笃行不怠，对接国家战略，贡献中传智慧，向着建设世界一流传媒院校的目标而不懈努力。念兹在兹，我们需要一大批像张颂老师这样的大师，我们无比怀念他。

向张颂老师学习！

廖祥忠

〔廖祥忠，中国传媒大学党委书记、校长，教育部新文科建设工作组副组长，
教育部高等学校动画、数字媒体专业教学指导委员会主任委员〕

目 录

前 言(第三版)

《朗读学》自从1983年8月由湖南教育出版社出版以来，已经修订三次了。尽管发行数万，获奖若干，得到了各方面的肯定与赞誉，我仍然觉得有许多未尽之意。虽然相似的论著甚多，还是认为这个领域需要继续深化，很多问题还有开掘的可能性空间。现在，出版社书库告罄，求购者陆续要求供货，我必须借此机会，把当下的认识增加进去，把该解释的话语表达出来。

朗读是不是一种有声语言的创造性活动？事实上和理论上都无须再行求证了。真正从学术上进行批评和反驳的，还没有听到、见到过。而那些空洞笼统的论断，既缺乏学术的内涵，又缺乏学术的勇气，已经避开了论点的交锋，从而逃离了学术的边界。其实，学术争鸣应该条分缕析地、平心静气地进行，那样，才能够推进学术研究的深入，纠正学术观点的偏颇。如果没有任何属于学术的见解，只是在“朗读无学”的同义反复中转来转去，就现出了混乱的逻辑和蹩脚的表述。对于“朗读”之事，不懂、不学、不会、不能，都没有关系，就是很不喜欢，也是一种个体自由，但是不应把自己的好恶强加给他人。如果连“有声语言”是什么都毫无概念，就竟然妄图抹杀这个学问，我看，除了以此自嘲，也就没有任何意义了！越来越多的人热爱朗读，越来越多的人走上了运用朗读服务社会的道路，进一步证明，朗读学(包括《朗读美学》)的学术价值和广泛影响已是一种客观存在。

朗读之所以为“学”，并非主观臆断。我国历史上，不乏关于朗读的叙述与评介，中小学语文课本也有朗读课文的要求；

中国台湾已出版了研究朗读的多种专著,中国香港也坚持培训教师的朗读能力。美国、英国、德国等都要求播音员必须经过严格的朗读训练。这些,说明了大家的共识。但我们还是期待产生不同的理论体系,在学术领域进行比较和论争,择其优者而从之。本人的《朗读学》,对批评和讨论一直表示衷心的欢迎,以促进学科的发展。朗读学究竟是有用的,还是没用的,完全有时间、有机会进行认真的学术研究和理论争鸣。

值得欣慰的是,当前,由教育部倡导的中华诵读的活动方兴未艾,全国各级各类学校的朗读教学如火如荼。为了推进这个有意义的文化传承一步一步开展,为了张扬有声语言创作的一步一步普及,有志者都应该承担这份责任,应该排除种种困难去做好哪怕是具体而微的工作。因为这是一种功在当代、利在千秋的伟大的民族文化传承的工程!

我国的民族精神博大精深,我国的文化经典浩如烟海。有声语言的创作,或朗读、或朗诵,都能显化人文底蕴,活化真情实感。用有声语言表情达意、言志传神,无论是朗读者还是听者,都在潜移默化中享受着民族文化、风格样式、深远意境和优美韵律的美感。其中,那"情、声、气"的无穷变化,那"形、意、神"的万种风采,那创作者的心潮澎湃,那接受者的心旷神怡,时时刻刻在广远时空里充满着厚重的历史感、昂扬的时代感、坚定的行进勇气、旺盛的生命活力。

同时,学习朗读技巧,提高朗读能力,就是一个深入开掘文化底蕴的过程,就是一个把握文化精髓的过程。由此,朗读者发挥创造力和想象力,驾轻就熟地展现文化风貌,深入浅出地传播文化精神,以自己为中介,把作者与听者紧密地联系起来,共同营造一个浓厚的审美氛围,共同完成一次崭新的心路历程。这是文字语言的独处语境所不能达到的,也是无声世界的静谧空间所无法感受的。忽视有声语言的巨大功能,蔑视有声语言的审美价值,往往因袭"重文轻语"的传统偏见,以为"不学而能""自然而成"。无视有声语言的存在,犹如无视文字语言、无视书法艺术,会导致消解"书同文"的重大历史意义,抹杀书法艺术的重要审美价值。我们强烈期望全民族达到"语同音"的境界,强烈期待对于"语同音"的规律性研究成果。建立朗读学,催生有声语言的典范,不过是万里长征的第一步,今后,任重道远,更需众志成城、齐心协力,争取早日实现我们的目标!

张　颂

2009 年 4 月 8 日于"三书屋"

前 言(第二版)

“重文轻语”的现象至今普遍存在,对“朗读”还远未达到“重视”的程度。“写的语言”是学问,备受青睐;“说的语言”也是学问,却少有认同。朗读,作为把文字语言转化为有声语言的再创作活动,更被看作简单、容易的事。朗读似乎只是“见字出声”。似乎同文化传承、知识积累、表达能力、审美感受没有关系,因此,长期被挤压在语文课的一个角落,处于可有可无的地位,同时,一直未能介入综合素质之中,“应试教育”中没有、“素质教育”中仍然没有涉及。这同泱泱大国、文明古国、信息时代、国际潮流很不适应,朗读理应大踏步迎头赶上,充分发挥其不可或缺的社会功能。

对“日常口语”的推崇,并非对语言的重视,因为把“日常口语”认作最好的语言,就会无视语言功力,就会舍弃语言的学习和锤炼,就会把语言置于人人“不学而能”的层面上,有意无意地进入“口语至上”的牢笼。“口语至上”实质上还是对语言的轻视,不过是“重文轻语”的另一种表现而已。

《朗读学》的问世,是历史的发展、时代的召唤、现实的需要、未来的期待的产物,融汇着众多的心血成果。尤其要感谢我的老师徐世荣教授,他的言传身教,使我受益良多,终生难忘。我将牢记先生的教诲:“朗读必须重视,应当建立一套科学性的知识理论。”我将为此而继续努力。

张 颂

1998 年 9 月 10 日

序 言 徐世荣

朗读是我们现代文化生活中不可少的一项功夫。朗读就是把书面上写的语言变为口头上说的语言，把无声语言（文字、文章、文学作品）变为有声语言——更能表情达意的口头活语言。

书面语言和口头语言彼此关联着，相互汲取营养，相互促进发展。书面语言把口头语言做了性质的变化，化声音为文字形式，改听觉的接受为视觉的接受；同时，精练加工，消除一般人口头经常难免出现的一些毛病，如重复、啰唆、凌乱、模糊；甚至用词不当，词不达意；语序颠倒，任意添补；不合语法规律，词语配合不妥；音节或重沓，或脱落，或打顿，结结巴巴，期期艾艾。书面上则经过修饰润色，在遣词、造句、诠段、谋篇方面，都加了工，消灭了口头语言的上述语病。从形式上看，干净利索，条理清楚，加强了语言的精密性、艺术性，似是胜过口语的粗糙；但却有一个不可弥补的最大缺欠，缺欠了一个语言的重要成分（要素）——语音。语言是词汇、语法、语音三者的结合体，有如三鼎足的关系。严格地说，书面上写的语言是不完全的语言。语气、语调、语势、语感，抑扬顿挫、轻重缓急，书面上受到局限，全都表达不出来。外国语言学家曾说“语言不等于言语”，“言语要比语言的材料（词汇、语法）丰富得多”。这里所谓“言语”，就是说话，就是口语。“丰富”的是什么呢？就是语音所表达的东西。口头语言中因为多了一层语音的作用，于是它才增加了活力，有了跳跃着的生命。

新的语言教育工作，努力改革过去侧重写的语言（看书、写作）的偏差，增加“听与说”的教学要求，培养青少年一代的口头表达能力(口才)。但是,多么好的口才,也还比不上书面语言的精练。反之,作家们向“言文一致”努力,但总是不能全然“一致”,写不出语音所表达的东西。作家们尽管在文字间使用着符号,如——(表示语音延长、叫喊),……(表示沉吟、语音中断等),>或<(表示诗歌中的音量递减与递增),但毕竟只能表示几个句子,而无法照顾全面。老舍先生写《龙须沟》,自称对其中某些人物的生动语言,是“出着声儿写的,以期把语言写活”。尽管这样,读者还必须按自己的生活语言知识,去领会作者在字里行间的语音节律,才能受到更深的感染。内心的共鸣,是由于自己在思维中加入了文字之外的语音成分,虽是默读,只是补充的声音未曾吐出罢了。

把口头语言写成书面语言,就是写作(除文学作品外,也包括日常生活中的写信、写通知等应用文)。写作在生活中很需要。它是一门学问,是人人必须掌握的技能,这是无人持异议的。把写作的书面语言再还原,变为口头的有声语言,在现代生活中也很需要,这就是朗读。如果说朗读也是一门学问,不少人就不能接受,他们以为这是“小题大做”,顶多算是一种专业人员(如电台电视台播音员、影视剧演员、语文教师等等)的知识技能就够了。由于不加重视,在生活中有时要读文件给人听,要读一些书报的内容给人听,要读个小故事给自己的孩子听,要帮助老大娘读读家信……这时,就受到了考验,会读得支离破碎、一字一迸,把清清楚楚的一篇、一段文字读得糊里糊涂,让听者摸不着头脑,抓不住要领,甚至理解错误,产生很坏的后果。这样的读法,和经过学习、训练的人的读法,完全两样,听这种词不成词、句不成句的朗读,就如同阅读一篇文理不通的文章,使人如堕五里雾中,苦不堪言。

所以,朗读必须重视,应当建立一套科学的知识理论。既然大张旗鼓地讲“修辞学”,也就应该同等地讲“朗读学”。生活中口头语言毕竟是第一性的,生活中需要朗读和需要写作是同等的,朗读绝不是少数人的知识、技能。如果再谈到语文教学上,朗读则更是非常必要讲求的了。

张颂同志从事广播事业的播音工作、语言教学工作多年,积累了丰富的经验与心得体会,勇敢地建立起“朗读学”,我是非常赞同的。我热切地盼望这本创新性的书早日问世,引起大家的重视,让大家懂得“写的语言”固然是学问,“说的语言”也是学问,写与说都是“信息的传达”。在现代化的科技建设中,声音的信息传达,要比书面的信息传达更为重要。准确、生动的朗读,有着生活气息的朗读,今日已提到了更高的地位。这本书精练而详尽地讲论其中的各种法则,为语言应用的现代化开辟新路,是一项有实用价值的贡献!

第一章

建立朗读学的目的和意义

朗读，长期以来伴随着我们的生活，可是它一直附属于语言学中的语音学，而没有发展成为独立的学科。现在，历史的发展、现实的需要，使我们终于认识到：朗读学应该打出自己这面旗帜。

第一章 建立朗读学的目的和意义

- 必要性
  - 语音学研究更广泛，其规律适用于所有语音现象，不为朗读专有。朗读必须在语音规范基础上达到更丰富、更完美的表情达意、言志传神的要求
  - 当今时代对朗读提出了更广、更高的要求。广播电视、录音录像、有声读物、言语指令，无论在物质生产中还是在精神生产中，无论在完善自我中还是在人际交往中，有声语言总是以最明确、最丰满、最熟悉、最可感的符号系统起着不可替代的作用。朗读正贯穿着一种为表现文字作品而必须具备的驾驭有声语言的功力，这个功力恰是语言传播中最基础、最根本的功力
  - 符合我国建设精神文明的需要，高质量的朗读，既可以传播知识，又可以陶冶情操，是建设精神文明的有力手段
  - 符合现代传播工具、传播手段的需要
  - 全球文化交流日渐频繁，普及朗读理论、探究朗读规律，以满足世界人民对汉语的认知需要
- 研究对象
  - 文字语言——有声语言
  - 朗读者（主体）——听者（客体）
  - 朗读现象
  - 朗读规律
  - 朗读技巧
- 和其他学科的关系
  - 语音学——语音规范
  - 文学——题材、体裁、结构、语言，时代背景、社会效果，思想性、艺术性
  - 政治学——政治理论、方针政策
  - 逻辑学——概念、判断服从思维的规律，形式逻辑、辩证逻辑等
  - 生理学——声音、气息、器官、肌肉、神经
  - 戏剧学、音乐学、曲艺学、电影学等
  - 演讲学、播音学、教育学、美学等
- 朗读学独立的体系
  - 马克思主义语言学——用无产阶级的世界观和方法论来朗读
  - 朗读的时代要求——坚持共产主义的理想、情操、道德、纪律，为无产阶级先锋队率领的向共产主义进发的浩荡大军鼓士气、壮行色
  - 朗读的基本规律——理解是基础，目的是统帅，感受是关键；感情要运动，声音要变化，状态要自如
  - 朗读的功能——学习知识、宣传教育、陶冶感染

第一节　朗读学建立的必要性

朗读，是把文字作品转化为有声语言的创作活动。既然要使用有声语言，当然就会涉及许多语音问题，必须服从语音的规律。这也许就是它长期附属于语音学的原因。但是，语音学是包容不下朗读的，只从语音的角度看待朗读，势必束缚朗读的发展，妨碍朗读形成自己完整的理论体系。这里，我们首先就要说明语音学解决不了朗读过程中的根本问题，而只有建立朗读学，才有利于朗读理论和实践的深入研究。

首先，我们知道，语音学是一种“以语言声音及其与语言学上其他现象的关系为研究对象的科学。”①它概括了广泛的语言声音形态，如日常说话、演讲、说评书、说相声……虽然也包括念文章，但并不专门研究朗读中的有声语言，它要适用于所有语音现象，那规律就不会为朗读专有。语音学只是从“音素”“音节”等语音的构成单位和固有形态上进行研究；现代汉语语音也几乎全部是以研究普通话的声母、韵母、声调及其各种变异为主要内容的。它不应该也不可能把自己的研究范围只局限在朗读的声音形态上。有一些语音学著作，虽然设立了“朗读”“重音”“语调”等章节，也不可能详为展开、细为探究，否则，就要喧宾夺主。从整体看，语音学主要是对语音现象进行剖析，并对已有语言声音进行概括，它并不专注于语言发动者的语言发动过程，特别是并不专门研究朗读者的思想感情运动、朗读过程中进行朗读再创作的各个环节以及朗读时有声语言的表达技巧。由此可见，只是在语音规范这一点上，语音学与朗读有某些重合之处。而在更多的关节上，二者有着重要的区别。语音学所要求的、所解决的语音规范是重要的，但朗读必须在语音规范的基础上达到更丰富、更完美的表情达意、言志传神的要求，而这是语音学所无法包容的。朗读应自立门户，肩负起独立的研究任务，去开垦自己领土上的肥田沃野了。

其次，当今的时代，对朗读提出了更广、更高的要求，学习和研究朗读，广泛地开展朗读活动，深入地探讨朗读的理论，建立朗读学，已经成为时代的需要。这一点，已经为越来越多的人所了解、所承认。

人类的历史发展到今天，科学技术、文化教育、广播电视正在迅猛发展，人类的知

① 岑麒祥.语音学概论[M].北京：科学出版社，1959：1.

识正以前所未有的规模和速度急剧积累和大幅度增长。在这种情况下,作为学习和传播手段之一的朗读,简直可以说成了整个社会的需要。扫除文盲之后,教育大普及,离不开朗读;从事任何一个专业的人,广而言之,任何从事社会活动的人,无论在工厂、农村、机关、商店,还是在矿山、工地、列车、轮船,包括每一个家庭,更不要说各级各类学校、幼儿园,都不能没有朗读;每个人都有机会或多或少地参与朗读活动,每个人都有可能进行朗读,也会常常听到别人的朗读。当今参与朗读活动的人数之多,朗读应用的范围之广,是历史上任何一个时期都不可比拟的。

更重要的是,朗读已经冲破了那狭小的圈子,走向了更广阔的天地。“闭关锁国”的时代已经成为过去,随着生产的发展、经济文化交流的迅速扩大,那种小生产的狭隘眼界正逐渐转向对世界范围变化的关注,人们自身的文化素养愈加紧密地同时代要求相适应,每一个“个体”的人,更加自觉地期望把自己造就成“社会”的人,以便同全社会前进的脚步一致起来。人们日益迫切地寻求各种途径,采取各种方法丰富自身,服务他人。在参与活动的过程中,人们确实开阔了眼界,增长了见识,学习了经验,了解了世界,受到了陶冶,获得了愉悦,同时,也培养了语言表达能力和语言鉴赏能力。先是不期而然地、不知不觉地,尔后便是自觉地、主动地体味着朗读的功能。随着科学文化水平的提高,人们对朗读提出了前所未有的高要求。第五代电子计算机的出现使人机对话开始变成现实,信息载体的现代化对信息质量的规范与多样提供了精确和迅捷的传播手段,文字语言伴随以至依赖有声语言所具有的优势,不但同文学语言一样能打破时空局限,广泛而久远地流传,而且它的艺术魅力几乎是文字语言不可比拟的。广播电视、录音录像、有声读物、言语指令,无论在物质生产中还是在精神生产中,无论在完善自我中还是在人际交往中,有声语言总是以最明确、最丰满、最熟悉、最可感的符号系统起着不可替代的作用。朗读正贯穿着一种为表现文字作品而必须具备的驾驭有声语言的功力,这个功力恰是语言传播中最基础、最根本的功力。人们往往欣赏脱口而出、出口成章的“辩才”,殊不知“辩才”如果未从朗读中获益,成长的道路定是备尝艰辛的。事实上,正如美国的P. B. 邓斯和E. N. 平森在他们所著的《言语链——说和听的科学》一书中指出的:“说话人不仅在说着话,而且同时也在听他自己的声音。在监听时,他不断地将他实际发出的声音与他想要发出的声音作比较,并随时作必要的调整,使说话的效果符合自己的意图。”①这里的比较和调整的依据,并非只是生活语言的积累,更重要的是朗读铸造出来的规范化语言的心理和语言的定势。何况,时代的节奏在加快,时间的观念在加强,学习和掌握知识的过程在缩短,学习和工作的效率在提高,任何懈怠和放纵都会成倍地失去年华。于是,人们对朗读的有益和有效的要求也更热切、更严格。在厌弃低劣朗读的同时,就希冀在朗读理论的指导下,

① 邓斯,平森.言语链——说和听的科学[M].曹建芬,任宏谟,译.北京:中国社会科学出版社,1983:6.

能够有读一知十、听一知十的更大收获。人们愈是认识到朗读的广泛社会性和巨大功利性，就愈加迫切地要求深入剖析和详备阐述朗读过程和规律，就愈加迫切地要求掌握朗读的理论和技能。这种要求，是那样强烈，又是那样深广，这更是历史上任何一个时期所不可比拟的。

再次，学习和研究朗读，总结朗读的经验，深化朗读的理论，建立朗读学，也是建设精神文明的需要。当前，我国在建设高度物质文明的同时，正在努力建设高度的精神文明。精神文明，表现为教育、科学、文化知识的发达和人们思想、政治、道德水平的提高。今天，建设高度的精神文明，亟须广泛地开展历史教育、理想教育、道德教育、纪律教育和法制教育等，亟须提高全民族的科学文化水平。为了努力提高每一个社会成员的文化素养、精神境界，为了振奋人们的革命精神、科学精神，必然要进行生动的宣传、深刻的教育。高质量的朗读，既可以传播知识，又可以陶冶情操，是建设精神文明的有力手段。进行这样的朗读，一方面要求朗读者必须是积极热情的、造诣较深的人，另一方面也要求听众具有一定的鉴别能力。朗读者和听众都蕴藏着对高质量朗读的追求。这种追求，必须纳入科学的轨道，必须在总结、继承前人朗读经验的基础上，学习和遵循朗读的规律。很明显，建立朗读学，使朗读更有力地为推动文化建设和思想建设服务，正是建设高度精神文明的需要。

现代科学技术的发展，特别是传播工具、传播手段的现代化，使人们的视觉、听觉广为延伸，“口耳之学”的朗读已经不存在地域的限制，而走向了广阔的空间。传播学已经问世，它既研究报纸通道的传播，也研究广播电视通道的传播。传播学虽然不能解决朗读学的问题，却为朗读学的产生提供了更为有利的条件。远隔千山万水，朗读者与听者仿佛促膝相对；本是素昧平生，听者与朗读者却如知己相交。在广播电视的发送中，如果朗读的水平不高，如果还停留在自发的、即兴的朗读阶段，不但是对电力、设备的无效损耗，对于广大的听众也是极大的不尊重；新人、新事、新思想、新风尚得不到生动的传播，现代化传播手段的优势也得不到充分发挥。朗读学必须面对现代化的传播工具、传播手段，贡献自己的理论，让高质量的朗读通过电波传送到东南西北，传送到每一个家庭。

还需要指出的是：汉语是国际上重要会议规定使用的六种语言中的一种。世界上有四分之一的人使用汉语，各国人民也都有学习汉语、掌握汉语的要求。随着文化交流的日渐频繁，国际交往的日渐扩大，普通话朗读，也就会越来越显示出巨大的功用。我们不建立自己的朗读学，不普及朗读的理论和探究朗读的规律，也不能满足世界人民对汉语的认知需要。

朗读，作为一种独立的社会现象，早已从生活语言中脱颖而出了，它不但有表情达意的功能，它还体现出人们对语言完美的追求。朗读，由文字语言转化而来，比生活语言更准确、更生动、更具美感。不能认为会说话又识字的人就等于掌握了朗读的本领。

朗读过程中，蕴含着把握文字语言、驾驭有声语言的深厚功力。究竟怎样进行朗读，怎样才能朗读得好，有许多值得深入探讨的问题。这个领域的独特性，随着越来越丰富的感性材料的积聚，日益鲜明起来，量变要求着质变，自发孕育着自觉，对实践的召唤是不应该置若罔闻的。

经验从实践中来，而不是理论本身；理论是经验的概括和深化。经验的积累必然要求理论化。建立朗读学的过程，就是把前人和今人的朗读经验加以理论化、系统化、个性化的过程。只有建立朗读学，才能担负起解释朗读现象、阐明朗读规律，从而给朗读实践以有力指导的任务。

综上所述，我们可以说：由于历史的发展、现实的需要，朗读学的建立就像“十月怀胎，一朝分娩”那样，势在必行了。

“万事开头难，每门科学都是如此。”①为了让朗读学应运而生，长成参天大树，加入各学科之林，无论怎样艰难，我们也要尽力迈出这开头的一步。

第二节　朗读学的研究对象

要建立朗读学，就必须明确它的研究对象。这样，才能把我们对朗读的研究引向深入。那么，朗读学的研究对象是什么呢？

所谓朗读，是指把诉诸视觉的文字语言转化为诉诸听觉的有声语言的活动。朗，是说声音的清澈、响亮；读，就是读书、念文章。朗读，也可以叫诵读、读书，就是诵书的意思。当然，这样解释朗读，可能有些简单。不过，随着我们的讨论，对它的理解会逐渐精确和充实。

朗读学，作为独立的学科，属于语言艺术范畴。这种语言艺术，当然有它质的规定性。它不但有实践上的现实性品格，而且可以在理论上形成独立的体系。

朗读学，必须研究把文字语言转化为有声语言的规律，从而具体解决朗读过程中的各种基本问题。确定朗读材料——文字作品——之后，怎样围绕朗读精细地分析文字作品？怎样为了朗读而更具体深入地感受作品内容？朗读时又怎样准确地运用表达技巧？朗读者究竟以怎样的身份，面对什么样的对象——听者，用怎样的声音样式把多种风格、不同样态的文字作品鲜明地再现出来？这些，都是朗读学研究的内容。

朗读的规律，只有通过研究朗读现象，特别是研究朗读活动的全过程才能认识和把握。究竟怎样做才可以朗读得好些？朗读时到底需要运用哪些技巧？又如何运用

---

① 马克思.《资本论》第一卷第一版序言[M]//中共中央马克思恩格斯列宁斯大林著作编译局.马克思恩格斯选集　第二卷上.北京：人民出版社，1972：209.

这些技巧?这是朗读学必须回答和着重回答的问题,也可以说是朗读学研究的主要对象。

在语言产生之际,就是当人们到了"非说不可"的时候,有声语言不过是简单、朴素地表意罢了。原始人扛木头时的"杭育、杭育",与其说是原始形态的诗,不如说是原始形态的口令。因为,那不过是一种协同动作以使劳作省力的需要。而当人们一旦觉察到有声语言的丰富性可以展现内心世界的底蕴的时候,同时也感觉到了有声语言的技巧性。当然,开始的感觉还是朦胧的,逐渐地才由简单到复杂,由低劣到高超,由粗俗到精粹,技巧的地位便日益显得重要了。现在,我们认识到朗读是一门学问,是一种语言艺术,可以说,技巧性起了重大作用。我们认为,技巧性作为重要支柱,是促成朗读学问世的原动力,失去了技巧性,朗读学的大厦必然倾倒。因此,朗读学研究的对象,主要是属于技巧性的问题。

技巧性,就是说在朗读过程中一定要排除简单的念字现象,而强调语言艺术再创作的实质。朗读者无论怎样高明,也不应另起炉灶,致使原作面目全非。朗读者只能在原作的制约下,给以技巧性的音声化,即在停连、重音、语气、节奏等方面进行艺术加工,以便从有声语言中准确、鲜明、生动地体现出原作的基本精神,表达出原作的独特风貌。

叶圣陶先生指出:"有很多地区,小学里读语文课本还是一字一拍的,这根本不成语言了。中学里也往往不注意读,随口念一遍,就算是读了,发音不讲究,语调不揣摩,更不用说表出逻辑关系,传出神情意态了。这是不能容忍的。"①这种不能容忍的现象,岂止是在学校里,在很多场合,朗读都不过是见字读音的简单发声,根本不讲求什么技巧性。这种不能容忍的现象,并非某些个人的错误认识、错误做法,说到底,还是反映了朗读的幼年性特征。朗读学必须大大前进一步,从理论和实践的结合上,对技巧性的诸种问题逐步加以澄清,切实加以明确,力争促使朗读尽快地进入成熟期。

我们认为,朗读,绝不是见字读音的直觉过程,而是一个有着复杂的心理、生理变化的驾驭语言的过程。简单地说,朗读学的研究,不能不涉及文字——视觉——思维——情感——气息——声音这些相互联结又互相融合的环节,而哪一个环节也离不开为具体朗读目的服务的技巧的运用。

我们不主张"技巧至上",我们反对任何形式主义的表达。纯技巧是不存在的,技巧总是为一定的思想感情服务的,总是一种手段和工具。射箭时的眼、臂、手、气,不同弓箭的样式、强度,不与距离、靶形相结合,力气再大也用不到点子上,弓箭再好,也射不中靶心。汽车、火车,如果只是空载往返,徒然造成人力、物力的浪费,又有什么行驶和存在的必要呢?技巧也是从使用中产生,在使用中表现的。离开了运用技巧的实

---

① 叶圣陶.广播工作和语言规范化[M]//中央教育科学研究所.叶圣陶语文教育论集 下册.北京:教育科学出版社,1980:656.

体,技巧本身也就不复存在了。

在这里,要说明的是,我们所研究的是现代汉语普通话的朗读,研究的是当代中国人或学习汉语的外国人如何使用普通话朗读古今中外的文字作品,而不是研究其他民族语言的朗读,也不研究湘、赣、闽、粤等方言的朗读。为什么要指出这一点呢?这是因为语种的差别绝不仅是简单的语音、词汇、语法方面的不同,而是还有许多其他差异。不同的语种,有不同的社会性要求,有不同的技巧性运用,有不同的声音流动方式。民族的、历史的、心理的、习惯的、道德的制约,都会有不同的风格和气派。尽管不同语种在朗读上存在着共性,有相同的规律,但是,用某一语种的朗读规律去要求、去认定别的语种的朗读,实在是不妥当的,是会在实践中碰壁的。

诚然,由于不同语种的共同性对应规律,我们可以而且应该在研究普通话朗读时借鉴其他语种朗读中的一些有益的东西,但这已属于另一问题了。

朗读学的研究对象,以朗读者为主体,以听众为客体;以朗读为中心,也顾及对朗读的鉴赏。但是,朗读学不应该局限在基础知识的范围,它应该向美学的高度伸展,建立朗读美学;它也不应该局限在基本理论的范围,而应该从教学法的实际出发,建立朗读教学法。朗读美学和朗读教学法虽然仍属于朗读学的范畴,研究对象也仍然是朗读,但已经具备了相对独立的性质,应当另外专门阐述。

第三节　朗读学与其他有关学科的关系

朗读学的建立,同众多学科对它的哺育和催动是分不开的。朗读学与其他有关学科发生着密切的联系。

如前所述,语音学对朗读学发生着至关重要的作用。朗读学研究的有声语言,不能脱离语音规范的基本轨道。另外,朗读学作为语言学的一个分支,朗读语言也不能违背语言学的基本原则。

朗读学同文学的关系也是十分紧密的。如果作为朗读材料的是文学作品,那么,从题材、体裁、结构、语言,到作家的世界观和创作方法、创作特色,朗读者都要充分认识和把握,这是朗读文学作品的前提条件。当涉及作品的时代背景、作品的社会效果以及作品的思想性和艺术性的评价诸问题时,文学批评必然要起到阐幽发微的作用。即使朗读材料是科学论文、应用文,也不能不从文章写作的角度加以考察和把握。

朗读学还要不断得到政治理论、方针政策方面的指引,否则,朗读学在历史意义、现实意义、社会功能方面的研究及其对朗读实践的指导都会受到重大影响。例如:国家、阶级、法律、战争、道德、经济、民主、家庭等问题,朗读者必须站在辩证唯物主义的立场上，以科学的态度对它们在文字作品中的反映，进行切实的分析，给以恰当的评价。要尽力避免绝对化、公式化、脸谱化的形而上学观点，要尽力反对实用主义的态度，要尽力防止“左”和右的错误倾向的干扰。这是历史和时代对朗读学研究提出的科学准则。

朗读学不能不同形式逻辑、辩证逻辑发生重要联系。每一概念的确定、每一判断的形成、每一推理过程的进行，都要服从思维的规律，都应合乎逻辑定律的要求。至于对立统一、量变质变、否定之否定，不但在朗读过程中造成千变万化的语言流动，而且在朗读学的理论体系中也占有重要地位。形式逻辑和辩证逻辑的制约，不是束缚，而是解决思维和语言活动的钥匙，许多疑难问题都可以在它们的帮助下迎刃而解。朗读的逻辑力量，朗读时运用有声语言的辩证法，朗读学研究中诸规律的抽象，都同形式逻辑、辩证逻辑的应用有密切关系。

朗读学当然应该解决朗读过程中声音、气息的运用，因此，它不能离开生理学，不能离开声带、口腔、唇舌、丹田、横膈膜（膈肌）、胸、肋、呼气和吸气肌肉群，以及它们的运动。否则，朗读过程中的生理因素便被模糊的影像代替，甚至变得不可知了。而当朗读学深入文字作品的内部，深入朗读者内心活动进行研究的时候，心理学就担负起自己的职责：高级神经活动中枢、第二信号系统、条件反射、感知、想象、情感等，都会帮助我们了解和把握心理变化的规律。对于生理、心理上的具体剖析，不仅是为了解释朗读现象，更重要的是为了自觉地应用，辨别这些方面的正误，有意识地建立有益的条件和联系，提高朗读的表现力和鉴赏力。

朗读学是演讲学的孪生兄弟，它又孕育出和生发出播音学和朗诵艺术。演讲学研究演讲，而演讲是以讲话的逻辑力量征服听众为特征的。自有它的技巧性，可以简单地称之为论辩的技巧。它源于生活中的对话，而不强调对文字脚本的依存。在朗读学的基础上，向新闻广播电视宣传发展，以新闻性为特征，进行“目中无人，心中有人”的有声语言的宣传，正孕育着播音学；向文艺表演发展，以文艺性为特征，对适合的文艺作品加以生动的渲染，为观众或听众进行引人入胜的演出，又造就着朗诵艺术。演讲学、播音学、朗诵艺术，也给朗读学的理论以不同方面的补充，而戏剧、音乐、曲艺、电影等艺术，也准备好各自的多年积蓄，供给朗读学新鲜的养分，以便其消化吸收。在语言艺术的大家庭中，朗读学正在同兄弟姊妹的交流中成长起来，并将在不断地输出输入中壮大起来。

朗读学与教育学、美学更有历史性的血缘关系。除了朗读学自身需加强教育功能、美学情趣之外，还在更高、更深、更广的意义上熔铸成朗读教学法和朗读美学，以情美、意美、音美的巨大能量，夺取德育、智育、美育的更大丰收。

凡此种种都说明，朗读学不是孤立存在的，也不是单向发展的。在朗读学四周，众多的学科在支持它、丰富它，给有志者创造了兼收并蓄的机会，开辟了一专多能的广阔道路。

第四节　朗读学应有独立的体系

是不是有自己独立的理论体系,这是判别某个学科有无自立能力、是否已经成熟的重要标志。

朗读学的建立,是以历史上的朗读现象和现实中的朗读活动为基础的。它的理论体系,是多少代、多少人实践经验的总结,是多少人、多少次体会的结晶。在这理论体系里要包括:朗读学的目的任务、研究对象、研究内容、朗读特征、朗读过程、朗读技巧,以及朗读规律,等等。当然,就朗读学理论体系的核心而言,则是把文字语言转化为有声语言的"再创作"。

与其他学科的理论体系相比,朗读学有自己的个性,但在朗读学自身包含的各类体裁的文字作品中,它又有普遍性。某一体裁文字作品的朗读,带有自己的个性,而恰恰在个性中,又有朗读学理论体系的共性寓于其中。不弄清共性与个性的区别和联系,便无法说明和理解朗读学的理论。

根据我们的认识,要建立朗读学的理论体系,必须着重研究以下四个方面的问题:

一、马克思主义语言学

根据马克思主义语言理论,语言是为整个社会、为社会各阶级服务的,它本身并没有阶级性,但是在有阶级存在的社会里,使用语言的人却有不同的阶级地位、阶级属性、阶级需要、阶级的思想感情。表现在有声语言上,人们总是带着本阶级的理想、情操、道德、愿望进行语言交流的。斯大林说:"语言作为人们在社会中交际的工具,同样地为社会一切阶级服务,在这一方面表现出语言对各个阶级是一视同仁的。但是人们、各社会集团、各阶级对于语言远不是漠不关心的。他们极力利用语言为自己的利益服务,把自己的特殊词汇即特殊术语和特殊用语,强加到语言中去。"①除了改变一些词汇和用语之外,还经常在语言中融入自己的态度和感情。文字语言的同一句话,用有声语言表达,既可能是褒义,也可能是贬义,这是由使用有声语言的人的立场、观点、思想感情、审美要求决定的。同一篇文字作品,我们可以鲜明、生动、情意盎然地朗读,而有的人也可能会平板、冷漠、鄙视厌恶地朗读。这就是对语言内容采取了不同态度的结果。我们的朗读学,担负着崇高的使命,必须坚持无产阶级的世界观和方法论,

① 斯大林.马克思主义和语言学问题[M].北京:人民出版社,1971:9.

摒弃非无产阶级的污泥浊水的污染。即使某些进步的作品，里面的消极面也不会受到我们的青睐。这就是说，作为交际工具的语言，可以铸造反映一定社会意识的作品，形成民族文化的一个部分。二者都是不可忽略的。

二、朗读的时代要求

朗读的有声语言必须体现作为朗读材料的文字作品的主旨。文字作品是历史的、时代的产物，即使有深远的影响，也不会是超越时空局限的。朗读也是如此，时代不同，要求也不同。远的不说，近代的情况就很明显：私塾的朗读，更多的是自我体味，像鲁迅在《从百草园到三味书屋》中所描写的那样，甚至连句子都背错了也还不知道。"五四"时期的"国语"朗读，很不自然，带着白话文刚刚兴起的稚气。战火纷飞的年代，朗读多少总要染上些战斗的色彩。新中国成立后，人们以抑制不住的胜利的喜悦、站立起来的自豪感进行朗读。至于"文化大革命"中朗读"语录"，不惜断章取义、各取所需，不啻是对真理的践踏，更是对朗读的侮弄，不符合朗读的时代要求。"四五"运动中的朗读，叩击人民群众奋进的心弦，发出了时代的最强音。今天，我们不能不以人类最进步、最伟大的阶级——无产阶级的要求为标准，从选材到思想内容、从朗读的态度上，都要为宣传、昭示共产主义思想这一精神文明建设的核心服务。朗读，只有坚持共产主义的理想、情操、道德、纪律，才能为自己不断获得永不衰竭的能量，在社会主义的通衢大道上放热发光，百花齐放。

某些朗读，尽管在技巧上有声音形式的外壳，但里面如果是资产阶级腐蚀了的东西，是卑微的心灵、灰暗的情调、低级的趣味、虚假的热情，不能为无产阶级先锋队率领的向共产主义进发的浩荡大军鼓士气、壮行色，那么，这种技巧再高超，也要被时代的列车远远地甩在后边。因为这是与时代列车奔驶的方向背道而驰的。

三、朗读的基本规律

朗读学的理论体系必须揭示朗读的基本规律。朗读学的理论体系特别强调：理解是基础，目的是统帅，感受是关键；感情要运动，声音要变化，状态要自如。

不理解或理解不深，文字作品就不可能融入朗读者的内心，就不可能变成朗读者自己要说的话；没有目的的统率，朗读的有声语言就会飘忽不定，甚至变成没有中心、没有重点的随意性声音；把文字作品转化为有声语言，其中一定要饱含朗读者的思想感情，这就要有思维过程、心理变化，特别是感受过程，才能为形之于声准备好有机性依据；若没有感情的运动，有声语言就会失去应有的色彩和感人的力量；声音只有在不断变化中才能表达出逻辑关系，传出神情意志，才可能引人入胜，听而不厌；在朗读中一旦状态不自如，心中物不能化入有声语言，驾驭声音心有余而力不从，便会“出师不利”，或善始而不能善终。所有这些都是互相联系、互为依托的，根本不能割裂开来。朗读中，也总是在胶合之中分析，在分析之中贯穿，各部分之间，只能综合，而不应肢解。

四、朗读的功能

朗读，以其公有性基础学科的特点为全社会广泛应用。在应用中，人类会逐步认识它的功能。人类要掌握知识才可以进步，共产主义也只有接受人类的广博知识财富才不会成为一句空话。而朗读，正是学习知识、掌握知识的一条重要途径。人类用语言交往，在交往中组织社会，改造自然，而朗读，就在这交往中，成为宣传教育、陶冶感染人类的一个重要手段。从个人来说，朗读不但是学习语言、驾驭语言、运用语言的重要方法，而且是了解作者、丰富自己、吸引听者的有力纽带。朗读的功能，不论其广度和深度，都不亚于文字作品本身。当然，这与朗读作用的充分发挥有关，也同朗读者和听者的文化素养、语言造诣有关。

知识梳理

为什么要建立朗读学？首先，高质量的朗读，既可以传播知识，又可以陶冶情操，是建设精神文明的有力手段。其次，当今时代对朗读提出了更广、更高的要求。广播电视、录音录像、有声读物、言语指令，无论在物质生产中还是在精神生产中，无论在完善自我中还是在人际交往中，有声语言总是以最明确、最丰满、最熟悉、最可感的符号系统起着不可替代的作用。朗读正贯穿着一种为表现文字作品而必须具备的驾驭有声语言的功力，这个功力恰是语言传播中最基础、最根本的功力。再次，建立朗读学符合我国建设精神文明的需要，符合现代传播工具、传播手段的需要。高质量的朗读，既可以传播知识，又可以陶冶情操，是建设精神文明的有力手段。最后，全球文化交流日渐频繁，普及朗读理论、探究朗读规律，以满足世界人民对汉语的认知需要。

朗读学的研究，涉及把文字语言转化为有声语言的规律，包括朗读现象、朗读规律、朗读技巧等。关注文字——视觉——思维——情感——气息——声音这些相互联结又互相融合的环节，它们都是为具体的朗读目的服务的。朗读学的研究对象，以朗读者为主体，以听众为客体；以朗读为中心，也顾及对朗读的鉴赏。朗读学不应局限在基础知识范围内，应该向美学的高度伸展，建立朗读美学。

朗读学同语音学、文学、政治学、逻辑学、生理学、戏剧学、音乐学、曲艺学、电影学、演讲学、播音学、教育学、美学都有千丝万缕的关系。朗读学不是孤立存在的，在朗读学的四周，有众多的学科支持它、丰富它，为有志者开辟了一专多能的广阔道路。

朗读学的理论体系必须着重研究：(1)马克思主义语言学。朗读学，担负着崇高的使命，必须坚持无产阶级的世界观和方法论，摒弃非无产阶级的污泥浊水的污染。(2)朗读的时代要求。朗读的有声语言必须体现作为朗读材料的文字作品的主旨。今天，我们不能不以人类最进步、最伟大的阶级——无产阶级的要求为标准，从选材到思想内容、从朗读的态度上，都要为宣传、昭示共产主义思想这一精神文明建设的核心服务。(3)朗读的基本规律。理解是基础，目的是统帅，感受是关键；感情要运动，声音要变化，状态要自如。(4)朗读的功能。学习知识、宣传教育、陶冶感染。

第二章

朗读学的特点和任务

朗读学的任务是明确的，那就是为了解决把文字作品转变为有声语言的过程中存在着的各种基本问题，给朗读者以正确的理论指导，使朗读作为一种语言艺术再创作达到表情明意、言志传神的目的，同时，为听者由有声语言中获得情操陶冶、知识积累和美感享受提供某种标尺，从而使朗读的作用发挥得更充分。

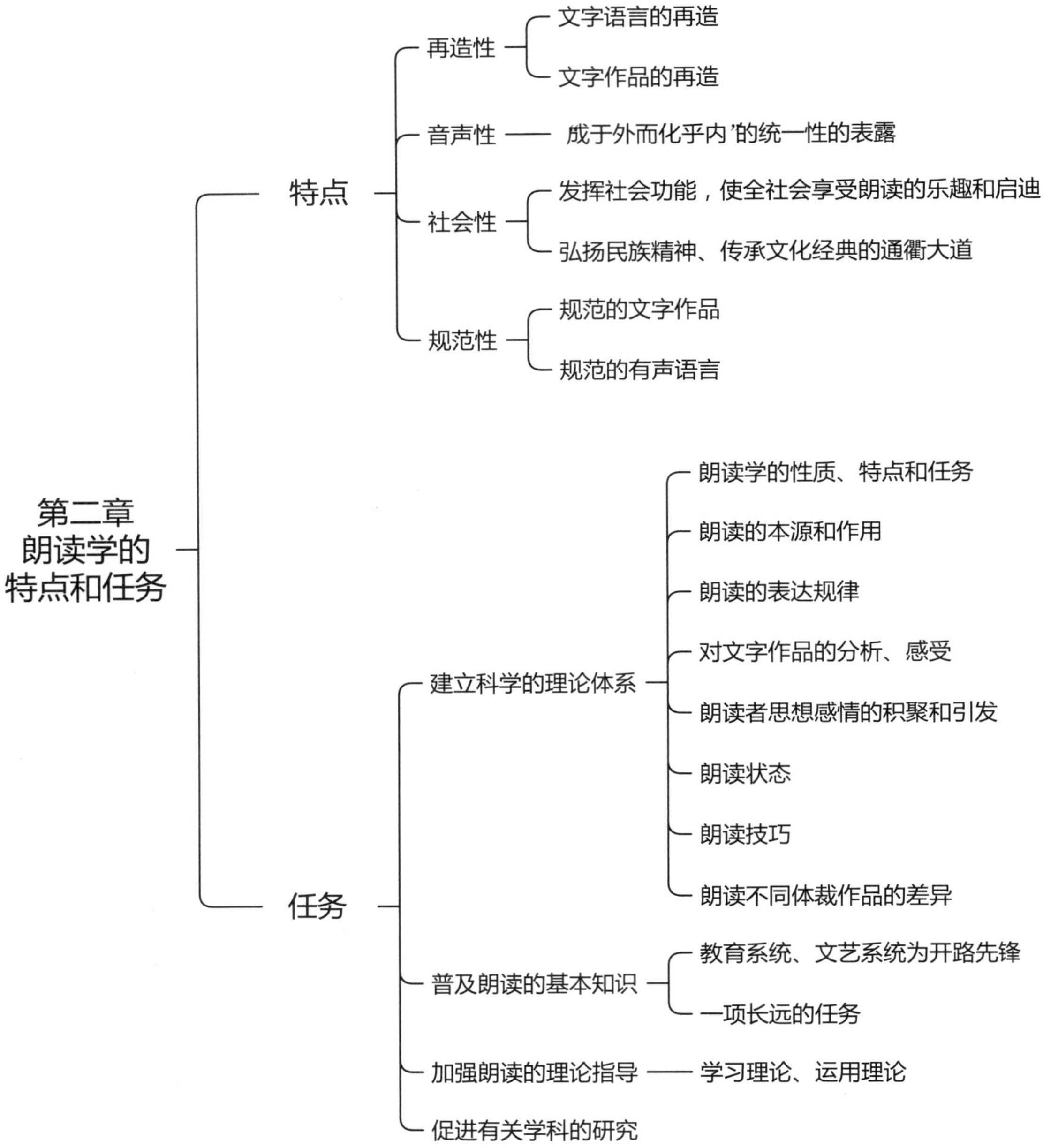
第二章
朗读学的
特点和任务
特点
再造性
文字语言的再造
文字作品的再造
音声性
成于外而化乎内’的统一性的表露
社会性
发挥社会功能，使全社会享受朗读的乐趣和启迪
弘扬民族精神、传承文化经典的通衢大道
规范性
规范的文字作品
规范的有声语言
任务
建立科学的理论体系
朗读学的性质、特点和任务
朗读的本源和作用
朗读的表达规律
对文字作品的分析、感受
朗读者思想感情的积聚和引发
朗读状态
朗读技巧
朗读不同体裁作品的差异
普及朗读的基本知识
教育系统、文艺系统为开路先锋
一项长远的任务
加强朗读的理论指导
学习理论、运用理论
促进有关学科的研究

第一节　朗读学的特点

朗读学的特点究竟有哪些？至今还少有精辟的界说。我们从对朗读实践的肤浅研究中窥见了一些，也许看得很不正确，提出来仅供讨论。

一、再造性

朗读既然是把文字语言转变为有声语言，那文字语言，即朗读的文字作品，就是有声语言的依据。没有文字语言，朗读也就失去了意义，或者便不再是朗读，而是别的什么有声语言了。这也就是说，朗读学不是单一地考察声音现象，而是以对文字语言的研究为基础，以研究有声语言如何既受文字语言的制约又对文字语言进行再造为特点的。再造，就是再一次创造的意思。

文字作品是作者的创作；朗读文字作品，是朗读者的再创作，甚至可以说是朗读者和听者共同完成的再创作。强调研究这个再造性的特点，在“再创作”上做文章、花气力，不但不会降低朗读学的价值，不会把朗读理解为文字作品的附属物，反而更突出了朗读学的规定性，揭示出朗读学的特殊性。它不但要求朗读者尊重原作，而且要求朗读者通过原作的字句来传达出原作的主要精神和艺术美感。

再造性，首先意味着对文字作品的精心选择与恰切评价。这就势必涉及朗读者的阶级立场及审美观念和情趣。我们的中学语文课本里，为什么选入《水浒传》片段，而不把《荡寇志》片段选进去呢？为什么有的人喜欢朗读文学作品，而有的人朗读某类科学论文时便兴趣盎然呢？从中不是可以看出态度和愿望、趣味与评价的不同吗？

朗读本身并不直接表现生活和情理的自然形态，而是依据反映一定生活和情理的某种观念形态，并诉诸再现这种观念形态的声音形态，这中间，融合着朗读者再创作的心血。朗读学就是研究这种再创作的得失成败，深入地解剖作为心理与生理化合物的有声语言，概括地总结再造的规律。有的人忽视这种再造性，或把朗读作为自然形态的同一物，把朗读作为日常说话那样要求，或把朗读认作“音译”，把朗读看成照字读音的简单过程，这是不正确的。朗读学所研究的，是对文字作品的再创作，这和日常生活中“怎样想就怎样说”很不相同。可见，再造性是朗读学的一个重要特点。

朗读是把文字语言转化为有声语言的创造性劳动。我们说"再造性",那是强调文本依据的重要性,也反映了对于这一创作的基本认识。首先要看到它的依赖性的一面,但并非把有声语言当作文字的附属,即文字如何书写,便成定局,有声语言不能、不应脱离文字语言所规定的意义、感情、审美等路径。只是这样认识有声语言,还带有"重文轻语"的潜意识影响。

固然,作为朗读依据的文字语言是一种无法跳脱的现实,如果离开文字语言,"朗读"就变成了自由说话,就不再是朗读本体了。但是,朗读是不是只能按部就班、亦步亦趋地完全地"照本宣科"呢?现在,实践证明,有声语言具有独立表达的品格。它可以改变文字语言的语意方向——正向和反向;它可以改变文字语言的感情色彩——喜怒哀乐爱欲惧;它可以改变文字语言的美学尺度——美丑和雅俗。在这三个方面,有声语言都存在着可容性空间,使文字语言的内涵和蕴藉扩大或缩小、强化或淡化、同向或异向……这是朗读者进行创作的话语权力,超越了对文字语言的一般理解,进入了以创作主体为核心的独立表达语域。从朗读的基础理论中,我们找到了那些一般的规律性问题,同时,我们还要加大朗读主体驾驭文字语言的能力,在以文字语言作为依据的前提下,提升自身话语权力的认知和增强个人社会语境的意识,使朗读创作在"视阈融合"的积淀中,逐渐加大美学元素,形成趋向美学理想的态势,甚至进入形成独特风格的境地。由此可见,再造性与创造性并无相悖之处,反而更明确了创造意识,提高了创造的自觉性,使朗读回归了"创作"的范畴。

二、音声性

朗读学必须解决文字作品如何转变为有声语言的问题,这是朗读学研究的重点,不同于文字学中的文字,也不同于古典文学中的古文。因此,音声性作为朗读学的特点是不能忽视的。

怎样来理解音声性呢?《吕氏春秋·音初》中说得很好:"凡音者产乎人心者也,感于心则荡乎音,音成于外而化乎内。是故闻其声而知其风,察其风而知其志,观其志而知其德。"

朗读,既不同于文学创作,也不同于音乐创作,它是走"取他人所作,由自己所读,为别人所听"这一条路的。朗读学所具有的音声性特点无法脱离这种规定。研究朗读过程,研究声音的发出,必须植根于产乎朗读者之心的特色。我们并不忽视文字作品产乎创作者之心,应该努力挖掘创作者的"风""志""德",以便洞观文字作品的全貌。然后,才再出于朗读者之口,闻于听者之耳。这时,"成于外而化乎内"的,已经不只是创作者的文字作品了,其中,已经饱和着朗读者的"风""志""德"了。这个过程充分说明,朗读学的音声性,绝不是那种单纯的念字声音的满足,而是传情达意的再创作过程，是“成于外而化乎内”的统一性的表露。

如果说，文字作品是作者感于心而诉诸笔端的东西，戏剧电影是演员感于心而诉诸角色的东西，那么，朗读者就是以诉诸听觉的音声化词语表达感于心的文字作品。这样，朗读学的音声性就迥异于虎啸龙吟、莺歌燕语，就区别于高谈阔论、讲古说今。朗读者将文字作品的蕴藏开掘出来，表现于朗读过程中，并把具体思想感情融入音声化词语，使文字作品的内涵、朗读者自己的融通，一齐洗练，不但产生出音声化的朗读作品，而且铸造成“情动于衷”与“声形于外”的规律。不同的文字作品、不同的具体思想感情，加上不同的朗读者，是怎样结合在一起，把音声化的文字作品呈现于听者之前？朗读者如何遵从共同的规律，驾驭不同的内容，达到不同的音声化表现？这是朗读学研究音声性的复杂性所在。而这，不能不表现出朗读学音声性的独特性。

正因为朗读学的音声性特点，在用有声语言来解析、示范、阐发、论证的时候，是较为明确可感的；而当用文字表述、解说的时候，就遇到了重重困难。不少论述总有“只能意会，不可言传”的意味。我们为了尽可能清楚地表述某一观点，解释某个问题，不得不采取许多别的办法。有时，喻以生活中常见的事物；有时，借助某种简化了的模糊图形；有时，也转借其他学科的术语。这样，似乎比仅限于音声方面的直接叙述要好些。

在有条件的情况下，使用录音、录像，当然有一定帮助，至少会给听者音声性的感受，比只囿于文字要鲜明、直接得多。不过，这也不是太理想的办法。在讲解的时候，在使用概念的时候，还得用具体词语表达。遇到这种情况，马上就会产生“用什么词语”等问题。而只有解决了这些，才有可能使人弄懂、弄通。然而，选用什么词语，却是十分棘手的事。

这是因为把文字作品转变为有声语言，有极大的复杂性和灵活性，同乐谱转变为乐曲有根本区别。乐谱已成为乐曲的记录，曲谱本身和听曲记谱，是可以互为因果的两个方面。创作的曲谱，可以照此演奏，流传的曲调可以记录。演奏时，虽然可以有所变化，但万变不离其宗，无论由什么人、怎样去演奏，到头来，也还是那个曲谱；而通过听演奏记录下来的曲谱又可以还原，不会有什么讹误。朗读的音声性就不是这个样子了。从表面上看，文字作品的白纸黑字照着读出，不会被听的人误解，也还能根据声音把字字句句记录下来，还原成文字作品。可是，我们不是指“字变声”“声变字”的循环，而是指对有声语言的声音形式的探求，是“成于外而化乎内”的过程的研究。文字语言和相应的有声语言除了在字句上的对应，更重要的是声音形式。恰恰是这声音形式，瞬息万变，稍纵即逝，因情而异，因人而异，难于捕捉，难于描述，更难于具体把握。同一篇文字作品，由同一个人朗读，第二遍与第一遍比较就会有很多差异。某个朗读者，再有极精细的设计，再有极谙熟的驾驭能力，前后两遍的朗读也不可能完全一样。第一遍朗读的声音形式如何描写出来？第二遍到底有哪些不同？要想也像曲谱那样高低快慢轻重断连都细致地记录下来，那是十分困难的。要是再按照这极细微、极精确的描写去朗读，也不可能把上一遍的朗读还原出来（如同放录音那样还原），不是这里不同，就是那里欠缺，不是这里好些，就是那里差些。将来，也许会出现某种描写声音形式的方式、方法（这里指的是用语言，而不是指用仪器），但那也只能成为某一次朗读的声音记录，而绝不可能成为另一次朗读的"蓝图"。换句话说，这种描写或记录，只具有结果意义，而不具有原因意义。更何况不同的朗读者对同一篇文字作品的不同处理，和不同演奏者对同一曲谱的不同处理比较起来，差别就更为悬殊了！这是文字作品内容、形式，朗读时的环境、氛围、心境、应变等的丰富多彩、千变万化造成的，这也正表现了音声性"成于外而化乎内"的生命活力。由此，朗读学的音声性特点才凸显出自己的个性，凸显出它的研究的艰巨性和复杂性。

三、社会性

从人们对文字语言的视觉接受看，大多是无声阅读。但是，只要是"见字出声"，就要发生"一个汉字"到"一个音节"的转化，一直到一句、一段、一篇的完全转化。其中的作用，会有很多不同。初级阶段，只是为了认字识词、加深记忆、理顺语法、改善文路。我国古代，私塾里教四书五经时，学生们大声朗读，为了强化记忆；诗文作者，把自己的作品读给人们听，对那些听不懂、听不顺的文句加以修改；连美国广播电视新闻稿件的推敲，也常常用"朗读"来确认。"大声朗读文稿可让你看出哪些词可以省略、哪些应该强调、句子有没有表达清楚、句与句之间连接得是否顺畅。……广播电视新闻稿的最佳评判者是耳朵而不是眼睛。"①

但是，这些只是把朗读作为辅助手段，它的作用还没有发挥出来。当人们知道，朗读还可以成为表情达意、言志传神的传播方式的时候，那些精彩的朗读使人得到教益、受到感染了，那些指导人们进入朗读创作的理论对于学习、训练和提高朗读水平产生直接影响了，人们便把朗读提升到了全社会都应该掌握的一种重要活动的地位，必须充分发挥它的社会功能，以使全社会享受朗读的乐趣和启迪，并将其作为弘扬民族精神、传承文化经典的通衢大道。

"语言是思想的现实"②，或写成文字，或说出话语，都是为了使别人了解、接受。朗读，主要是为了给别人听的，所以也有它自己的社会性。朗读学以自己的成果奉献于社会，但它的奉献物不是"指南针""宇宙飞船"等实体，也不是"哥德巴赫猜想"等高级抽象物，而是一种手段或方法。这种手段或方法，既是每一个朗读文字作品的人

① 怀特.广播电视新闻写作与报道[M].吴风，丁未，田智辉，译.北京：新华出版社，2000：12.

② 马克思，恩格斯.德意志意识形态[M]//中共中央马克思恩格斯列宁斯大林著作编译局.马克思恩格斯全集第三卷.北京：人民出版社，1976：656.

都应学会使用的,又是每一次朗读活动都应该努力体现的。

只要识字看书,就在有意无意地实践着朗读学。默读比阅读更着意于语言动作,但仍属于初级形态;自己朗读自己听,是个体形态,这两种形态虽然也有某种社会性因素,却不是朗读的完全形态。朗读,应该是由朗读者和听者共同进行的:没有读,就不会有听;光有读,没有人听,读就不会有更广泛的作用,这时,朗读的社会作用就被限制在极小的范围里了。朗读学具有广泛的社会性,就因为它是建立在有读有听这个基础上的。

特别是随着教育的普及、科学文化水平的提高,朗读学会被更多的人所认识、所运用,从而成为全社会的实践性基础学科,表现出日益明显的社会性。可以说,凡是使用有声语言的场合,都可能有朗读学的驰骋天地,无论是朗读者还是听者,无论是长篇大论,还是三言两语,朗读学都要在其中发挥作用。于是,怎样把朗读的材料朗读好,就会像怎样读准字音、怎样学好普通话,说话、写文章怎样才能合乎语法、怎样做到语言美那样,成为人人想知道、人人都可以学习和掌握的基本知识、基本技能,朗读学便可以逐渐被全社会所接受。

四、规范性

朗读,必须选用规范的文字作品,使用规范的有声语言。这就是"语言规范化"的问题。罗常培、吕叔湘先生 1955 年 10 月在现代汉语规范化问题学术会议上的报告《现代汉语规范化问题》中指出:"'语言规范化'的'语言'指的是民族共同语,民族共同语的集中表现是文学语言,文学语言的主要形式是书面形式,所以规范化的主要对象是书面语言。在这里,我们必须首先对于书面语言和日常口语之间的关系求得正确的认识,否则就会产生各种偏差。或者过分强调它们的共同性,要求书面语言同日常口语完全一致,形成一种口语至上主义;或者过分强调它们的差别,认为写文章和说话完全是两回事,写文章可以有独特的词汇和语法,这两种看法都是不正确的。……文学语言有它的口语的一面,但绝不是所有的口语都是文学语言;文学语言不是日常口语的复制品,而是日常口语经过文学加工的形式。写文章和谈话的情况不同,对方不在面前,而内容又一般较为复杂,较为抽象,就不能不要求语言更精密,更细致,有更高的逻辑性。事实上,书面语言通过印刷物在文化的发展上起着极其广大的作用,它领导整个语言,包括日常口语向更完善的方向发展。所以语言的规范化必然要以书面语言为主要对象。……有各种各样的作品,有看过就丢开的作品,有长久传诵的作品,在规范的巩固和发展上,毫无疑问后者起着决定性的作用。"

我们摘引的这段话,十分明确地指出了朗读典范的文学作品,特别是现代白话文著作对语言规范化的重大作用。在这方面,比单一的"说话"训练有更直接、更明显的效果,对克服轻视朗读的偏向有着巨大的指导意义。朗读规范化的书面语言,比单纯仿照写作,一定会印象更深、效果更大,更有利于纠正只能写、不能读,语言不规范的毛病。

朗读学失去规范性的特点,就不是普通话朗读学,就不是全社会的朗读学了。强调和突出了规范性,朗读学的再造性、音声性、社会性特点才能变得严格、坚实、明确、深远。

应该说,规范,并非只是朗读过程才必须遵从的法则,其实,它是人类的社会活动都要坚持的共同体行为。离开规范性,任何群体和社会团体都会无所适从,甚至各行其是,那就必然走向解体。有声语言的规范,自古有之,只是随着时代的步伐不断地调节、丰富、改进、严谨,向着"言简意赅、辞约义丰"的境界前行。

规范,似乎是一种束缚,但是,如果进入规范化语境之中,它就成为一种自由,"从心所欲不逾矩",那是会纵横捭阖、左右逢源的！因为,到那时,已经不再觉得规范的制约了,已经不再感到规范的局限了。在规范的基础上,可以更深刻地觉察到规范的无穷魅力,可以更清醒地认识到规范的巨大威力!

当然,规范本身并非完全绝对和永久固定。规范会随着时代、社会和人们的认识水平产生日新月异的变化,一些不适应的词语、不符合习惯的语音和语法修辞规则,就要做出改变,一些新出现的词语、一些逐渐成为习惯的语音和语法修辞规则必然替代原来的东西。"约定"的东西,可能没有成为习惯;一些"俗成"的东西,可能成了习惯。一些方言消失了,消失的方言里那文化精华,可以被规范语言融化吸收,成为语言历史中的财富;一些方言推广了,进入了更大范围中的规范,那整个民族的文化精华得以发扬光大。这是正常的轨迹,根本不可能由任何主观作为加以取舍。想抢救也好,想强化也罢,都将在历史的浪涛中经受检验,或继续生存,或烟消云散。朗读学,一定要植根于民族文化的土壤,在历史规律的阳光下,对国家通用语言的普及、推广,承担自己不可替代的社会责任。当我们继承"书同文"的伟大传统的时候,坚持履行"语同音"的崇高使命,我们就能够在规范化的道路上,大踏步前进了！我们必须催生有声语言的典范,我们必须高扬民族精神的大纛,从而有效地提升全民族的语言文化素质,建构民族复兴中的和谐语言文化,并锲而不舍地扩大世界华语的领域,让黄钟大吕响彻寰宇!

第二节　朗读学的任务

朗读学的任务是明确的,那就是为了解决把文字作品转变为有声语言的过程中存在着的各种基本问题,给朗读者以正确的理论指导,使朗读作为一种语言艺术再创作达到表情明意、言志传神的目的,同时,为听者由有声语言中获得情操陶冶、知识积累和美感享受提供某种标尺,从而使朗读的作用发挥得更充分。

朗读学的任务以阐述理论为中心,并由此相应地产生其他任务。对此,我们粗略地说明如下:

一、建立科学的理论体系

朗读学是伴随着积年累月的实践的呼唤应运而生的。为了满足实践的要求,朗读学的理论体系应该力求科学化。建立朗读学的理论体系是题中应有之义,是朗读学的一项根本任务。

朗读学的理论体系,究竟应该包含哪些内容呢?这是首先应该研究的。我们认为,大概要包含这样几方面的内容:

(1)朗读学的性质、特点和任务;

(2)朗读的本源和作用;

(3)朗读的表达规律;

(4)对文字作品的分析、感受;

(5)朗读者思想感情的积聚和引发;

(6)朗读状态;

(7)朗读技巧;

(8)朗读不同体裁作品的差异。

这几方面是有机地联系在一起的,几乎包括了朗读过程的各个重要环节。但还需要进一步探讨两个问题,一是这几方面是否已经完备,还有没有应该变更和补充的?二是各个环节内部是否抓住了核心,还要不要改造、增删?根据我们初步的探讨,现在只能描绘朗读学理论体系的大致轮廓,将来经过深入的研究,一定会更加精确、丰满。

为了使朗读学的理论体系科学化,需要做大量的工作。现在,以蠡测海,简述一二。

第一,要抓住根本。任何学科的理论体系都是以自身的质的规定性为根基形成的。朗读学的根基,就是把文字语言转化为有声语言,就是朗读者对文字作品的再创作,就是要赋予文字语言以感情色彩。因此,在研究理论体系的过程中,一定要紧紧抓住“成于外而化乎内”这个根本。忽视“化乎内”,有声语言就没有或缺乏内心依据,声音便是空泛的、干瘪的,根本不能把文字作品中那种具体、丰富的思想感情运抵彼岸;同样,忽视“成于外”,朗读者从文字作品中体味到的思想感情无论怎样具体、丰富,也不容易表现在声音上,内心活动便是晦涩的、闭塞的,只能在此岸停留,不能通过声音形式的运载传送到彼岸去。

第二,要抓住整体。在这里,辩证唯物主义是有力的武器。它不仅可以指引我们明察秋毫,剖析朗读活动中的每一个细节,更重要的是,它还可以指引我们理清千头万绪,探究出各个部分、各个细节和它们的中介之间的内在联系。也就是说,我们在对各种因素分开研究的时候,不应忘记它们之间的关系;我们在进行抽象概括的时候,也不应忘记它们之间的关系;我们在进行抽象概括的时候,当然也不应忘记它们各自的具体性。我们从朗读活动的逐层分解中,从分解之后的综合中,所获得的是更为抽象的经验、更为深化的理论。由分解达到的综合,不应该是一加一等于二的“和”,在综合中,各部分不再是孤立的,它们之间建立的内在联系理应被揭示出来,而在这相互联系中,各个部分也就浑然一体了。我们对朗读全过程的认识、我们对理论体系的整体把握,远比分解剖析的阶段高深。

第三,要加强实践。这里,不仅是说坚持马克思主义认识论的问题,还有更具体的朗读实践的问题。“理性的东西所以靠得住,正是由于它来源于感性,否则理性的东西就成了无源之水、无本之木,而只是主观自生的靠不住的东西了。”①朗读,是一种实践性极强的活动,是一项技能性极强的活动。研究它的全过程,不能没有对实践的实际体验和反复揣摩,这是显而易见的道理。建立朗读学的理论体系,不能脱离朗读实践,否则就会陷入主观臆测的虚幻境地,所谓理论体系,也就成了空中楼阁,这样的理论体系还有什么实际意义可言呢?

第四,要广采博收。由于朗读学同其他许多学科都有着紧密的联系,我们必须广采博收,汲取一切有益的营养。基础愈雄厚,研究才愈深入,孤陋寡闻必然导致浅薄。对于建立一个新学科的理论体系,应该努力做到厚积而薄发。

第五,要勇于探索。在科学的征途上,当然不应满足于一得之功、一孔之见。然而,我们万不可轻视这一得之功、一孔之见。要知道,这些正是筑造朗读学大厦的一砖一石。

在探索中要不怕失败。在“山重水复疑无路”的时候,仍要执着地求取“柳暗花明又一村”!

二、普及朗读的基本知识

朗读作为一种有声语言的活动,已经延续多年,成为人们司空见惯的社会现象。但是,认为这是一门独立的学科,有必要深入探索,努力掌握它的看法,却并不是家喻户晓的。朗读学,用自己科学的理论体系,用切实可循的基本规律,用实实在在的方法

---

① 毛泽东.实践论[M]//毛泽东.毛泽东选集 一卷本.北京:人民出版社,1964:267.

告诉不理解它的人:不掌握朗读的基本规律,就不能提高朗读水平,不能满足实践的要求。这正是朗读学所担负的普及任务。

普及朗读的基本知识,首先要正确地估计朗读的作用,正确地认识朗读的价值。把朗读看作识字即会,是不对的,也不能认为朗读是语言艺术中最简单、最浅薄的东西,甚至不承认朗读属于语言艺术的范畴,那也是不对的。轻视朗读的思想认识是开展朗读活动、普及朗读知识的严重障碍。

普及朗读的基本知识,要以教育系统、文艺系统为开路先锋。中小学语文教师、文科院系师生、播音员(包括主持人)、演员,应该成为掌握朗读基本知识的表率,然后带动全社会把朗读活动普遍开展起来。

普及与提高是相辅相成的。没有朗读活动的大开展,不能提高朗读水平,朗读理论体系的科学化也只能停留在口头上,朗读的社会功能又怎能发挥出来?但是,没有朗读水平的提高,没有朗读理论体系的科学化,朗读活动既不能有力地开展起来,也不能深入地延续下去。正如毛泽东同志早已指出的“普及工作和提高工作是不能截然分开的。……在这里,普及是人民的普及,提高也是人民的提高。而这种提高,不是从空中提高,不是关门提高,而是普及基础上的提高。这种提高,为普及所决定,同时又给普及以指导。”①

朗读活动的逐步深入开展,为朗读学的建立,为朗读基本规律的探索,提供了扎实的基础。而朗读学的草创、朗读基本规律的形成,又为普及工作增添了动力。因此,努力普及朗读基本知识,同样是朗读学的根本任务。

普及朗读的基本知识,不是一个早上就可以做到的,它是一项长远的任务。在实现这个任务的过程中,朗读学将不断得到丰富和发展,然后又推动朗读学的进一步普及。如此反复推进,朗读活动便会世世代代深入开展下去。

三、加强朗读的理论指导

朗读学实质上是实践的学科。朗读学的理论是从朗读实践中总结、概括出来的,它的任务就是返回朗读实践中去,指导实践,促使朗读水平不断提高。朗读实践只有靠理论指导才能克服盲目性。韩愈说:“行成于思,毁于随。”这“思”,就是思考,就是运用理论,就是总结经验教训。“随”就是盲目性。加强朗读的理论指导,要自觉地学习理论,运用理论,能动地进行朗读实践,这不但可以少走弯路,迅速提高朗读水平,而且还可以检验理论的可靠性,校正理论的偏颇,弥补理论的不足。

---

① 毛泽东.在延安文艺座谈会上的讲话[M]//毛泽东.毛泽东选集 一卷本.北京:人民出版社,1964:819.

四、促进有关学科的研究

朗读学既然不是孤立产生、单向发展的，它的理论体系的形成同有关学科发展的推动有关，那么，它的研究成果又可以使各有关学科得到裨益。

朗读学，涉及语言学、语音学以及教育学、心理学、生理学等学科的基本理论和基础知识。如果没有语音学的建立、教育学的更新、心理学和生理学的进入现代科学领域，朗读学的出现当然是不可能的。特别是表演艺术的成熟和美学的兴起，为朗读学的建立开辟了更为广阔的前途。但是，朗读学也一定会在完善自己的理论体系、吸收有关学科成果的同时，积极向有关学科奉献自己的收获，并愿意以此为自己光荣的使命。

朗读学的建立对语音学提出了新的研究课题。如气息对语音的影响，是过去的语音学未能充分认识的。过去的语音学只把气息看作发声动力，至于气息在声音中的显露所起的作用就更缺乏应有的阐发。其他如四声在语流中的具体变化，字、词、句的音色变化，特别是某个音素的可变范围（音位仍觉笼统）等，都表述得不那么十分确切。研究这些问题，语音学、现代汉语语音就可能更为深刻，更加丰富。

朗读学使教育学研究领域的扩大也是明显的。获取知识、发展智力、强化智能结构，如果离开语言是不可想象的。朗读，作为吸取前人经验、加深自身体验、提高语言表现力和鉴赏力的有力手段，应是教育学的重要章节。

朗读学重视有声语言的心理依据，这恰恰为心理语言学或语言心理学的建立提出了要求。心理学对语言（言语）与情感的关系的论证往往显得不够丰满。朗读学在这方面积累了一些材料和问题，并期待心理学家进一步考察、研究。

生理学不应只是以解剖学的内容给朗读学提出论据，它还应把显微镜、透视机对准气息调节和筋肉控制，从心理、生理的沟通连接上解释朗读过程中的语言机制。生理学应进一步扩大活的生理机能的研究范围。

至于朗读学对美学、对教学法等方面提出的新问题、新材料、新观点，也可能使它们的研究得以具体化和深化。

总之，朗读学以自己的独立理论体系表明了这个新学科的特点及其面临的艰巨任务。朗读学还必须进一步完成已经建立起来的科学理论体系；必须普及朗读基本知识、解决普及与提高的关系问题；必须加强朗读的理论指导，解决理论与实践的关系问题；必须向有关学科奉献自己的所得，为同其他学科携手并进开辟道路。为实现这些任务，有志者只要潜心研究，是完全可以不断收获新的果实的。

知识梳理

朗读学的特点首先是再造性。朗读是把文字语言转化成有声语言,没有文字语言,便没有朗读,因为朗读以对文字语言的研究为基础。朗读文字作品时,不但要求朗读者尊重原作,而且要求朗读者通过原作的字句来传达出原作的主要精神和艺术美感。再造性与创造性并无相悖之处,反而更明确了创造意识,提高了创造的自觉性,使朗读回归了“创作”的范畴。

其次,是音声性。朗读者就是以诉诸听觉的音声化词语表达感于心的文字作品,将文字作品的蕴藏开掘出来,表现于朗读过程中,并把具体思想感情融入音声化词语,使文字作品的内涵、朗读者自己的融通,一齐洗练,不但产生出音声化的朗读作品,而且铸造成“情动于衷”与“声形于外”的规律。

然后,是社会性。当人们知道,朗读可以成为表情达意、言志传神的传播方式的时候,那些精彩的朗读使人得到教益、受到感染了,那些指导人们进入朗读创作的理论对于学习、训练和提高朗读水平产生直接影响了,人们便把朗读提升到了全社会都应该掌握的一种重要活动的地位,必须充分发挥它的社会功能,以使全社会享受朗读的乐趣和启迪,并将其作为弘扬民族精神、传承文化经典的通衢大道。

最后,是规范性。朗读,必须选用规范的文字作品,使用规范的有声语言。朗读学,一定要植根于民族文化的土壤,在历史规律的阳光下,对国家通用语言的普及、推广,承担自己不可替代的社会责任。

朗读学的任务一是建立科学的理论体系,包括:(1)朗读学的性质、特点和任务;(2)朗读的本源和作用;(3)朗读的表达规律;(4)对文字作品的分析、感受;(5)朗读者思想感情的积聚和引发;(6)朗读状态;(7)朗读技巧;(8)朗读不同体裁作品的差异。建立科学的理论体系,必须抓住“成于外而化乎内”的根本,明确朗读学就是要把文字语言转化为有声语言,就是朗读者对文字作品的再创作,就是要赋予文字语言以感情色彩。抓住整体,加强对朗读全过程的认识、对理论体系的整体把握。加强实践,广采博收,厚积薄发,勇于探索,不怕失败,执着追求。

二是普及朗读的基本知识,以教育系统、文艺系统为开路先锋,让老师、播音员、演员等带动全社会把朗读活动普遍开展起来。同时,认识到普及朗读的基本知识是一项长远的任务,在实现这个任务的过程中,朗读学将不断得到丰富和发展。

三是加强朗读的理论指导，鼓励人们自觉地学习理论，运用理论，能动地进行朗读实践。

四是促进有关学科的研究。朗读学既然不是孤立产生、单向发展的，它的理论体系的形成同有关学科发展的推动有关，那么，它的研究成果又可以使各有关学科得到裨益。

第三章

朗读的本源和作用

朗读活动对朗读者，除需要严格的识字、组词、造句、谋篇方面的分析综合能力、理解感受能力、积极思维能力、感情引发能力、语言驾驭能力之外，还需要声音运用能力、语言表达能力、对象交流能力、把握状态能力、自我调节能力等。这些能力的培养、提高，离开了朗读是不能获得的。此外，如作品体裁、文章风格方面的鉴赏审美能力、独特感受能力、艺术创新能力等，更是高水平的朗读所不可缺少的。

第三章 朗读的本源和作用

- 朗读的本源
  - 结绳记事
  - 口耳相传
  - 史官记事，诸子讲学，弟子从读，百家争鸣
  - 吟诗诵赋、调词会文、私塾授受、寒窗苦读
  - 宗教中的读经诵经
- 朗读的作用
  - 有利于深入体味文字作品
  - 有利于提高语言表达能力
  - 利于发挥语言的感染力
  - 是一种高尚的精神享受
  - 是达到语言规范化的途径

第一节　朗读的本源

文字作为记录和传达语言信息的符号，当然不是孤立存在、单个儿使用的。人们总是把文字串联起来，形成表达一定思想感情的文字作品，如此才能发挥出它作为独立形态的历史作用。所以，我们可以判断，自有文字记录以来，就有了朗读的胚芽。

不难理解，文字作品虽然是一种独立的形态，但一方面，它必定是一定意义、一定程度上的有声语言的记录，就是在书面语言同口头语言发生了很大差别的情况下，也不能说书面语言是另外一个语种；我们更看重另一方面，那就是人们在看文字作品的时候，不论文字作品使用的是口头语言抑或是书面语言，只要一见到字形，率先作出反应的是读出字音，即使并不出声，那发音器官在语言神经中枢的支配下仍然会发生某些变化，更何况更为自觉地出声读书呢！文字产生之后，文字记载、文字作品也就出现了，随之而来的，便是把文字语言变为有声语言，这也就是原始形态的朗读。

结绳记事，我们不去说它了。第一个写出“⊙”字的人，当他告诉别人这个符号的声音和含义时，难道仅仅是在识字么？当然不能指责“杲”字没有用“东方红，太阳升”来表述。文字语言在表情达意上的简约性特征至今还极为明显，朗读文字语言是不能像说话那样自由的。这说明，文字好像简单，寓意却可丰富，从一开始，朗读就不是一种机械单调的读字活动。

口耳相传，是人类语言交流的重要特点，但是，目视口诵也绝非无足轻重。文字作品本身就有一种音声化的要求。当传播战事、公布法令的文告出现以后，直至刻于竹、凿于石的时候，一人朗读，大家倾听，听不真切再读一遍，如此这般，不是可以想见吗？

春秋战国时期，史官记事，诸子讲学，弟子从读，百家争鸣，以及诗书经史的师传后人，有许多事实可以证明，这一切活动都离不开一定意义上的朗读。

其实，历史上关于读书的记载不可胜数。《孟子》中的“诵其诗，读其书”，就明显地反映了先秦以至更早时期朗读的盛况。打那以后，不能否认，朗读便成为社会发展进程中文化教育生活的重要组成部分了。

扬雄说：“大谛能读千赋，则能为之。”（《答桓谭书》）班固说：“不歌而诵谓之赋。”（汉书·艺文志）可见左思作赋，洛阳为之纸贵，不仅作者自己读过千百赋，他的赋又被别人读过多少遍，传抄之中，又不知有多少人反复诵读，眉飞色舞呢！杜甫说：“读书破万卷,下笔如有神”,已广为引用;元稹说白居易的诗“禁省、观寺、邮侯、墙壁之上无不书,王公、妾妇、牛童、马走之口无不道”,(《白氏长庆集序》)乐天自己作诗,常读给老妪听,不当则改。这些,也早已为人所知。至于韩愈说的“口不绝吟于六艺之文,手不停披于百家之编”,(《进学解》)朗读的含义就更明白了。

多少年来,不但作家们自己吟诗诵赋、调词会文,广大读者也父传子继、师生相沿地吟诵名篇佳作。特别是私塾授受、寒窗苦读,几乎全仰仗吟诵之功,由得心应口,到得心应手。“熟读唐诗三百首,不会吟诗也会吟”,娴熟于心,还可以挥笔写诗,就是这个道理。至今,我国的一些老专家、老先生,继承了历史上吟诗的传统,在诵读中仍然很讲究吟法。1982 年召开的首届全国唐诗讨论会上,不少老教授、老专家还分别以不同地区的传统吟法吟诵唐诗,①这可以证明,其中是有某些规律可循的。

清代程廷祚认为:“古者之于诗也,有诵有歌,诵可以尽人而学,歌不可以尽人而能也。”(《青溪集》)他已经认识到朗读“尽人而学”的问题。既提出了学习朗读的必要性,又指出了学习朗读的可能性,这是很有见地的。

朗读,作为一门学问,在宗教的历史上也有它的地位。读经或诵经,是各教的普遍法规,甚至有因重诵经而得名的“声教”的存在。至于把低劣的朗读比作“像和尚念经”,只是从熟读于口而无所用心的角度来说的,形容朗读的刻板、单调、无精打采。实际上,和尚念经也不应该是这个样子。

以上我们虽然只是从朗读活动这个范围叙述的,但不可忽略的是作为朗读材料的文字作品,在不同的历史时期、不同的社会进程中,呈现出不同的思想内容、不同的作品样式。因此,朗读哪些作品,为什么目的朗读,不但复杂纷繁、各种各样,而且还常常表现出尖锐的对立。毛泽东同志正确地指出:“一定的文化是一定的社会的政治和经济在观念形态上的反映。”②朗读是以文字作品为依据的,不能不受到文字作品的制约,不能不受到朗读者立场、观点等的影响。可以说,从历史上看,有两种不同目的的朗读,一种是为反动文化服务的,一种是为进步文化服务的。我们认为,在朗读材料的选择上,在朗读的目的上,应该坚持“必须首先检查它们对待人民的态度如何,在历史上有无进步意义,而分别采取不同的态度”③。这是在探讨朗读的本源及其变迁时必须给予足够重视的问题。

从上面简单的说明中,我们可以稍微窥见朗读活动产生和发展的端倪了。将来,也许会有我们汉语的朗读史,它将更详细地研究和阐明朗读的发生、发展规律。我们在期待着它的诞生。

---

① 唐诗讨论综述[N].光明日报,1982-4-22.

② 毛泽东.新民主主义的文化[M]//毛泽东.毛泽东选集　一卷本.北京:人民出版社,1964:655.

③ 毛泽东.在延安文艺座谈会上的讲话[M]//毛泽东.毛泽东选集　一卷本.北京:人民出版社,1964:827.

第二节　朗读的作用

为什么朗读会发展起来,并能成为一门独立的学科呢?我们不能不研究朗读的作用。朗读的效果决定于朗读者和听众两方面,但这不是绝对的,朗读者有听的因素,听者也可以进行朗读;在一次朗读中当然有各自的差异,从总的情况看,都共享着朗读的妙处。

朗读的作用是巨大的,虽然不能说万能,但它那潜移默化的威力真是"妙不可言",有些很难用语言形容出来。这里,我们仅概括几个方面,并略加说明。

一、朗读有利于深入体味文字作品

文字作品是诉诸视觉的,可以反复看、经常看,无疑是一种优势。可是,看,仍有一定局限,除去一目十行的粗读不说,就是细读,也只是凭借一条渠道传入大脑,留下的印象,远不如多条渠道来得深刻,这正如看舞台演出比看文字剧本收益更大,道理是一样的。朗读,不但要看,反复看,还要变为有声语言,从而增加了传入大脑皮层的刺激渠道;同时,更需要认真领会、准确表达文字作品的语词含义和精神实质。这样,对体味作品就提出了更高的要求,在深入体味中所得也就更多了。通过朗读,自会发觉"对味儿"或"不对味儿"、"贴切"或"不贴切"的问题,于是再看、再体味、再读。这种精益求精的反复,就意味着对文字作品的更深的理解、更深的感受。不应忽视的是,诉诸声音之后,声音出口时负载的思想感情,比蕴含在文字之中、文字背后的,更为可感。因此,由于朗读者的再创作,听者可以比自己去看文字作品体味更深,他的判断、品评也就会更为切实。这样看来,就使我们认识到:朗读既有再感受的魅力,又有再体验的动力,更有自我检验的活力。应该说,朗读引导着朗读者和听者走向文字作品更深的去处。

《朱子训学斋规》提到:读书有三到,心到、眼到和口到,三到之中"心到"最急。朱熹从背诵的要求指出:心不在此,则眼不看仔细,心眼既不专一,却只漫浪诵读,决不能记,记亦不能久也。这些话,重视心到是对的,一方面是对文字作品的用心思索、用心体会,一方面又是对自己朗读的用心品味、用心检验。当然,认为朗读只是为了记,为了长久不忘,就显得太狭窄了,朗读的目的和作用远比记住、背诵来得丰富和深广。叶圣陶先生从教学的角度,在更深的意义上提出:"令学生吟诵,要使他们看作一种享受,而不看作一种负担。一遍比一遍读来入调,一遍比一遍体会亲切,并不希望早一点能够背诵,而自然达到纯熟的境界。抱着这种享受的态度是最容易得益的途径。”①这“享受”二字用的何等得好啊!循着这种途径进行朗读,可以使朗读进入更自觉的境界,可以使体会更深入,使表达更准确,使广大听众获得更大的美感享受。

边看边读,最有利于从遣词造句到思想感情的融会贯通,步步深入,乐趣丛生。正如吉林省特级教师魏治明所说:“从诵读入手进入对文章内容的理解,在理解内容的基础上再进一步熟读以至背诵。这样循环往复,逐步加深体会,对一篇文章才能晓其理、感其情,品味其精当美妙之处。”②不少语文教师都有同感。

二、朗读有利于提高语言表达能力

对文字作品的深入体味,为有声语言的运用与追求奠定了基础,为用有声语言表现文字作品的思想性、艺术性提供了依据。朗读者如果不能把内心的依据通过有声语言体现出来,传达给听众,就说明他不具备一定的语言表现力。朗读者只有具备一定的表现力,才可能把对作品的理解感受形之于声。因此,朗读就应该包含着对语言表现力的要求,诸如层次感、主次感、对比感、形象性、逻辑性、丰富性,都要体现在有声语言中。

由于对文字作品的深入体味,那准确的词语概念、生动的语法修辞、巧妙的构思布局、感人的情景描写、严谨的逻辑序列、优美的韵律配置等,总是十分具体地启迪着我们的思路。而用有声语言将这些表达出来的愿望又迫使我们不能不运用各种技巧,尽可能完美地表现出文字作品的精妙。这种对语言表现力的要求,无论对我们从事文字写作,抑或对有声语言的表达,都起着自觉学习运用和潜移默化的作用,久而久之,自然而然地就贮存了许多可资借鉴、可供取用的表现手段,并在需要时或招之即来,或妙手偶得。这一切是仅仅通过分析、讲解文字作品所不易得到的,也是只靠眼看手写所不易达到的。

表现力和鉴赏力是相互关联、互相促进的。有的人听别人朗读可以品头评足,大发议论,很可能语语中的,相当正确。但当他自己朗读时,也许不及别人朗读水平的十之五六。这正是“耳高口低”造成的,是缺乏朗读实践的结果。相反的情况自然也会有:自己朗读水平较高,但听别人朗读,觉得似乎也还可以,却指不出优劣,虽然也模糊感到某些不足之处,却说不真切,更说不清原委。这是“口高耳低”造成的,是缺乏朗读理论的结果。这两种情况告诉我们,表现力和鉴赏力不同。但表现力和鉴赏力完全相悖的情况几乎没有,就是说,凡有鉴赏力的人,也肯定具有一定的表现力;而有表现

① 叶圣陶.《精读指导举隅》前言[M]//中央教育科学研究所.叶圣陶语文教育论集 上册.北京:教育科学出版社,1980:15.

② 魏治明.谈文言和小说教学[J].吉林教育,1981(8).

力的人,也肯定具有一定的鉴赏力。这又告诉我们,提高表现力,对鉴赏力的提高有益;提高鉴赏力,对表现力的提高也很有帮助。这两种能力的提高,都可以通过在朗读理论指导下的朗读实践来实现。

朗读,一般是以别人写的文字作品为依据,朗读过程正是在广泛汲取表现力的营养。古今中外的名家高手,究竟是怎样以他们的生花妙笔反映现实、表现世界、阐明事理、抒发感情的?这些文字作品作为朗读材料被我们仔细分析、深入体味,通过自己的有声语言加以表达,绝不仅只是"念字出声"的无思维活动,而是动员了自己全部精力的再创作。于是,朗读多少篇之后,多少次朗读之后,那潜移默化的成果就会日益显露出来:不但可以在自己写作时模仿、消化那文笔,还可以在说话时对照、应用那辞章,从而使我们的思维精密、情感丰富,文字表达和口头表达趋于准确和生动。虽然我们写作时是边想边写,说话时是边想边说,可是,在"想"时,便会融合进前人的创造,在"写"或"说"时,也会吸取过去的经验,积累多了,写作、说话、朗读等的表现力必然明显提高。随着表现力的提高,词不达意、言不及义的现象就会越来越少,随着语言技巧的丰富,当会逐步改变心虚笔拙、木讷无文的窘状。语言表现力的提高,完全可以使"下笔千言,倚马可待"和"七步为诗,出口成章"的阶段尽快到来,到那时,更高水平的朗读也便会出现了。这样,听、说、读、写相辅相成、相得益彰,我们的语言表现力便纵横驰骋,无往而不适了。这是从不涉足朗读领域的人所难以体验的。

三、朗读有利于发挥语言的感染力

文字语言也有感染人的力量,"爱不释手""掩卷遐思"都是被感染的表现。可是,当把文字作品变为有声语言的时候,那感人的力量应该更强烈。这也就是说,朗读,应该比作品本身给人的东西更多。为什么要说朗读是一种再创作呢?就因为在朗读语言里饱含着、浓缩着朗读者的深刻体味、独特感受、熟练技巧、音声魅力。高水平的朗读会使文字作品的作者惊喜:我写的东西里还有如此深刻的意味哪?!当然也就会使听者动容:比我自己看作品可好多啦!列夫·托尔斯泰说:"不但感染性是艺术的一个肯定无疑的标志,而且感染的程度也是衡量艺术价值的唯一标志。"①作为语言艺术的一个品种的朗读,当然不能例外。

当1949年9月30日,毛泽东同志在天安门广场宣读人民英雄纪念碑碑文的时候,他那高亢有力、雄浑豪壮的声音是多么富有强烈的感染力啊!这声音里凝聚着人民当家做主的时代自豪感,回响着历史上叱咤风云的英雄们的胜利召唤。今天再听当时的录音,仍然令人心神飞动!

---

① 托尔斯泰.艺术论[M].丰陈宝,译.北京:人民文学出版社,1958:148.

当郭沫若同志在保卫世界和平大会上宣读发言稿的时候,他那抑扬顿挫、铿锵悦耳的声音是多么沁人心脾啊!不但表达出中国人民热爱和平、捍卫和平的强烈愿望和坚强信念,而且使人深刻体味到汉语的优美特色。苏联诗人吉洪诺夫就说过,听了郭沫若的发言以后,认识到只有用音乐才能形容汉语的优美。

在“四五”运动中,朗读那些脍炙人口、震撼人心的诗文,那充满了忧国忧民、无私无畏的浩然正气的声音,回荡在天安门广场,传播到四面八方,唤起了民众,伸张了正义,打击了邪气,鼓舞了斗志,把朗读的作用发挥得相当充分,到今天人们还记忆犹新、心驰神往!

要使朗读内容和朗读技巧都有大幅度提高,在各级各类学校加强朗读是一条重要途径。可是,现在我们的大学、中学、小学和幼儿园,人们往往忽略朗读对学生、儿童的感染作用。其实,优秀的文字作品通过朗读对情操的陶冶、对心灵的感染,以及对思想的启发教育作用,往往比单纯讲解更细致入微,更感人至深,更能增添人们前进的勇气和希望。大量的白话文,字面上较易理解,但字里行间的蕴含有时又不可言传,通过朗读,就能溢于言表,使人心领神会,获得极大的满足。我们应该努力发挥朗读的感染作用,就是政治课、历史课、地理课、生物课等,在教学中朗读一些精选的材料,对达到教学目的也是有百利而无一害的。

四、朗读是一种高尚的精神享受

朗读者进行朗读,听者听别人朗读,都是一种高尚的精神享受。今天,在建设社会主义精神文明中,朗读也一定能产生巨大的能量,激励人们蓬勃向上、奋发有为。人们将在朗读中获得日常生活中不易得到的那样集中、明确、生动的高尚精神享受,使思想更加纯净、生活更加充实,使那些旧的污垢、那些低级趣味显得更加卑微,无处藏身。

日常生活中往往遇到这样的情况:一件平常小事,由讲话生动的人叙述,便使人觉得有趣;一件奇闻,由讲话呆板的人说,却使人颇感平庸。其原因是明显的:朗读,当然同朗读内容有关,但朗读者的水平也非常重要。即使在作学术报告、宣读学术论文那样的场合,听众除了解其中的学术价值外,同时,从报告人或宣读者词语的清晰、口齿的流利、语气的生动,直至声音的自如、音调的悦耳中,不也承受着无限乐趣和美感享受吗?如果竟因为不善于朗读,精彩的内容被读得吭吭哧哧、支离破碎、结结巴巴、索然无味,朗读者自己汗流浃背,听众也都昏昏欲睡,哪里还有什么享受可言?崇高如共产主义理想,迫切如精神文明建设,诸如此类的重要内容,也会被蹩脚的朗读把人们的兴味降低,甚而在朗读大门之前望而却步,反去专注于其他方面了。这难道不值得我们深思么?

作为教师,不论教哪一门课,都存在朗读一定材料的问题,包括公式、定理等在内。

因此,教师都有一个朗读水平高低的问题。特别是语文教师,自己不善于朗读,当然不可能指导学生学习朗读,如果连课文都读得平板吃力,怎么能带领学生进入文字作品的佳境,去领略文字作品的意味,去追求语言表达的完美呢?其结果,往往使学生对语文学习感到乏味而导致学习爱好的转移,更谈不上对朗读有什么兴趣了,那的确是十分可惜的。殊不知,由朗读引起的、强化的对语言文学的爱好,也许能够造就出一代语言艺术大师!

作为父母,当孩子开始听懂话语的时候,不要只满足于教给他们那些日常生活的用语,欣喜之余,确实应该着意选择那些有益于他们身心健康发育的文艺作品、科普读物给他们朗读,使他们领略语言的美感,加强他们的听音、辨音、发音的语言训练,迅速提高他们的语言素养,这是提高人口素质的重要环节。

幼儿园的老师们,如果能给小朋友们多朗读一些文艺作品、科普读物,更是孩子们所需要的。大班的小朋友,已经是小学生的后备军了,能够模仿老师朗读一些儿歌、小故事、小童话,甚至背诵出来,这也是极好的语言训练。在这个过程中,家长、老师、周围的人们有意无意带给孩子们的不良词语、不良语言习惯,将会被优美的辞藻、良好的语言习惯所代替。

从入学的第一天起,孩子们就开始了朗读课文的准备和学习。这时的朗读,已经是正规的训练了。在朗读中,他们不仅可以更多地识字、更好地接受课文内容的教育,而且可以逐渐认识到应该通过自己的声音表现出课文的思想感情,并在实现这个基本要求的过程之中享受着再创作的乐趣。当他们把一篇课文顺畅地朗读出来以后,那欣喜的心情中,饱含着对示范朗读教师的钦敬,同时,也会在比较中意识到,老师的示范朗读给了自己很大鼓舞和极大乐趣,自己也一定要像老师那样,朗读得十分动人!在闯过第一次当众朗读的怯场之后,他们便会发现,在羞涩帷幕后面,竟有如此心旷神怡的情景,一股初出茅庐的心志自会奔突而起,不可遏止。由此,进一步体味到有声语言的神奇功能,接着又产生了更上一层楼的愿望。在循着肯学苦钻的道路前进中,更多的人获得了高尚的情操,走上了不同的岗位,有的人用着铁杵磨针的功夫,一步步登上了语言艺术的峰巅,并召唤着后继者!即令不是专攻文科专业的学生,在校时老师示范朗读留下的印象,也是终生难忘的。

这一切,在朗读中,伴随着声音传入耳鼓,那深邃的思想、高尚的情操、美好的憧憬、纯真的心灵,也同时流入听者的心田,激荡着他们的胸怀,陶冶着他们的性情,在高尚的精神享受中,在生动的美感愉悦中,提高着他们的精神境界。

不论是听别人朗读,还是自己朗读,都需要具有一定的语言艺术素养和造诣。这不但包括从文字语言到有声语言的转变能力,从有声语言推及文字语言的判断能力,还包括深广的学识、熟练的技巧,更包括语言的感受力和对语言完美的鉴赏力。语言的美感给人的高尚精神享受常常使人津津乐道、乐此不疲!如果没有一定的语言素养和造诣，即使听到好的朗读，尽管旁人在那里拍案叫绝，自己也只是茫然，又怎能领会有声语言的精妙！没有这种素养和造诣，尽管朗读时全力倾注，字字认真，也表达不出原作的精髓，文字作品中那些画龙点睛、一唱三叹的妙言警句就会黯然失色，朗读的作用也便付诸东流了。因此我们说，听者和朗读者的造诣越深，才越能体会到和体现出朗读是一种高尚的精神享受。

今天，广播、电视、戏剧、电影、朗诵等日益普及，并成为人们业余生活的重要组成部分，没有一定的语言艺术素养和造诣，就不会从中得到高尚的精神享受，或者只取其末节，或者只感其皮毛，甚或会反其主旨，接受某些消极的东西。如果在朗读中加深了对语言艺术基本规律的认识，提高了语言艺术的表现力和鉴赏力，力求达到高尚的精神享受的境界，那所得就全然不同了，不但可以明其是非、辨其瑕瑜，而且修身养性，其乐无穷。这样看来，重视朗读，学习朗读，对每一个人都是十分必要的。

五、朗读是达到语言规范化的途径

我们的朗读，必须使用普通话。普通话，以北京语音为标准音，以北方话为基础方言，以典范的现代白话文著作为语法规范。从语音上要求标准，从词汇、语法上要求正确。虽然文字作品多种多样，古今中外都有，朗读时要尊重原作，但是，声、韵、调、轻重格式、儿化、音变以及语句的声音样式，不能不讲究规范。这是历史发展的要求、时代的要求。1958 年 12 月 4 日中华人民共和国第五届全国人民代表大会第五次会议通过的《中华人民共和国宪法》第一章总纲第十九条明确规定：“国家推广全国通用的普通话。”朗读，是推广普通话的重要形式，是达到语言规范化的途径。不学习普通话，不掌握普通话，就不是一个合格的朗读者。而学习朗读的过程，同时就是学习普通话的过程，通过朗读学习普通话，是非常有效的方法。

朗读者要朗读某篇文字作品，这作品里的每个字、每个词、每句话，都要首先解决声母、韵母、声调、轻重格式、儿化、音变等问题，这是字斟句酌、不能马虎的事。初学普通话时，在朗读中比较容易发现问题，也比较容易纠正错误。诸如把“南方”读成“兰帆”；把“农村”中的“村”字的调值读成 33 或 22，而不是 55；把“战士”读成中重格式，而不是重中格式；把“好啊（哇）”读成“好呀”……这都不标准，不能说是规范的、标准的普通话。在说话时，既没有文字依据，语流又快，口腔再松软无力，就不容易感觉到存在的问题，时过境迁，纠正起来也实在困难。如果加上方言土语掺杂其间，与普通话的距离拉大，当面校正更觉吃力。因此，在朗读文学作品中使语言规范化，就成为朗读的重要作用之一。

自己朗读，不能闭门造车，一定要同听别人朗读结合起来。听标准、正确的朗读，同自己的朗读加以对照，就可以在比较中认识到什么是普通话的标准音，什么是方言土语,怎样读才对,怎样改正不正确的读法,等等。相当多的人是从听电台、电视台的普通话播音,听朗读唱片或录音磁带中学习普通话朗读的。正因如此,周恩来同志于1958年1月10日,在政协全国委员会举行的报告会上的报告《当前文字改革的任务》中就强调指出:"北京语音是个标准,有个标准就有了方向,大家好向他看齐。……比方对广播员、电影和话剧演员、师范学校的语文教师就应该要求严些……"这几方面的专业人员应该是人们学习普通话的榜样。1955年10月26日《人民日报》发表的《为促进汉字改革、推广普通话、实现汉语规范化而努力》的社论特别指出:"每年有上千万儿童进入小学,训练普通话应该从他们开始。从小学到中学到大学,成百万的教师是普通话最直接的教学者和宣传家",应该"使学生不但在语音方面,而且在书面语言的语法、修辞、逻辑方面都能得到有系统的规范化的教育,消除目前很多学生在中学甚至大学毕业以后还不会说普通话、不会写通顺文字的现象。"这个要求在今天看来仍显得十分迫切。

语言规范化当然不是一朝一夕的事情。朗读在推动语言规范化方面的作用是不容忽视的。有的人,日常说话中带有明显的方言,可是一拿起文章朗读,却能基本上符合普通话的标准,这不是恰恰说明了朗读在语言规范化中所起的作用么?学习和掌握普通话,达到语言规范化,完全可以通过朗读率先实现,这是一条捷径,我们应该把它充分利用起来!

从以上五个方面来认识朗读的作用,可能并不全面,但我们可以从中看到:朗读活动对朗读者,除需要严格的识字、组词、造句、谋篇方面的分析综合能力、理解感受能力、积极思维能力、感情引发能力、语言驾驭能力之外,还需要声音运用能力、语言表达能力、对象交流能力、把握状态能力、自我调节能力等。这些能力的培养、提高,离开了朗读是不能获得的。此外,如作品体裁、文章风格方面的鉴赏审美能力、独特感受能力、艺术创新能力等,更是高水平的朗读所不可缺少的。朗读活动对朗读者来说,是厚积薄发的过程。这"厚积",当然是长期朗读实践的沉积作用的表现,正是这沉积作用,才造就了朗读者语言艺术的深厚功底,从而才有可能由"必然王国"走近"自由王国"(要走进"自由王国",那是很难很难的)。无论在什么场合下,捉襟见肘的朗读者总是远不及游刃有余的朗读者,这不及,正是在认识和发挥朗读作用上存在着明显的差距造成的。有出息的朗读者必定是在经历了众多痛苦的磨炼之后才进入声情并茂的高境界的。

这里,我们还要强调朗读应用范围的广泛性,破除对朗读作用的某些狭隘理解,更进一步加深对朗读作用的认识。

朗读的应用范围是相当广泛的,幼儿启蒙,语文教学,念信读报,宣读论文、讲稿,念剧本、歌词,都离不开朗读的应用。

首先,随着全民族科学文化水平的提高,教育的普及,在大学、中学、小学的语文教学中,朗读教学应该是重要环节。理工科也开始设置语文课,有的文科、师范院校正在准备开设朗读课。尤其令人高兴的是,普通话观摩表演、朗读比赛、口头表达比赛,几乎遍及全国各地,这真是一派令人鼓舞的景象!

其次,我们的电台、电视台、广播站、广播室的播音员、主持人,都是从事普通话播音工作。如果他们从小就受到朗读的训练,如果十分重视朗读的作用的发挥,一定会播送出更加优美动听的有声语言。广播电视事业已处在大发展的时期,听广播、看电视,已经成为广大人民群众精神生活不可缺少的一个重要方面。加强朗读的基本训练、学习朗读的理论,是每一位播音员、主持人不可忽视的课目。而随着朗读水平的提高,党的方针政策的宣传将更深入人心,在精神文明的建设中,播音员、主持人必能发挥生力军的作用。与此同时,播音队伍的壮大也一定会不乏后起之秀。

最后,话剧、电影演员如果在训练时忽视朗读的作用,同样会带来明显的弊病。多少年来,口齿不清晰、语言不规范的台词,不是屡见不鲜么?国产影片还需要普通话配音,这些演员的朗读水平是可想而知的。欧阳予倩先生说:"据说法国人认为演员在台上语言不肖是对观众的不礼貌……"老舍先生说:"咱们演的是话剧,可不能搞成'话锯',拿话来锯人家的耳朵。"欧阳予倩先生指出:"关键还是要我们演员把台词念好。"①有人说演员不是"国文教员",不必有标准的北京语音,我们认为这种说法是欠妥的。演员之成为"语言艺术大师",绝不仅仅是因为创造了鲜明的角色,他完全应该同时创造个性化的角色语言,这其中就应该包含着对普通话的要求。有人说演员不能用朗读来训练,因为朗读与创造角色是两码事。虽然朗读与创造角色并不完全相同,光用朗读训练演员是不对的。但是,如果把朗读和创造角色看成水火不相容的对立物,培养演员时,不从名著的朗读中体验各样的人物、锤炼精确的语言,基础不坚实,那台词又怎能说好呢?不改变"重表演、轻语言"的状况,"表演艺术家"是不会与"语言艺术家"统一起来的,语言不过关,表演就必然受到很大的局限。戏剧演员的唱、念也不能离开朗读的训练。有的京剧演员的道白,韵味十足,令人百听不厌、经久难忘,难道只是这几句道白的功夫么?"千斤道白四两唱",其中凝聚着多少朗读的心血啊!

当你作为领导干部向群众宣读文件或讲话稿的时候,当你给孩子读儿童文学作品的时候,当你为邻居大娘念她的亲人来信的时候,当你被大家推举读报纸上一条重要消息的时候,当你朗读自己的作品、论文的时候……你的朗读能力和水平不就呈现在听者的面前了么?难道可以用"我不是干这一行的"之类的遁词为自己开脱么?

我们会看到,朗读的巨大作用,将随着精神文明建设的不断推进而愈益真切地显露在每个人的现实生活之中。

---

① 贺键.记欧阳予倩和罗常培、老舍谈话剧台词课[J].文艺研究,1982(1).

知识梳理

朗读经历了漫长的发展历程,从结绳记事、口耳相传到史官记事、诸子讲学、弟子从读、百家争鸣再到吟诗诵赋、调词会文、私塾授受、寒窗苦读,甚至是宗教中的读经诵经,在不同的历史时期、不同的社会进程中,由于作为朗读材料的文字作品呈现出不同的思想内容、不同的作品样式,朗读的目的也复杂纷繁、各种各样。

朗读的作用是巨大的,这里仅概括五个方面:(1)朗读有利于深入体味文字作品。它引导着朗读者和听者走向文字作品更深的去处。(2)朗读有利于提高语言表达能力。由于对文字作品的深入体味,那准确的词语概念、生动的语法修辞、巧妙的构思布局、感人的情景描写、严谨的逻辑序列、优美的韵律配置等,总是十分具体地启迪着朗读者的思路,久而久之,那潜移默化的成果就会日益显露出来。(3)朗读有利于发挥语言的感染力。朗读语言里饱含着、浓缩着朗读者的深刻体味、独特感受、熟练技巧、音声魅力,我们应该努力发挥朗读的感染作用,通过朗读对情操的陶冶、对心灵的感染、对思想的启发教育作用,增添人们前进的勇气和希望。(4)朗读是一种高尚的精神享受。不论是朗读,还是听别人朗读,都需要具有一定的语言艺术素养和造诣。这不但包括从文字语言到有声语言的转变能力,从有声语言推及文字语言的判断能力,还包括深广的学识、熟练的技巧,更包括语言的感受力和对语言完美的鉴赏力。听者和朗读者的造诣越深,越能体会到和体现出朗读是一种高尚的精神享受。(5)朗读是达到语言规范化的途径。朗读者要朗读某篇文字作品,这作品里的每个字、每个词、每句话,都要首先解决声母、韵母、声调、轻重格式、儿化、音变等问题,这是字斟句酌、不能马虎的事。

这里还要强调朗读应用范围的广泛性,幼儿启蒙,语文教学,念信读报,宣读论文、讲稿,念剧本、歌词,都离不开朗读的应用。朗读的巨大作用,将随着精神文明建设的不断推进而愈益真切地显露在每个人的现实生活之中。

第四章

朗读规律概说

朗读作为把文字作品转化为有声语言的再创作，是一种语言表达艺术，它一定有表达规律可循。现在，仅就我们的认识，对朗读的规律首先作一概说，然后再具体加以阐释。这仍然是一种基础性的工作，并不包含美学里的诸多问题。

第四章 朗读规律概说

- 语词感受律
  - 朗读者要充分把握语词的明确含义，精细感受语词的具体色彩，准确表达作品的情理，有自己的主见，努力获得具体感受，使听者从中受到直接刺激
  - 语词接受者对语词以廓清和补充，反复领会、体会其中的蕴藉、内蕴
  - 对语词的具体感受，要靠学习和生活中的积累
- 引向情感律
  - 朗读者深入开掘作品的内在含义，使自己的思想处于运动状态，有感情地朗读
  - 理寓情中，情至理成
  - 原则和方法：要变声音先变状态
    - 状态积极
    - 精神集中
    - → 引向情感、求诸情感、丰富情感色彩
- 不可替换律
  - 朗读，必须依据作品的一字一词、一句一段循序进行。一个词有一个词的感受，一句话有一句话的语气，一篇作品有一篇作品的节奏。
  - 这一句的声音形式不可被另一句的声音形式所替换
  - 对整体感的尊重，从心所欲而不逾矩
- 定向推进律
  - 在思想感情的运动线上，在声音形式的起伏线上，总有某种“制高点”，我们要调动各种因素和手段，沿着语言链条，向着那“制高点”的方向推进，以便显露它、突出它、巩固它、加强它
  - 使语言本质明朗化，使语言链条跃动起来
- 语言规整律
  - 声音形式规规矩矩，工工整整，严密恰切，质朴无华，去粉饰，无虚夸，少做作，不浮飘，蕴深意，重分寸，出庄重，显从容
  - 声韵调准确、轻重格式正确、语法关系明确、逻辑关系精确、词语疏密适中、语势起伏得体、节奏变化平稳、音色自然

第一节 语词感受律

朗读者面对文字作品,无论是在分析、理解作品时,还是进行朗读时,都必须对文字语词产生相应的感受。这种感受,首先是看到了文字,所以一般是通过视觉(盲人是通过触觉)产生的。这视觉,并不是看到了实物,如一座山、一条河、一个人、一只虎、一片景色、一种场面……而只是看见了白纸黑字,一个个的方块汉字(或许是拼音)。而汉字,不过是一种符号,首先是声音符号,尔后是事物符号。文字作品中的字词,都有自己的声、韵、调、轻重格式,这在我们看见文字时,也就伴随着产生相应的语言觉了。“看”书时那口腔等各有关肌肉的潜动,已被生理学、心理学、医学、语言学所证实。但更重要的是文字语言所蕴含着的“意义”,即它所代表的客观世界的一切(现象的、本质的、自然的、社会的、历史的、现实的、物质的、精神的、形象的、逻辑的)种种构成物。语词的符号意义有其社会交际的一般共性,也有其自身要求感受的独特个性。一般共性是其整体稳定性,感受个性是其局部灵活性。语词的整体稳定性,使它们保持着交际的社会功能,可以在一定空间、一定时间发挥作用。语词的局部灵活性,使它们浸透着个体的特色,在具体作品中,在具体朗读中,染上不同的色彩。比如“寒冷”一词,其一般共性为气温很低,冻手冻脚,不论用在哪里,也不会发生歧义,其含意是稳定的。但是,在这个基础上,不同场合、不同的人却会产生不同的感受:有的人忆起“寒风刺骨”,有的人想到“冰天雪地”,有时是感到“冷在三九”,有时是觉察“春寒料峭”,或者是饥寒交迫,或者是愁云惨淡。这些,便带有某种感受上的独特个性,显出语词的局部灵活性。在朗读中,这是有很强的实践意义的。

语词作为历史形成的世间事物的符号,具有代表性和间接性。代表性,使人能够以词代物,因词思物,一看见字词似乎也就看见了那事物本身。由于汉语词汇的丰富,构词造句法的多样,的确可以使世界事物在诉诸语言之后能“栩栩如生”“跃然纸上”。但是,语词作为符号,是不能直接把世间事物变为映象,展现在人们眼前的,它只能间接地反映世间事物,使语词接受者透过这符号间接地感觉到世间事物。因此,这种间接性很容易造成模糊的映象,甚至发生偏差。这首先就要求语词发出者(作者、朗读者)力求确切、明晰地反映世间事物,不要造成误解;其次还要求语词接受者根据语言环境,不断给接收到的语词以廓清和补充。对那些“不可言传”的蕴藉、“意在言外”的含蓄，更要反复领会，多方体味。只有这样，才能沟通作者、朗读者、听者的思想感情，达到朗读的目的。朗读者不但要充分把握住语词的明确含义，还要精细感受语词的具体色彩，以便准确地表达文字作品的情理。不管对文字作品中的具体语词有多少种不同的诠释，朗读者对于作品、对于具体语词的理解必须有所皈依，拿定自己的主见，并努力获得具体的感受，使听者从有声语言中承受到直接可感性刺激，并且比从文字语言中承受的要强、要深。朗读者对文字作品的语词，在理解上不应模棱两可，应使语词符号的代表性极其明确；在感受上更不应含混不清，应克服语词符号的间接性所极易造成的隔阂。这样，听者从朗读中得到的才是世间事物的真切映象，才是文字作品的精神实质。

语词，不论是实词还是虚词，大抵都有其可以感受的具体属性。作品总是把它们纳入一定的语言环境，分布在一定的语言链条上，并赋予它们一定的个性特征和色彩。无论是形象感受抑或是逻辑感受，在朗读时都要通过文字作品的具体语词传达出来。不能因为是“寒冷”这类语词就认为是可感，而因为是“但是”这类语词就认为不可感。

从出生的第一天起，人们就在有声语言的感受中过日子。因此，对于语词感受的阈限，可以说人人都有，虽然有程度的不同。善于最精细、最灵动地感受语词，是朗读者至关重要的能力，是朗读好一篇作品的必备条件。有人说，朗读，只要识字就行。其实，识字也不是简单地、没有心理活动地念、写、用。识字是对符号的感知，尤其是对符号与世间事物的关系的认知。如果我们抓住识字过程，加强识字者对语词的具体感受，那对语词的掌握和运用将有莫大的好处。朗读，远比识字复杂得多、高深得多，但必须是在对语词产生具体感受的基础上进行，否则，就会变成照字读音、有音无意的“和尚念经”。

对语词的具体感受，要靠积累。袁守定《占毕丛谈》就指出：“文章之道，遭际兴会，摅发性灵，生于临文之顷者也。然需平日餐经馈史，霍然有怀，对景感物，旷然有会，……得之在俄顷，积之在平日。”作文如此，朗读也不例外。没有在学习和生活中的积累，没有日积月累的语言功底，对文字作品中语词的感受是不会深刻的。

第二节　引向情感律

作品内在的含义无论怎样抽象和笼统，作品的文字叙述无论怎样平白和冷静，朗读者都要在深入开掘的基础上，使自己的思想处于运动状态，有感情地朗读它。

所谓深入开掘，绝非仅只理解。即使理解得再深刻，朗读者倘若以冷漠、木然的态度对待，也会形成厚厚的障蔽，甚至一道道冰墙，把朗读者同作品，更同听者隔离开来。

深入开掘必须为朗读的任务和目的服务，特别要开掘出作品中饱含的具体而细微的思想感情及其运动变化，缺少这一步，朗读中的所谓有声语言，不过是无生命的声音躯壳，语言的社会功能便会化为子虚。

朗读别人的作品，甚至朗读自己的作品时，都容易出现的毛病就是“理智”地朗读。理智本身并不是什么坏东西，它给人以智慧，给人以分析、综合的力量与方法，给人以清醒的头脑、缜密的思虑、明晰的概念、冷静的处置等。然而，“理智”地朗读作品，必然给人以无动于衷、冷若冰霜的感觉，连朗读的积极愿望都被抑制了，便不再是语言艺术的再创作。

由于过于理智，朗读者极容易以旁观者的身份“审视”作品，“品味”声音，很不利于设身处地、如临其境，深入推进思维过程、心理活动。文字作品从开端到结尾的词语系列是作者安排好的，由文字语言转化成的有声语言是朗读者再创作的成果。以旁观者的身份“理智”地朗读，即使有时表达出某些词语系列的含意，也是一种偶然的东西，绝大部分词语与声音形式还是两张皮。因为缺乏情感的丰富变化，技巧的运用也成了有形无神的赝品。丰富的情感当然要有理智的引导和控制，但却不能没有情感。失去情感，理智也便显得呆板，有声语言就会黯然失色。我们赞成李渔的“言者，心之声也，欲代此一人立言，先宜代此人立心：若非梦往神游，何谓设身处地？……务使心曲隐微，随口唾出”。（《李笠翁曲话》）他指的是剧本、角色和演员，我们可以当作文字作品、朗读和朗读者去看。朗读者必须深入作品中，“梦往神游”“设身处地”，务使作者的“心曲隐微”由朗读者“随口唾出”。这是“理智”地朗读所不能企及的。我们在朗读任何作品、任何语句的时候，都应把自己的思维过程、心理活动引向情感。

只有引向情感，才可以在深入理解的基础上赋予作品以丰富的色彩、恰切的分量、灵动的活力、艺术的魅力，发挥巨大的感染力。所以，罗丹的话是对的，艺术就是感情。尽管这表述有一定欠缺，却从根本上抓住了艺术，当然包括语言艺术的要义。

只有引向情感，才能使诸种感受、多层体验升华、飞动，并把一切技巧巧妙地综合、融汇到语流中去，精雕细刻而鬼斧神工。

只有引向情感，主题的深刻性、目的的准确性、愿望的迫切性、对象的交流性才可以负载在有声语言中，实现由已达人的意图。这正是王夫之所说的“作者用一致之思，读者各以其情而自得”。（《诗绎》）

情感，作为人类所特有的生理与心理机制的操纵过程，是一种高级的情绪，即使非常含蓄，也饱蕴着巨大而且有时是不可估量的能动作用，不仅具有语言的一般社会功能，而且可以进入美学意义的至高境界。这是“理智”地朗读所无法达到的。

这里必须强调：理智并不是处于被排斥的地位，也不是处于可有可无的地位，在思想感情的运动状态中，理智是无形的路标，时刻在指引、评价思想感情运动的方向、意义，使这种运动循着作品的脉络，不迷路，不越轨。我们只是主张理智不能强制，更不能代替感情的引发、运动，不能因理废情，而应理寓情中，情至理成。

为了把对作品的理解引向情感，为了实现引向情感的动势，为了赋予有声语言以丰富的感情色彩，在朗读的准备和进行中，我们要牢牢把握住“要变声音先变状态”这个原则和方法。

朗读时，声音总是在变化中行进的。求其有依据的变化，就会使声、韵、调、轻重格式、语节、语势，在语流进程中显出千态万状。但是，仅仅专注于声音变化，尽管有所抑扬，却不能导致有声有色、声情并茂。声音变化，只是“果”，而朗读者的状态的变化才是“因”。

所谓朗读状态，主要指一定精神状态下的气息状态。精神状态的积极、集中是很重要的。在此基础上，必须要求运动着的气息状态。一定精神状态下的气息状态体现着具体思想感情的进程。吸气与呼气的多少和快慢，是朗读中应该时刻变化的，而这种变化如果没有情感的引发就很难调节。值得注意的是，它的具体调节又催动着引向情感的动势。这气息状态的运动，大体上表现为“上提”与“下松”两种。一般情况下，气息状态的上提，有利于声音上行与放开，“下松”又有利于声音下行与收束，那种“理智”的朗读，总是保持着平静的气息状态，相等时间呼气或吸气的气量也相等，是不能真正运动起来的，形不成起伏波澜的语流，当然也不会有情感的引发表露。因此，“变状态再变声音”就为引向情感、求诸情感、丰富情感色彩打开了方便之门，正切合引向情感的重要规律。

第三节　不可替换律

朗读，必须依据作品的一字一词、一句一段循序进行。一个词有一个词的感受，一句话有一句话的语气，一篇作品有一篇作品的节奏。高水平的朗读，有十分确切的具体性，字字句句形之于声，声音形式与字、词、句、段、篇的思想感情、结构方式完美和谐地结合在一起，严密贴切，有如天衣无缝，顺畅自如，好像行云流水。这十分确切的具体性，要求这一句的声音形式不可被另一句的声音形式所替换。

不可替换律，显示着作品语句等的具体性，显示着声音形式的准确性，正所谓“牵一发而动全身”。这也就是说，只要在某一段、某一句中，改变原来的一些词语，特别是关键性词语，或者变换一下句式，变动一下语法关系，尽管也许还保留着原来的大多数词语，还保存着原来的基本含义，但原来的声音形式却应随之改变，否则，就必然显得不准确、不正确了。如果变成另一种语意，就大相径庭了。

可惜的是，目前的大多数朗读却或多或少地存在着“可替换性”。就是说，这一句的声音形式同那一句的声音形式极少变化，几乎雷同，体现不出爱和憎、悲和喜，听不出语气、节奏的差异，就像是用一种声音形式去表达千变万化的思想感情。于是使人感到刻板、单调，恰如其分的表达不见了，有音无义、有声无情的腔调盈耳不绝。这种“可替换性”的表达违背了不可替换律，降低了朗读的质量，从反面证明了不可替换律的价值。

请看这两句：

①1952 年 10 月，朝鲜战场上最激烈的上甘岭战役打响了。

②1931 年深秋，王若飞同志在包头不幸被捕。

这两个句子，因为内容不同、思想感情不同，尽管句式差不多，声音形式却迥然不同。这两句的声音形式之不可替换是显而易见的。即使像“1952 年 10 月”与“1931 年深秋”这类时间状语，受全篇、全句的制约，也是不可替换的。

①的“打响了”，如果在声音形式上与“结束了”毫无区别，这句话的具体性便显得笼统了。“打响了”与“结束了”轻重近似，抑扬相反，不可替换。

②的“不幸被捕”，如果在声音形式上与“光荣入党”的声音形式雷同，连“痛惜”与“兴奋”的色彩都不会显露一二，语句的实质和目的怎么能揭示出来呢？严格地说，这一句同《刑场上的婚礼》中“由于叛徒告密，他们两人不幸同时被捕”的声音形式也有相当明显的区别，同样不可替换。

由此可以说明：

第一，一句话的声音形式如果是符合具体的思想感情的，那就是贴切的。某些词，特别是重音词或词组，一旦被近义、反义词替换，声音形式必须随之改变，若原来的声音形式并不变化，或变化极小，便证明这种声音形式是不贴切的。同一词语系列、同样结构的某个句子，在语言环境发生变化之后，或处于不同的语言环境中时，声音形式也一定发生变化，一定不可雷同。否则，也是不贴切的。

第二，从转换的角度看，不可替换律也含有转换前后不可同一的意思，主要点是一个“变”字。变是绝对的，不同一是绝对的，不可替换也是绝对的。不变，变中也有不变，是相对的；同一是相对的，可替换也是相对的，这里有范围和程度的问题。在一定的范围中、一定的程度上，并非没有同一和可替换的情况，其中有语词感受律的个性特征方面的问题，也有不同风格的问题。初学朗读者却应该运用不可替换律加强、加深自己的具体感受，检验自己的朗读中那具体的声音形式。朗读水平甚高的同志也受这个规律的指引和制约。尤其对那种较难处理、十分重要的语句进行表达时，运用这个规律，更能显示出它的威力和获得的进益。

第三，从包容的范围看，不可替换律含有整体感与具体感两方面的含义。这两方面是辩证地统一在一起的。从整体感来说，朗读与演戏有根本区别，二者是不可替换的。朗读不同体裁的文字作品，从朗读看，都是朗读的材料，具有朗读的整体感；从不同体裁看，却具有各体裁的具体感。同一体裁的各篇作品，每一篇作品的层次、段落，也都既具有整体感又具有具体感。整体感要求着表达样式的统一，具体感要求着表达样式的区别，统一既非同一，区别也不意味着割裂。由此可见，不可替换律的核心虽然是指每一作品、每一语句的朗读不可由另一作品、另一语句的声音形式所替换，但同时，也指对朗读、对同一体裁、对全篇作品所具有的整体感的尊重。只有把握了整体感和具体感这两方面，在朗读中才会“从心所欲而不逾矩”，真正符合不可替换律。

第四节　定向推进律

在朗读的进程中，思想感情的运动状态造成的声音形式的每一起伏，都是不尽相同的，不是处于同等重要、同样分量、同一高度、同一强度的位置上的。在思想感情的运动线上，在声音形式的起伏线上，总有某种“制高点”，我们要调动各种因素和手段，沿着语言链条，向着那“制高点”的方向推进，以便显露它、突出它、巩固它、加强它。“制高点”，指朗读中那思想感情的凝聚点、声音形式的突出点、作品内容的重点、落实目的的焦点。犹如军事争战中的有利地形，居高临下，易攻易守。制高点、声音形式的突出点，不应看作“声音最高”的地方，只能理解为重点突出的地方。

就全篇作品内容看，可以有参差错落的几个制高点，层次、段落中也可以有，也可以没有。制高点应该位于重点中，落在主要语句上，它的顶峰便是主要重音。

如：“我这时突然感到一种异样的感觉，觉得他满身灰尘的后影，刹时高大了，而且愈走愈大，须仰视才见。而且他对于我，渐渐的又几乎变成一种威压，甚而至于要榨出皮袍下藏着的‘小’来。”

这段话可以分为两小层：前一层，是起潮类语势，到“仰视”才是思想感情的凝聚点、声音形式的突出点。后一层是落潮类语势，到“小”字，这也是思想感情的凝聚点、声音形式的突出点。每一小层都要从一开始就向制高点推进，中途的转折、停顿、上行、下行，所有曲折处都不可稍有懈怠，一直推向制高点的顶峰。这有些像举重运动员推举，一直要推到双臂伸直，还要停够三秒，朗读时的那种定向推进感要十分鲜明、有力。又有些像飞机的降落，不管中间有多少盘旋，最后要降到指定的跑道上，同样是一种定向推进，也要十分清晰、稳妥。

这里要特别注意推进的单一性，或者叫作集中性。这单一性，便成为定向推进的保证。推进过程中，不应分散力量，企图面面俱到，而应方向明确，主动进取。法国的弗朗西斯科·萨赛在《戏剧美学初探》中就论述过这一点。他说：“如果诗人希望感受强烈而又持久，感受就必须是单一的”，“想要直达观念灵魂的深处，就必须永远朝一个地方冲击，感受越单一，越能强烈和持久”。他还举例说明：“他的意图如果是引人发笑，单单为了这一点，他就必须注意避免任何可能导致他的观众悲伤的意外事故；反之，他的目的是使人落泪，那么他就必须下定决心，把逗笑的情况勾销，以免抵消他所希望产生的激情。”①戏剧上的单一性不失为一条原则或规律，朗读也与之相通。这意思是极明显的。戏剧、朗读都要有一个既定目的，一切手段，包括对比手法，都要服从于这个目的，而不能起干扰的作用。试想，我们在朗读中字字玩味，句句遐想，看见“满身灰尘的后影”就想表现车夫劳碌奔波的情景，推进必然受挫；看见“刹时高大了”又想展现迅速高大起来的过程，推进必然停滞、中断。这样的朗读就会显得支离破碎，使真正的制高点湮没在“步步为营”之中，显不出凝聚，觉不到突出。这正是朗读显得平淡，既感受不到思想感情的波澜，又听不出语言流动变化的一个重要原因。因此，定向推进，一定要像蜻蜓点水，旋而不停，落而不坠；像大军长驱直入，过关斩将，直捣“敌巢”。这样，在到达制高点时，便像重锤击鼓、一锣定音，振聋发聩，使人豁然开朗。

定向推进过程中，声音形式会有轻重、高低、快慢、虚实的变化，但比起制高点来，却普遍显得不那么突出，不那么着力。

制高点有时在句中、段中、篇中，有时在句末、段末、篇末。凡制高点前面的词、句、段，处于一种离弦之箭的蓄势，酝酿着，运动着，向着箭靶（制高点）推进。而制高点后面的词、句，虽然也在运动，但却必须服从制高点的制约，为制高点的突出服务，不能干扰、争夺制高点的突出位置，这样，才能使全句、全段、全篇的推进顺利完成。朗读语流中，后面的词、句比前面的词、句更容易使人觉得突出，很有点“后来居上”的味道，因为时间的流逝会把前面的词、句泯灭，很不容易做到“先入为主”。因之，制高点后面的词、句、段，尤其要注意削弱。制高点后面的词、句、段，也有主次关系、轻重格式等问题，只要稍不注意，某些处于较主要位置的词、句突出的程度一旦接近（虽然没有达到）制高点，便会造成听者更深的印象，甚至产生制高点后移的误解。

定向推进律使语言本质明朗化，使语言链条跃动起来，从而给听者更强的认知，更深的感染，更好地实现朗读目的。违反这条规律，必然本末倒置，节外生枝，言不及义，不知所云。

第五节　语言规整律

朗读，既要准确表达作品的内容、精神实质，以及具体的思想感情，还要有对象交

① 古典文艺理论译丛编辑委员会.古典文艺理论译丛　第十一册[M].北京：人民文学出版社，1966：267-268.

流。朗读，是一种严肃、郑重的转述，是一种比较庄重、质朴的再创作。朗读者的任务是传达而非表演，朗读的内容非常广泛，没有局限性，不追求情节性、趣味性，而强调准确性、深刻性；朗读的语言非常多样，不追求渲染性、夸张性，而强调严谨性、规范性。

我们认为，朗读语言的规整性，犹如文学创作中的白描手法，既不佶屈聱牙、生涩隐晦，又不浓墨重彩、奇险浮饰，更不哗众取宠、插科打诨。语言规整律是指：声音形式规规矩矩，工工整整，严密恰切，质朴无华，去粉饰，无虚夸，少做作，不浮飘，蕴深意，重分寸，出庄重，显从容。

这里面，当然包括声韵调准确、轻重格式正确、语法关系明确、逻辑关系精确，这些规范性要求是不能忽视的。

另外，特别要注意词的疏密度相对适中，不宜过疏、过密。犹如踱、走、跑的变化，但速度不显悬殊。如果在一篇文章的朗读之中，忽如幼儿学步，蹒跚可掬，忽如健将冲刺，风驰电掣，就会显得不平衡、不协调。

同时，也要注意语势的峰谷，起伏要得体，不要忽高忽低，起潮如入云，落潮如坠谷，显得“奇险”，不端庄、不坚实。邻句转换，更不可突兀怪诞。

节奏的变化也要平稳，不宜在回环往复中出现天壤之别。

音色，不应超越朗读者本人实在声音范围，不能忽尖忽粗、忽亮忽沙，也不宜大声呼吸、又哭又笑，更忌“抖音”“滑音”“炸音”“疙瘩音”。

在课堂教学、大会宣读、学术交流、新闻报道中，更要注意语言的规整性，以保持庄重的态度和准确的传达。

规整性不求表演上的形似，而求转述中的神似。“不曰形，不曰貌，而曰神者，以天下形同者有之，貌类者有之，至于神则有不能相同者矣。”（沈宗骞《芥舟学画编》）

规整性不求写实，而求写意。写意，点染即成。王充在《论衡》中指出“饰貌以强类者失形，调辞以务似者失情。”处处求实，反会作茧自缚；注意写意，直是海阔天空。以朗读者其人，写作品蕴藉之意，方可达到“最能表现内容而绝不引人注意到它自身”的目的。古希腊悲剧家安诺德把这称为“最好的表现”。

规整性要求匀称的对比，不要求对感官的强烈刺激。匀称的对比同样有主次，有波澜，但不会比例失调，不会惊涛拍岸。这种匀称的对比，更内在，更含蓄，也更深沉。就像高明的画家，并不以大红大绿为主色，而是“密叶偶间枯槎，顿添生致；纽干或生剥蚀，愈见苍颜”。（笪重光《画筌》）

规整性并不呆板，多层次、多类型、多种技巧，使它在艺术语言中独树一帜，为其他艺术语言所不可替代。朗读语言的规整性，与朗诵语言的吟咏性、话剧语言的夸张性、电影语言的自然性、相声语言的诙谐性、评书语言的描摹性、播音语言的明晰性、教师语言的讲解性，可以说是“八仙过海，各显其能”，不过极为明显的是，朗读语言的规整性是以其共通的基础性对其他艺术语言产生重要的影响的，其他艺术语言完全可以从朗读语言的规整中,从规整自身语言的过程中加深语言造诣,加强语言特色。

语言规整律为朗读打开了一条通向高峰的大道,这条大道平直中藏着博大,坦荡中含着精深,是只看表面、只图省力的行路人所不能明其三昧的。

知识梳理

朗读的规律主要有五条:

(1)语词感受律。朗读者要充分把握语词的明确含义,精细感受语词的具体色彩,准确表达作品的情理,有自己的主见,努力获得具体感受,使听者从有声语言中承受到直接可感性刺激,并且比从文字语言中承受的要强、要深。对语词的具体感受,要靠学习和生活中的积累,没有日积月累的语言功底,对文字作品中语词的感受是不会深刻的。

(2)引向情感律。朗读者深入开掘作品的内在含义,使自己的思想处于运动状态,有感情地朗读,在深入理解的基础上赋予作品以丰富的色彩、恰切的分量、灵动的活力、艺术的魅力,发挥巨大的感染力,使诸种感受、多层体验升华、飞动,并把一切技巧巧妙地综合、融汇到语流中,把主题的深刻性、目的的准确性、愿望的迫切性、对象的交流性负载在有声语言中。引向情感律的原则和方法:要变声音先变状态,状态积极,精神集中。

(3)不可替换律。朗读,必须依据作品的一字一词、一句一段循序进行。一个词有一个词的感受,一句话有一句话的语气,一篇作品有一篇作品的节奏。不可替换律显示着作品语句等的具体性,显示着声音形式的准确性,要求这一句的声音形式不可被另一句的声音形式所替换。但同时,也指对朗读、对同一体裁、对全篇作品所具有的整体感的尊重。只有把握了整体感和具体感这两方面,在朗读中才会“从心所欲而不逾矩”,真正符合不可替换律。

(4)定向推进律。在思想感情的运动线上,在声音形式的起伏线上,总有某种“制高点”,我们要调动各种因素和手段,沿着语言链条,向着那“制高点”的方向推进,以便显露它、突出它、巩固它、加强它。“制高点”,指朗读中那思想感情的凝聚点、声音形式的突出点、作品内容的重点、落实目的的焦点。定向推进过程中,声音形式会有轻重、高低、快慢、虚实的变化,但比起制高点来,却普遍显得不那么突出,不那么着力。

(5)语言规整律。朗读强调准确性、深刻性、严谨性、规范性。语言规整律指声音形式规规矩矩,工工整整,严密恰切,质朴无华,去粉饰,无虚夸,少做作,不浮飘,蕴深意,重分寸,出庄重,显从容。声韵调准确、轻重格式正确、语法关系明确、逻辑关系精确、词语疏密适中、语势起伏得体、节奏变化平稳、音色自然。

第五章

朗读的目的

我们可以肯定地说：目的是朗读的第一要素和核心。

我们说的朗读目的，是指我们为什么要朗读这样内容、这样主题的这个作品，因此，它总是从具体作品中开掘出来的，与精细地分析、深刻地感受具体作品密不可分。在这方面，切忌公式化和概念化。公式化和概念化是开掘目的和实现目的的歧路，虽省力，却无效，甚至会造成刻板和糊涂。

第五章 朗读的目的

- 目的是朗读的第一要素和核心
  - 为什么要朗读这个作品
  - 从具体作品中开掘，精细分析、深刻感受
- 分析作品的两大步骤
  - 明确目的
    - 弄懂词句
    - 弄清结构
    - 弄明主题
    - 弄通背景
    - （以上四项）——对作品的评价意义、对现实的认识意义
  - 实现目的
    - 抓住重点——重点部分、重点层次、重点段落、重点小层次、重点语句、重点词或词组
    - 加深感受——建立在比具体感受更深广的基础上
    - 引发愿望——自觉地、由衷地渴望朗读

语言作为人类交际和交流思想感情的工具,当然是服从于、服务于一定目的的。没有目的的语言无异于"痴人说梦",会使听者如堕云雾中。作品的文字语言是有目的的,朗读的有声语言也毫无例外地有其鲜明的目的。

但是,朗读作品,由于有文字依据,容易只顾把文字变为声音,而忽视以至丧失其目的。而没有目的的朗读,显然是不会有生命力的。

对于目的的作用,斯坦尼斯拉夫斯基的话对我们的理解更有帮助,他说:"演出的主要任务就是要在舞台上传达出作家的思想、情感,他的理想、痛苦和喜悦。我们就把这个目标——这个吸引着一切任务,激发演员——角色的心理活动和自我感觉诸元素的创作意向的基本的、主要的、无所不包的目标叫作:作家的作品的最高任务。"[①]他所谓的最高任务,就是我们所说的目的。这比亚里士多德的"在一切事物中,目的是最至关重要的"不是更能给我们以启发吗?我们可以肯定地说:目的是朗读的第一要素和核心。

我们说的朗读目的,是指我们为什么要朗读这样内容、这样主题的这个作品,因此,它总是从具体作品中开掘出来的,与精细地分析、深刻地感受具体作品密不可分。在这方面,切忌公式化和概念化。公式化和概念化是开掘目的和实现目的的歧路,虽省力,却无效,甚至会造成刻板和糊涂。

目的的本质和力量,只是在于它要求并能够否定自己的主观性,使自身的观念性与客观实在相结合,并立即转为客观实在性。朗读的目的如果不能凭借有声语言加以实现,那就与无目的相同;而只有与朗读内容相结合的目的,才有现实的意义。否则,偏离或背离目的的主观随意性、盲目性就会跑出来作祟。

许多人把朗读看作只是见字出声,顶多是边读边体会的过程,满足于读,忽略读前的分析。囿于自我咀嚼,那不过是文字作品的社会效果,说不上是朗读的社会功能的发挥。

我们特别强调对朗读内容的理解和感受,必须学会分析作品,学会分析得正确、感受得切当,以便真正为朗读目的服务。

客观世界以其极大的丰富性给人们以取之不尽的营养。作为观念形态的作品,受时代、社会、阶级、个人的局限,历来显得狭小单薄。伟大作家、语言大师的鸿篇巨制,在历史的长河中也不过是九牛一毛。不过,形象大于思想,思想广于形象,一滴水可以反映阳光,一篇好作品也可以反映漫长岁月、广阔寰宇中的一阵风雨、一朵浪花。我们的分析,一定要从字里行间见其形、听其声,进而看到其中显示出来的那个时代,并在

① 斯坦尼斯拉夫斯基.斯坦尼斯拉夫斯基全集 第二卷[M].林陵,史敏徒,译.北京:中国电影出版社,1959:406.

我们的脑海里，让时间和空间的经纬织出历史长卷中多彩的画面。这是多么复杂而独特的再创作啊！那简单的公式和空洞的概念不是应该摒弃吗？

朗读者不是旁观者，不能冷漠地、客观地注释词语、翻译文章，也不能只是引经据典、旁征博引地训诂。朗读者必须积极地、热忱地分析作品，必须有动于衷地、倾注身心地体味作品。一个字、一个词，在朗读者的心目中，不应该仅仅是白纸黑字、抽象的概念，而应该同时又是有生命的客体，有活力的形象。因此，感受就成为分析作品时的重要契机。感受，“感之于外，受之于心”，正是摒弃公式化、概念化、简单化分析作品的法宝。那种重分析、轻感受，只分析、无感受的方法，都无助于达到朗读的目的。过去的朗读，迟迟不能有所进展，无法有所突破，不能不说是缺乏感受的缘故。

朗读者分析将要朗读的作品，应该包括两大步骤。这两大步骤虽然是起码的要求，但至关重要。坚实地走好这两步，是朗读好作品的基础，是再创作的依据，表面看来好像简单，实际上，并不是很容易的。

第一节　明确目的

造诣很深的朗读者对此不太费周折，一般朗读者却不能不花一定气力。

弄懂词句：生字、生词、成语典故、语句含义、旁涉关节，都要清清楚楚。

弄清结构：自然段一定要归并为层次，多层次还可再归并为部分。自然段内，要划分为小层次。语句之间、自然段之间、层次之间是什么关系，它们的内在联系是什么，都要明明白白。

弄明主题：主题就是中心思想，但不能叫中心意思，因为中心意思是指主要内容，而主题是作品内容的集中和升华，是作品的实质和个性。主题应该成为统领全篇的基本线索，生枝发叶的地下深根。一篇作品的主题应该区别于另一篇作品的主题，即使主要内容有某些相似之处，甚至写的是同一件事，由于角度不同、旨趣不同，主题也不应是雷同的。因此，我们要抓住主题的具体性、特殊性和独创性。

弄通背景：作者写这篇作品，是在哪个具体历史时期、哪种社会条件、哪个特定环境、哪种具体心境下，如何创作的？要紧紧联系作品本身去思考，不能挂一漏万，也不要笼统庞杂。朗读者所处的社会环境、社会情况，也不是无关紧要的。不要把作品内容里的人物、事件混同于背景内容。写古，有借古讽今的思想，但古仍然不是今；写物，有托物言志的寓意，但物必定与志有关。古与今、物与志，都不会超时空，总有它们的存在背景。朗读者以此为起点，主动建立起此时此地的联系，置于此时此地的氛围之中，便能赋予作品以新的生命。

明确目的:这里所说的目的,既有对作品的评价意义,又有对现实的认识意义。它是朗读者对原作品进行再创作的灵魂,必须“内明于心,外达于人”。它不应该脱离内容、主题,也不应该远离写作现实、朗读现实。但它比这一切都更集中、更理想,以便在朗读中使朗读者产生强大的精神动力,在朗读中引发具体而有个性的意志、情感。

《一件小事》是鲁迅先生 1919 年所作的。全文十七个自然段可以归并为三个层次,表现了正直善良的人力车夫对进步的小资产阶级知识分子的鞭策这样一个主题。这篇作品体现了“五四”时期“知识阶级与劳工阶级打成一气”的历史潮流,反映了俄国十月革命后马列主义传入我国产生的巨大影响,凝聚着进步知识分子对“劳工神圣”的热烈追求,表明了劳工阶级登上历史政治舞台的必然趋势,同时,对封建军阀角逐的恶行也充满了深刻冷峻的痛恨。朗读这篇作品,目的是明确的,那就是:激励人们增长克己为人的勇气!

《岳阳楼记》是范仲淹于庆历六年(公元 1046 年)9 月 15 日写的。全文五段,可归并为三个层次,以“先天下之忧而忧,后天下之乐而乐”为主题。自己和朋友都被贬谪,壮志未酬,怀才不遇,却仍能广开胸襟,以天下为己任,“不以物喜,不以己悲”,实在难能可贵。尽管“忧”“乐”的内涵,有它的历史、社会、阶级的分野,无产阶级却也可以从中得到教益。朗读这篇作品,必须达到领略古人胸襟、坚定自己志向的目的。

许多作品的确会给人以思想的启迪和情操的陶冶,有些作品也会给人以不同学科的知识,有的作品会在艺术上给人以美感享受。当然也有的作品兼有这两三方面。我们可以简单表述为德育、智育、美育。相当多的作品在以一种为主、它种为辅的情况下,被我们选作朗读的材料。特别是美育,几乎篇篇都有,因为这是好的作品所必然具备的。

第二节　实现目的

目的既然从作品的分析、综合、理解、感受中提炼出来,概括出来,凝聚起来,升华起来,它就不能不带有统率全篇的纲领性、提挈全篇的指导性。作品中的字、词、句、段都受它的支配和制约,而不应有任何的游离或脱落。朗读时,究竟怎样统率、提挈全篇,比起明确目的的第一步来,更需要创造性。

我们提出目的本身并不就是我们的目的,在朗读中实现目的才是我们的目的。但是,“理想的意图”怎样才能变成“理想的力量”呢?这种“理想的力量”不是自然而然产生的,它必须以人的创造活动为前提。简言之,目的的实现,必须由人来创造。

卓别林说,艺术的目的“只有在紧紧地沿着真实的道路前进时才能达到”①。实现目的必须以真实为条件,不能以假乱真。康德说,“志于这个目的的人,也志于他力量能得到的为达到这个目的所不可少的工具”②,即实现目的必须借助某种工具。

什么是实现目的的“真实的道路”和“工具”呢?在朗读中,朗读的内容是我们创作的出发点,有声语言便是我们的工具。为此,我们应继续深入作品内容中去,探寻形之于声的全部依据。

实现目的要抓三个环节:

一、抓住重点

包括重点部分、重点层次、重点段落、重点小层次、重点语句、重点词或词组。重点体现目的,显示各个片段的内在联系,可以说,没有重点就没有目的。

有人说,重点是作品提供的,朗读前不必花气力分析,朗读中也不必加以强调,重点会由听者自然领会。这实质上是对分析作品、实现目的的否定。等于说,作品中有什么,朗读出来就会有什么,于是,也就否定了作为再创作的朗读本身。

二、加深感受

为了达到目的,不但要在感受中明确目的,而且一定要加深感受以落实目的。加深感受必须沿着目的确定的方向,在作品的重点上进行。为了加深感受,不能只局限于作品提供的文字材料,一定要使具体感受建立在更深广的基础上。这当中,朗读者的经验、体验起着重要的作用。

有人说,在分析作品之初就有了具体感受,那第一次感受是强烈、鲜明而印象深刻的,保留它就足够了,愈要加深,反而会冲淡它。这是对目的的制约性和开创性认识不足。仅凭原始的感受进行再创作,不但是飘忽不定的,而且肯定是短暂的。即使有一定延续时间,到底是否符合目的,对目的的实现是促进还是干扰,也值得怀疑。另外,目的的提挈,会使初次感受引向深入,引向强烈,引向坚实,这也是毫无疑问的。

三、引发愿望

任何目的的实现都必须依靠人的创造实践,而这种创造,只凭理智的强制是不行的,一定得引发“不达目的,决不罢休”的愿望。

---

① 司徒慧敏.人生苦短忆苦长[N].北京日报,1979-02-11.

② 康德.道德形上学探本[M].唐钺重,译.北京:商务印书馆,1957:33.

朗读者为了达到朗读的目的，自觉地、由衷地产生非常愿意朗读、非常渴望朗读这篇作品的心情，就是朗读的愿望。犹如战士在战斗打响之前产生的求战情绪，那是为了达到夺取胜利的目的；恰似船夫在浊浪排空之中产生的奋进情绪，那是为了到达一心向往的彼岸。

是的，在明确目的的过程中，朗读的愿望就在萌发，而在落实目的的过程中，朗读的愿望就得到进一步强化。或由于道理深刻，丝丝入扣；或由于人物生动，境界高远；或由于事件引人，新颖奇特；或由于情真意挚，心潮起伏……这是作品的内容的感召。或由于启蒙心切，逢山开路；或由于义不容辞，左右逢源；或由于荟萃于心，厚积薄发；或由于美不胜收，深孚众望……这是朗读的目的的驱使。就像作家的创作冲动不可遏止那样，朗读者的再创作冲动可以用两句诗来形容："众里寻他千百度""山雨欲来风满楼"。

在这里，朗读者本人的爱好、兴趣也是通过朗读愿望表露的。朗读者如果仅仅在理论上、理智上对朗读的重要性、必要性认识得很深刻，而在感受上、情绪上却处于消极、肤浅的状态上，那么，朗读的愿望仍然属于尚未萌发的阶段。但是，如果只有感受上、情绪上的波动，而缺乏深刻的思想，这种波动容易暴露出它的飘忽性、盲目性，很难促成目的的实现。在这当中，朗读者广泛的爱好、深厚的修养，便孕育出巨大的生发力量了。

朗读者对某些文章、某些体裁的作品爱不释手，朗读起来津津有味，而对另一些文章、作品望而却步，勉强朗读也觉得苦不堪言，当然不应全都归咎于作品本身，因为的确有分析、感受的深浅，气质、情趣的差异，时间、地域的距离等缘由，允许朗读者对具体作品的不同认识和评价。

不过，对朗读者来说，重要的是：朗读任何可以达到德育、智育、美育目的的作品，都应该可以萌发、强化自己的愿望，这恰恰是朗读者应有和特有的能力。朗读者正是在把开始认为无趣味的作品逐渐朗读得有声有色、越读越愿意读的多次实践中提高自己的朗读水平的。朗读的作品越是范围狭窄，朗读的水平越难于提高。

总之，重点、感受、愿望，是落实目的的三个方面。三方面的内在联系是很明显的。在《一件小事》中，第二层作为重点，突出表现了人力车夫的高贵品质，朗读者对人力车夫"须仰视才见"的高大形象必须切实感受到，对"我"的"威压"也要产生切身体会。朗读这一层时，听者会不会也感到某种"威压"呢？那些自命清高的人、那些道貌岸然的人，听到此，何以对之？于是，歌颂和传播人力车夫高贵品质的愿望便油然而生。如果朗读者一味强调"我"的思想、言行，对人力车夫的行为无意赞扬，甚至认为他比起任何一个英雄人物来都显得渺小，不认识、不感受"我"的皮袍下面的"小"，即使有"解剖自己"的可贵愿望，那目的也是残缺不全的，还可能会扭曲作品的原意。《岳阳楼记》也是如此，如果在朗读中被"以物喜""以己悲"的情绪所左右，重点它移，感受失神,那么,愿望越强,距朗读目的越远,朗读的社会意义便不可能深刻。

实现朗读目的,当然存在着发挥有声语言的作用问题,我们是很重视这个问题的,这将放在后面进行讨论。

知识梳理

目的是朗读的第一要素和核心,是指我们为什么要朗读这样内容、这样主题的这个作品,因此,它总是从具体作品中开掘出来的,与精细地分析、深刻地感受具体作品密不可分。

分析作品有两大步骤:第一个步骤是明确目的,即弄懂词句、弄清结构、弄明主题、弄通背景。这里所说的目的,既有对作品的评价意义,又有对现实的认识意义。它是朗读者对原作品进行再创作的灵魂,必须"内明于心,外达于人"。它不应该脱离内容、主题,也不应该远离写作现实、朗读现实。但它比这一切都更集中、更理想,以便在朗读中使朗读者产生强大的精神动力,在朗读中引发具体而有个性的意志、情感。第二个步骤是实现目的。目的的实现,必须由人来创造,我们应继续深入作品内容中去,探寻形之于声的全部依据。实现目的首先要抓住重点,包括重点部分、重点层次、重点段落、重点小层次、重点语句、重点词或词组,重点体现目的,显示各个片段的内在联系。其次要加深感受,这种感受建立在比具体感受更深广的基础上,这当中,朗读者的经验、体验起着重要的作用。最后是引发愿望。朗读者为了达到朗读的目的,自觉地、由衷地产生非常愿意朗读、非常渴望朗读这篇作品的心情。朗读任何可以达到德育、智育、美育目的的作品,都应该可以萌发、强化自己的愿望,这恰恰是朗读者应有和特有的能力。总之,重点、感受、愿望,是落实目的的三个方面,这三个方面相互联系,密不可分。

第六章

具体感受

第一节　形象感受
第二节　逻辑感受

在朗读准备中、在朗读过程中，有没有感受，感受得深还是浅，直接关系到创作道路、创作方法。朗读要坚持从作品出发、由体验到体现的创作道路，要坚持现实主义的创作方法。这就要求朗读者加深具体的感受，用自己的感受充实、丰富文字语言，为形之于声准备恰切、扎实的依据。

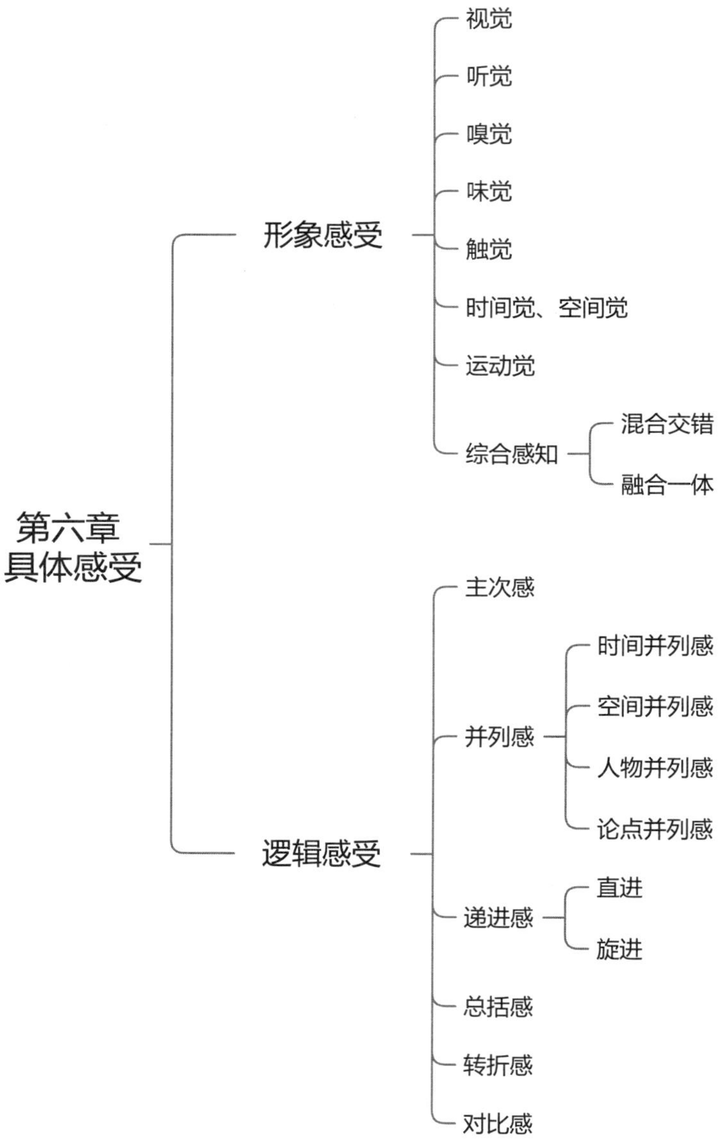
第六章
具体感受
形象感受
视觉
听觉
嗅觉
味觉
触觉
时间觉、空间觉
运动觉
综合感知
混合交错
融合一体
逻辑感受
主次感
并列感
时间并列感
空间并列感
人物并列感
论点并列感
递进感
直进
旋进
总括感
转折感
对比感

感受,在朗读中是指通过词句的概念及其运动的刺激,引起我们对客观事物的感知、体会的过程。它包括眼、耳、鼻、舌、身方面的感觉和时间、空间、运动方面的知觉。但这些感觉、知觉,对朗读者来说,都不是直接由客观外界刺激的结果,而是由视觉对文字的刺激进行反映,进而对大脑皮层发生第二信号系统的作用力,使人发出语言机制的思维信息,从而产生概念的运动。概念及其运动成为客观外界各类事物(包括客体的心理变化、思维活动)的代替符号,只是这符号的替代对象对人产生间接的刺激。朗读者间接地接受这种刺激,从而引起感觉、知觉,"感之于外,受之于心",这个过程,我们称之为感受。

我们看到"天冷极了,下着雪,又快黑了"这样一些字,作为朗读者,并不需要研究文字学,不需要考虑每个字的字体、源流,而是因字词和句子的结合,再造了客观世界的形象、气氛,透过这些文字,看到天色、雪花,感到了寒冷。简单地说,这便是朗读者因文字语言引起的感受。

每个人的感受会有范围和程度的差异,对文字语言的感受是一种更高一级的心理过程、神经活动。感受范围和程度的不同,我们用"感觉阈限"来表示,感受范围越大、程度越高,就说明朗读者的感觉阈限越小、越精密。朗读者应该使自己从文字语言中获得感受的能力不断加强。

感受能力的强弱、感觉阈限的大小,对朗读者来说,虽然只是初级阶段的事,但仍然有重要意义。感受的作用不仅表现在理解作品、体味作品方面,而且还表现在从理解到表达的过程中。有人说,感受是理解和表达之间的桥梁,这尽管对感受的作用有所夸大,对感受的内涵理解得有些广泛,但还是有一定道理的。因为它使朗读者克服无动于衷的毛病,打破了由文字简单变为声音的框框,给朗读者提供了一条走上正确创作道路的阶梯。

在朗读准备中、在朗读过程中,有没有感受,感受得深还是浅,直接关系到创作道路、创作方法。朗读要坚持从作品出发、由体验到体现的创作道路,要坚持现实主义的创作方法。这就要求朗读者加深具体的感受,用自己的感受充实、丰富文字语言,为形之于声准备恰切、扎实的依据。

当然,感受只是手段,并不是目的,它的力量仅仅在于把朗读者的思维引向情感。停留在感受阶段,迟滞不前,对朗读是有害的。因为感受还不能胜任"发于外,形于声"的功能。

感受能力,仍然是或者说主要是实践的产物。对文字作品的不求甚解和走马观花,对文字语言的一知半解和迷离朦胧,结不出加强感受能力的果实。而在现实生活中事事不关心、一概冷眼旁观的人,连感受能力的孢子都生长不出来。

第一节　形象感受

朗读者对文字作品的分析、理解,必须伴随着感受。朗读者对作品的感受首先取决于作品文字语言的形象性。干瘪枯燥的文字语言,对于具有很强感受能力的朗读者也构不成丰富的形象,引不起具体的感受。这种情况,用得着一句古话:"巧妇难为无米之炊。"

文字语言,特别是实词所具有的形象性,是表达思想感情、给人以感染的明显因素。没有形象性,就没有叙述和描写,也就没有什么文学性、艺术性可谈了。形象性更深刻的含义当然远不止于此,不过这不是我们的探讨范围。我们所说的形象性,必须以作品为依据,从已有的文字语言中去挖掘。

王摩诘的"诗中有画,画中有诗",表明了文字语言与绘画艺术的相通;杜甫《观公孙大娘弟子舞剑器行》中"㸌如羿射九日落,矫如群帝骖龙翔,来如雷霆收震怒,罢如江海凝青光",表明了文字语言与舞蹈艺术的相通;白居易《琵琶行》中,"大弦嘈嘈如急雨,小弦切切如私语。嘈嘈切切错杂弹,大珠小珠落玉盘",表明了文字语言与音乐艺术的相通。文字语言总是千方百计地去描绘、刻画变化多端、气象万千的客观世界和主观世界。就是像"制造工具"这样比较抽象化的概念,也会产生一定的形象性。从鲁班发明锯,到瓦特发明蒸汽机,从石箭、石刀到导弹、飞船,都会为这个概念补充形象化的内涵和外延。更不用说"关关雎鸠"、"采采芣苡"和"云破月来花弄影"、"踏花归去马蹄香"了。

文字语言对朗读者的可贵之处,在于它造就了客观事物的整体知觉刺激,反映事物个别属性的感觉已融化在这整体之中了。这就使朗读者在从文字语言中获得感受的时候,完全脱离了认识客观事物的表面的、原始的、蒙昧的、混沌的状态。这要归功于作者的观察、体验、提炼和写作。

朗读者由作品的文字语言中,由其中包含着的形象性中,可以看到、听到、嗅到、尝到、触到文字符号代表的客观世界中的种种事物,也可以知道时间发展、空间移动、事物运动,这是记忆联想和再造想象的过程,我们可以分别给以简单说明。

一、视觉

从作品中的文字语言中"看到"描写、叙述的对象,是一种非直观的视觉想象,或叫内心视象。

《文镜秘府·地卷·十七势》中说:“夫置意作诗,即须凝心,目击其物,便以心击之,深穿其境。”这“凝心,目击其物”,对于朗读者非常重要。只是目击白纸黑字,不能朗读出作品的本意,更不会有高水平的朗读,必须透过文字“目击其物”,才会产生切实的感受。

高尔基也说:“作家的作品要能够相当强烈地打动读者的心胸,只有作家所描写的一切——情景、形象、状貌、性格,等等,能历历地浮现在读者眼前,使读者也能够各式各样地去‘想象’它们,而以读者自己的经验、印象及知识积蓄去补充和增补……”① 朗读者首先是作品的读者,他必须把作品中的描写浮现在眼前,并用自己的积蓄去补足,而后朗读出来,才有可能相当强烈地打动听者。

这历历浮现在眼前,正是我们所说的视觉想象,也是刘勰所谓“视通万里”的意思。

“今天清早,雪停了,天也晴了。一轮红日升起来,把雪后的大地照得分外耀眼。茫茫田野一片雪白,巍巍群山遍身银装。”

看这一段文字,引起我们对作品描写的对象进行不同侧面的“审视”。这画面以静为主,静中有动。就像截取一个镜头,让客体定住不动,容我们把它一样一样地看个仔细,并清晰具体地感受到它。凡是作品中的肖像、环境、景物等描写,都要用“审视”引起感受。虽然“审视”的时间、感受的深浅各人有所不同,可是这在视觉想象中是比较简单和容易的。

“山很陡,鲁班抓住树根和杂草,一步一步往上爬。他的手指忽然被一根小草划破了,流出血来。一根小草怎么会这样厉害?鲁班仔细一看,发现小草的叶子边上有许多小齿。他试了试,在手指上一拉就是一道口子。这可把他提醒了。他想,如果照小草的叶子那样,用铁打一把有齿的工具,在树上来回拉,不是比用斧子砍强多了吗?他马上回去打了一把,拿到山上去试,果然比斧子又快又省力。”

鲁班的动作是连贯的,可以简化为“抓——爬——破——看——试——想——打——拿”。这种文字叙述,使朗读者“看”到连续的画面,当然是浮现在脑海里的。我们的视觉想象得跟上,人物行为敏捷时,要及时看清,人物行为停止时,也要看到“想”的表情。这是一种“扫视”,以动为主,动中有静。凡是作品中有连续行为、发展情节等的叙述、描写,我们必须用“扫视”的视觉想象尾追不放,纵观全貌。

眼睛是心灵的窗户,是指通过眼神能看到内心世界。事实上,内心世界的变化由视觉诱发,对朗读者来说更重要。由视觉想象开启的生活图景在脑海中的再现,有时会比作品的文字语言打开的天地更开阔、包容量更大。因为缺少布景、道具、人物交往

---

① 高尔基.论文学[M].孟昌,曹葆华,戈宝权,译.北京:人民文学出版社,1978:225.

等舞台气氛，朗读者的视觉想象比演员的内心视象更难于捕捉，也更难于把握。

二、听觉

从文字作品的描写、叙述中“听到”某些声音，属于听觉想象，由此能使朗读者获得听觉感受。

当我们看文字语言的时候，字的音会给我们造成有声语言的感觉，一方面，发音器官会有微弱的活动，另一方面，又似乎可以听到这个字的声音。这是心理学中的问题，不是我们所说的听觉想象、听觉感受。

既然不是真实的什么声音刺激了我们的听觉器官，而是文字语言所描述的声音，这显然也是第二信号系统的间接刺激造成的。歌唱演员看到乐谱不由自主地听到了曲调，乐队指挥翻看乐谱的时候，小提琴、小号、单簧管等各种乐器的特有音色会自然而然地涌流进他的耳际。朗读者在看作品的文字语言的时候，就需要有更多的经历和体验，才能引起听觉想象。这听觉想象并非简单地再现语言的声音变化，而是那字里行间表现的现实生活的复合音响，犹如歌曲和乐曲里表现的军队行进、鹂啭蝉鸣、牧童短笛、丰收锣鼓那样，是一种间接的、想象的声音。这正是艺术创作的共同特征。《晚祷》是画，不可能有声音，但它可以表现声音。我们看着那虔诚地低着头的农妇，看着那暮色里依稀可辨的教堂，一串悠扬、深沉的钟声就会在脑际回响。从《琵琶行》中对弹琵琶的描写，我们不是也可以听到那曲调的抑扬吗？

请看《红岩》中的这一段文字：

“一阵狂风卷过，寒气阵阵袭来，屹立在签子门边的余新江浑身发冷，禁不住颤抖了一下。屋瓦上响起了哗哗的声音，击打在人的心上。是暴雨？这声音比暴雨更响，更加嘈杂。更加猛烈。‘冰雹！’余新江听见有人悄声喊着。他也侧耳听那屋瓦上的响声，在沉静的寒气里，在劈打屋顶的冰雹急响中，忽然听出一种隆隆的轰鸣。这声音夹杂在冰雹之中，时大时小，余新江渐渐想起，刚才在冰雹之前的狂风呼啸中，似乎也曾听到过这种响声，只是不如现在这样清晰，这样接近，因为他专注地观察敌人，所以未曾引起注意。这隆隆的轰鸣，是风雪中的雷声么？余新江暗自猜想着：在这隆冬季节，不该出现雷声啊！难道是敌人在爆破工厂、毁灭山城了么？忽然，余新江冰冷的脸上露出狂喜，他的手心激动得冒出了汗水，他忽然一转身，面对着全室的人，眼里不可抑制地涌出滚烫的泪水：

‘听！炮声，解放军的炮声！’”

为了表达出余新江的听觉反应，朗读者必须细心体会作品中的具体环境和微妙的心理描写。先是哗哗的声音，在听中判断，不是暴雨，是冰雹。接着听到轰鸣，不是雷声，不是爆炸声，而是炮声。事实上，我们耳畔什么声波也没有，完全是“哗哗”“击打在人的心上”“冰雹”“轰鸣”“喊着”等词语传递给我们的形象,我们从中感受到了具体的声音。由于种种声音的具体性,我们的感受也不完全一样。就说“雷声”和“炮声”吧,虽然都可以用“隆隆的轰鸣”来形容,但雷声是一种“轰隆——隆——隆”的响声,炮声是一种“轰——隆,轰——隆”的响声,在距离远、有冰雹急响的环境中,不太容易分辨,更不用说炮的不同型号有不同的声响,在渣滓洞集中营四周有山,炮声还可以有回音。听觉经验和听觉阈限是有很大作用的。在分析理解和具体感受作品的过程中,我们要充分展开听觉想象,切实感受到具体声音的刺激。

三、嗅觉

作品中关于嗅觉的描写也是经常出现的。这时,我们要用嗅觉想象加以感受。如:

“我望着这个擦得很干净的苹果:它青里透红,发出诱人的香味。”

“我推开窗户,一股泥土的清香迎面扑来。”

气味有多种多样,我们要善于在想象中辨别。都是“香”,也各有差别,更需要细心地加以分辨。“苹果香”和“泥土香”是不同的,但如果没有“泥土的清香”的体验,也就分辨不出二者的不同,那感受也就不易很具体。斯坦尼斯拉夫斯基在哥尔多尼的剧本《女店主》的演出中,曾扮演骑士的角色,当骑士闻到密兰多林娜以出色的厨艺给他弄出来的纸做的炖肉的香味而大喜若狂的时候,作为角色的斯坦尼斯拉夫斯基并没有真的闻到什么香味,那炖肉的香味是在他想象中刺激他的嗅觉的。虽然朗读者连纸做的炖肉的形象也看不到,但他应该从“炖肉的香味”这五个字中,就像真的闻到了那具体的、与其他香味不同的肉香。

嗅觉的一个特点,是同吸气、屏息紧紧联系在一起的。有时深吸、有时猛吸,那一定是给人以快感的气味;有时屏息,有时掩鼻,那肯定是一种难闻的气味。我们在感受作品关于嗅觉方面的描写时,呼吸的作用不是消极的,它可以帮助我们加强感受,加深体验。

四、味觉

食物在口腔内咀嚼,人们可以感觉到某种滋味,苦、辣、酸、甜、咸都是。婴儿能区别母亲的奶和牛奶,也能区别母亲的奶头和奶瓶的奶嘴,因为味觉在起作用,不能不说这味觉阈限已经开始变得微小了。长年一日三餐的味觉体验更给人们以丰富的经验积累。

人们从语词中获得的味觉刺激是古已有之的。最典型的例子就是“望梅止渴”的故事。士兵们并没有看到梅子，只是听到曹孟德说前面就是梅林，口腔里便产生了酸的味觉，唾液分泌出来，缓和了口干舌燥的苦况。越王勾践死了这么多年，一提到“卧薪尝胆”，还会引起人们“苦不堪尝”的味觉想象。福楼拜口中那砒霜的味道，不但为作家刻画人物提供了有益的体验，同时对朗读不是也有很多可借鉴的意义吗？

当然，味觉想象中，有快感和恶感的区分，也有各种具体味觉的辨别。味觉的快感与“馋涎欲滴”“狼吞虎咽”相联系；味觉的恶感与“味同嚼蜡”“令人作呕”相联系。

在作品中，那种直觉的描写虽然也有，但为了突出人物的精神境界，往往运用相反相成的手法。我们可以通过下面的例子加以考察：

“……说完，我先咬了一口，把苹果传给步话机员小李。小李放到嘴边，咬了一小口，交给了身旁的小胡。小胡咬了一口，传给了小张。这样一个挨一个传下去，转了一圈，苹果还剩下大半个。”

七天没有喝过水的人，怎样对待苹果呢？只咬一小口。是不想吃吗？不可能。但为什么不“狼吞虎咽”呢？因为别人比自己更需要。在自然需要与社会需要的矛盾中，走向了先人后己的崇高境界。朗读者必须产生这种矛盾的感受：渴得受不住了，看见苹果，马上产生了“就是十个二十个，我也能一口气吃完”的强烈欲望。但是，看看身边的同志们，马上又产生了“他们更渴，更应该多吃”的深切感受。这两种感受，在交叉中立即升华为先人后己的思想，而味觉想象中的兴奋与抑制发生了巨大的作用，自己吃的欲望消失了，让别人吃的愿望强烈了，于是，关心别人比关心自己为重的高尚情操随之溢于言表。这个过程中，“咬了一口”的味觉，其甜美程度是可想而知的，比谁也不肯吃的描写更真实、更深刻，我们的味感想象也就更确定、更丰富了。

五、触觉

当外界刺激使身体各部分的神经末梢产生冷热、软硬、平滑、刺痛等感觉时，那就是触觉。由文字语言引起的触觉想象在朗读中的作用也是很大的。

“猎人带着我折来许多枞树枝。他又把火堆移到一边，把枞树枝铺在烤热的地面上，铺了厚厚的一层。热气透上来，暖烘烘的，我们睡得很舒服，跟睡在炕上一样。”

“她在一座房子的墙角里坐下来，蜷着腿缩成一团，她觉得更冷了。”

这两段文字，一段写“暖烘烘”，一段写“更冷了”，都是触觉想象的对象，它经过触觉想象，引起我们不同的感受，“暖”使全身舒展，“冷”使身体蜷缩。这不同的感觉，造成了不同的心理状态，将来会直接表露在有声语言中。

当然，“春风扑面”和“北风刺骨”是相反的，容易区别。但“火烤胸前暖，风吹背后寒”对游击战士的感觉岂止在冷暖的直觉上？而抚琴、抚剑、抚桌，那触觉想象当更加复杂。这时，简直已经超出了触觉范围，进入到高一级的感情中去了。

六、时间觉、空间觉

对于时间、空间的知觉，在感受中十分重要。“思接千载”是时间想象，“视通万里”是空间想象。我们可以统称为时空想象。

正如孟德斯鸠在《论趣味》中指出的：“人们总想扩大自己的眼界，愿意看到尽可能多的空间，精神总是想逃避界限；日常生活中很难达到这个目的，只能借助于艺术的帮助。”美术作品的构图很能说明这一点。在满纸上画出大大小小的骆驼，总有屈指可数的局限，不过是拙劣的画技。而只画一只、两只骆驼，前有一尾，后有一头，反而造成了无限大、无数多的空间物态，真是懂得艺术真谛的大手笔。在空间想象中，朗读者的眼界开阔到什么程度，就会对作品描绘的空间认识到什么程度，以至感受到什么程度。“采菊东篱下，悠然见南山”，必须有“东篱”和“南山”之间的高低、远近的感受；“上穷碧落下黄泉，两处茫茫皆不见”，对这种天上、地下的感受应比“九重天上”和“九泉之下”还要具体。莎士比亚在《仲夏夜之梦》里有一段精彩的台词：

“诗人的眼睛在神奇的狂放的一转中，便能从天上看到地下，从地下看到天上。想象会把不知名的事物用一种形式呈现出来，诗人的笔再使他们具有如实的形象，空虚的无物也会有居处和名字。”

朗读者也应该同诗人一样，透过形象看到天地之间去，即使是空虚的无物，在我们的想象里，在我们未来的有声语言朗读中，也应该有它的居处和名字。“路漫漫其修远兮，吾将上下而求索”，不但空间宏大，而且那“漫漫”“修远”“上下”，竟给人以雄浑、坚毅的感受，好像对我们探求朗读的奥妙也有一种巨大的推动力了。

“日出而作，日入而息”，用太阳的升落表示时间概念，虽然不如今天的钟表精确，但当时这巨大的发现不是使后人仍然感到合理吗？直到经过多少年以后，还有“黎明即起，洒扫庭除”的训育，现在的“作息时间”也还是古代延续下来的时间观念。

时间想象是一种对客观事物发展运动的延续和顺序的感受的积累，及其在具体语境中的新的组合。“春天来了”，应是经历了多少个春天，也听过别人描述春天的体验在具体时间中的凝聚。“冬天来了，春天还会远吗？”那深刻的哲理正寓于冬去春来的时间推移的必然性中。时间想象在作品和朗读中的意义远不像“日月如梭”“白驹过隙”那样简单。

时空想象必须强调具体性。作品里表现的内容总不会是“自从盘古开天地，三皇五帝到于今”和“宏观无限大，微观无限小”这种包罗万象的东西。“折戟沉沙铁未销，自将磨洗认前朝”有具体性，“一骑红尘妃子笑，无人知是荔枝来”也有具体性。因此，朗读中的时空想象不能漫无边际，必须找到它们的限度，找出它们的形象确指性，以揭示作品的主旨，否则时空想象只能造成空洞、浮泛的感觉。

七、运动觉

运动觉，是说客观物体在一定的空间、以一定的时间进行的有机活动。对朗读者的刺激，比这更深一层。物体下落有加速度，流水下行有落差，虽是活动，本身却无感觉。可朗读者要从作品的描述中运用运动想象使自己接受它们的刺激，产生相应的形象感受。飞机升降，给机上人以运动觉；小船起落，给船上人以运动觉。如果作品中有这些描写，朗读者就要以运动想象，造成自己也在升降、起落的感受，产生身体各部分肌肉程度不等的张弛、血液流动时快时慢的变化这些生理、心理过程。

语言是有动作性的，有些动作还要靠语言指示。“立正！”“举起手来！”这种口令和命令，“到终点了，冲刺！”“敌人进入了射击范围，打！”这些呐喊和呼唤，有时并不形于声，只是心中想，可也支配了行为动作。我们看文字作品的时候，凭着经验，往往产生与人物动作相应的运动觉，那就毫不奇怪了。

“在这万分紧急关头，董存瑞昂首挺胸，站在桥底中央，左手托起炸药包，顶住桥底，右手猛地一拉导火索……”

我们看着这文字，也要用心体会人物的心情和动作。当董存瑞“左手托起炸药包，顶住桥底”的时候，我们似乎也举起了左手，用力托着炸药包；当董存瑞“右手猛地一拉导火索”的时候，我们似乎也用右手猛地一拉导火索。虽然我们手里并没有炸药包，没有导火索，但左手和右手应该有这种感觉；虽然左手没有真的抬，右手也没有真的拉，但应该觉得两只臂膀的肌肉好像在伸缩。这种运动想象真实、具体，对于此时此地的人物心情，会由此获得更真切、更深刻的体会。

运动想象帮助我们扩大体验的范围，增加感受的深度。我们没有参加过两万五千里长征，但从《草地夜行》这一篇作品里可以体验“身子一沉，掉进了草地的泥沼里”的情景；我们没有打死过老虎，但从《景阳冈》这一篇作品里可以体验到武松同吊睛白额大虎搏斗的情景，这是动用了生活经验中“一脚踩空”的记忆和武术比赛的联想等积累形成的。而结合实际作品之后，那记忆和联想的材料就变得活跃起来。在记忆和联想的帮助下，作品中的描写也就显得实在和可感了。

事实上，我们的形象感受已经更为深广了。文字作品中的一切形象性内容不是被我们具体地感知着、深入地感受着了吗？我们并不是被动地承受着刺激，而是一步一步主动地寻找着、捕捉着刺激，反复地探究着、开掘着感受，并进而走向深邃、广大的境界中去。

八、综合感知

诸种感知觉，视、听、嗅、味、触、时、空、运动等各种知觉的想象，完全不是孤立的、单一的,它们在作品中总是错杂地、综合地表现出来,不但互相联系,而且互相结合。即使是某种单一的刺激,我们也会用其他感知觉给以补充和丰富,使我们对这种刺激的反应显得色彩纷呈,生气勃勃。这正是人类高级神经活动的特点和优点。

我们从作品中运用的多种比喻不是可以看到综合感知的丰富例证吗?“铁石心肠”“火爆脾气”,是对不易表述的事物的说明;“空中撒盐差可拟”“未若柳絮因风起”,是对不易形容的事物的描绘;“背着因袭的重担,肩着黑暗的闸门,放他人到开阔光明的地方去”“飞流直下三千尺,疑是银河落九天”,是在比喻中造成突出的意境,给人以深思遐想,令人感到余味无穷。

综合感知有混合交错和融合一体两大类。

混合交错是指既有视、听,又有嗅、触等可分的感知,经常用“看到了”“听到了”这类词语。

融合一体是指几种感知同时出现,互相缠裹,不可分割。经常有“眼观六路,耳听八方”“千头万绪,百感交集”之类的感受。

但是,在朗读中我们特别重视融合一体的感知,它不但有利于抓住本质特征,还更有利于引发情感因素。

“见到我们,主人们立刻拨转马头,欢呼着,飞驰着,在汽车左右与前面引路。静寂的草原热闹起来:欢呼声、车声、马蹄声响成一片。”

“朝辞白帝彩云间,千里江陵一日还。两岸猿声啼不住,轻舟已过万重山。”

一段文章、一首诗,都比较容易理解和感受。但是,如果想从字面上一一区分感知类别,不但太迂腐,而且很可能是朗读刻板的先兆。文中的“热闹”,仅以声音为例,似乎只是听觉想象,可是仔细想来,其中必定包含着视觉、运动觉、味觉、触觉等多种感受。这样的描述,已经成为不言而喻的常法。“两岸猿声啼不住”一句,仅仅看作听觉想象也不合适。“两岸”显然是指船过处沿江两岸,不是一个固定的地点;“啼不住”也不只是猿多、声长。这种时间、空间、运动的感知想象造成了融合一体的丰富感受。

在分析作品的过程中,最忌就字讲字,只停留在表面了解上,因为形象感受来源于对文字语言的深层理解,“只有理解了的东西才更深刻地感觉它”①正是这个道理,综合感知是感知的深化,而不是一般感知的相加。

从朗读的全过程看,综合感知只是分析理解阶段的组成部分,还没有完全转化为情感运动,不能解决形象感受进一步发展的问题。不过,形象感受已经为自身的发展准备好了有利的条件。

---

① 毛泽东.实践论[M]//毛泽东.毛泽东选集　一卷本.北京:人民出版社,1964:263.

第二节 逻辑感受

分析理解文字作品的过程中,除了形象感受之外,还有逻辑感受的问题。

长期以来,凡谈到“逻辑”,就一定是冷静、理智的,似乎与感受无关。至少,从朗读的角度来说,这个认识是片面的。事实上,作品中的形象性可以感受到,作品中的逻辑性也可以感受到。

逻辑,作为思维规律,与语言的关系极为密切。概念、判断、推理、证明,离开语言几乎就无法表述和进行。任何文章,如果“前言不搭后语”“驴唇不对马嘴”“词不达意”“挂一漏万”,那就不成其为佳作,更不会作为朗读的材料。好的作品在逻辑上也会是严密的,如行云流水,天衣无缝。过去写文章,讲求“起、承、转、合”,虽然走进了“八股”的绝路,但对文章脉络的清晰度的要求还是有一定意义的。即使灵活如“散文”“杂文”,那也应达到“散文不散”“杂文不杂”的水平,而不能散乱一片,杂乱无章。

作品中的逻辑关系,主要指全篇各层次、各段落、各语句之间的内在联系。这种内在联系,犹如文气,顺畅地贯穿全篇;犹如经络,紧密地布满全身。不仅指组合的先后顺序,还指为什么这样结构。不论是时间顺序、空间顺序、观点顺序,还是情节、矛盾、问题的连绵起伏,都应在朗读者的头脑中形成强烈的感受,而不应仅仅是清楚、明白。这种感受,不同于形象感受,缺少形象性是一方面,但在文字语言上,更多地需要从虚词中获得。虚词,似乎不可捉摸,但是,由于上下文气的贯通,由于与实词的多样结合,经络的感觉又并非虚无缥缈。

逻辑感受有两大范畴:一是语言本质要准确,不能含糊其词;二是语言链条要清晰,不能模棱两可。

语言本质,包括思想感情的目的性、具体性。我们必须抓准语句、篇章的真正含意。前文已经讨论了朗读一篇作品的整体目的,语句的具体目的将在语气部分再加以说明。目的,与逻辑感受是有关系的。特别是主次方面,更能体现本质,本质把握不住,链条也就必然会被割裂、扭曲。

语言链条,包括上下衔接、前后呼应的连贯性、流动性。因此,逻辑感受要成为一种纳入作品贯穿线的“潜流”,每一个环节之间都要如胶似漆,不可随意变更。

语言本质与语言链条是点与线的关系。所谓点,犹如大珠、小珠;所谓线,犹如明线、暗线。语言的丰富性,造成了“珠子”的色彩斑斓,大小参差;语言的完整性,要求着“珠子”的有机串联,我们必须具体感受到点的特色和线的走向。这点,我们从以下几方面说明。

一、主次感

目的的落实要抓住重点。重点与非重点的关系就是主次关系。我们对作品主次关系的感受,可以叫主次感。

《周易·系辞》有“精义入神,以致用也”的话,郑伯康注:“精义,物理之微者也。神寂然不动,感而遂通。”我们对作品进行了精细的分析,对于主次关系有了比较透彻的了解,头脑里变得充实了,似乎发现了什么,进而察觉到了作品的精神实质、主要之点,重点对我们的刺激好像“一石激起千层浪”,使我们对全篇作品豁然感通。这个情况,对我们驾驭作品进行朗读是十分重要的。

作品中的重点与非重点、主与次是对立的统一。没有重点,就没有非重点;没有次,也就无所谓主。重点与非重点、主与次,二者是相辅相成的,朗读者必须善于抓住重点,以重点带动非重点,就像衣之提领,网之提纲。

重点不宜过多,多则蔓;重点也不宜太少,少则粗。作者创作,与画家作画相似,画家有点睛之笔,作者有神来之会。不管像陆游说的“妙手偶得之”,还是像贾岛说的“二句三年得”,那重点处总是“泼墨如云”,非重点处总是“惜墨如金”的。朗读者要在作品中的重点处花气力,充分发挥重点的作用。

所谓重点,无非是最能体现主题和目的的段落、语句,思想最深刻丰富、感情最炽烈饱满的段落、语句。抓不住重点,全篇作品就会像过眼云、耳旁风,飘忽即逝,不得要领。

所谓非重点,并不是可有可无的段落、语句。非重点,犹如扶红花的绿叶,烘明月的白云,不应欠缺,不可移易。非重点部分也有主次之分,不可能同等次要。但是非重点中的主,不应超过重点中的主,比起重点来,它永远居于次要地位。就像重点中的次,不应轻于非重点中的主,比起非重点中的主,它仍然要居于主要地位,是一个道理。当然,主次之间并非刀切斧断、整齐划一。

作品中的主次关系,总是多层次的,好比电影里的特写、近景、中景、远景,好比绘画里的远小近大、远淡近深,有时,比这类层次还要复杂。这个多层次,包括全篇作品的部分、层次、段落、小层次、语句、词组和词之间的主次关系,也包括重点部分、重点层次、重点段落、重点小层次、重点语句、重点词组和重点词内部的主次关系,还包括各个非重点内部的主次关系。在具体作品中,只要有两个词,甚至某些词的内部有两个以上的音节,就存在主次关系问题。从全篇作品看,从最主要的到最次要的,难以计算有多少个主次层次,但是,层次再多,也完全可以感受到,可以使它们完全成为朗读者自己思维过程中的有机组合。蹩脚的朗读者,似乎对主次关系很清醒,“这里是主,那里是次”,好像很明确,却缺少主次感。原因恰在于他是主和次的旁观者,主次关系竟如手中的玩物,而没有化为心中的珍品。

重点的分布随作品而异。但是,只在篇首的比较少见,只在一两个语句上的也不多。绝大部分作品的重点,表现在文字语言上,往往是浓墨重彩、细致入微。这又有两种情况。一种情况,重点集中,或集中在由几个段落组合成的一个层次、一个部分,或集中在一个层次、一个部分中的某几个段落。另一种情况,重点分散,在全篇的各部分、层次中,几乎都有几个段落和几个小层次属于重点,甚至各段都有一两个小层次、两三句话属于重点。当然,也有交叉的情形。重点散见于全篇,重点集中于某层,这是因文而异的。

主次感对朗读者来说,要发展成为吃透作品深意之后的语言反应,这在给技巧以依据和形成有声语言的流动方面是十分重要的。

二、并列感

在作品结构中,在全篇的语言链条中,有并列部分、并列层次、并列段落、并列小层次、并列语句、并列词组和并列词。所谓并列,就是只有先后的顺序而没有主次的区分。

从数量上讲,有二重并列、三重并列、四重并列等;从内容上看,有时间并列、空间并列、人物并列、论点并列等。

在分析作品的过程中,要注意并列感,就是说,作品中的并列成分这一客观存在只有转化为朗读者的主观感受,才能在有声语言中流露出来。

1.时间并列感

对于时间的感知,这里先要强调具体时间单位的形象感受,如“早晨”,要获得符合作品目的的感受,一般情况是:清新的空气、东方的旭日、苏醒的朝气、一日之计在于晨的珍惜等。但逻辑感受不在此落脚,它更注重各个具体时间单位并列关系的相应感受。

并列的时间单位的表述虽然不相同,如“早、中、晚”“春、夏、秋、冬”“去年、今年、明年”“十岁、二十岁、三十岁”“唐朝、宋朝、元朝”“还有三十秒,还有十秒”等,但是,在感受上,一定要突出并列关系。

2.空间并列感

空间并列感,主要是指方位感。具体方位上具体的事物会给人以具体的形象感受,但各方位的关系,不同方位的指向、位置,却要有并列感。如“东、南、西、北”“英国、美国、德国、日本”“天上、地下”“长城内外、大河上下”“教室里、操场上、小河边、田里”“太阳、月亮、地球”“口腔、食道、胃、肠”等。有了方位感，人物的活动、事件的发展、场面的转移、环境的特点，也就有了具体居处和各居处之间的关系。

3.人物并列感

不同的人物如果在作品中处于并列地位，我们就要感受到他们之间的并列关系。有的作品分述不同的人物，有的作品有不同人物的行动，不少作品都有不同人物的对话、议论等。每个人物都有其具体的思想、心情、行为，这要仔细分辨和体会。但就他们的出现、相互关系、交叉活动方面来说，有时，应该从中获得并列感受，以便造成都是事件的同等参与者的印象。不能因为有的并列中的人物处于次要地位、陪衬地位，或处于被贬斥的地位，就任其并列感被湮没、削弱。

4.论点并列感

在议论性、论说性作品中，一个主要论点或中心论点，可能有几个并列的分论点或小论点。描写或报道一个人物、一个事件，也许需要从几个侧面去描述，如人物、事件通讯、报告文学中常见的那样。在这种情况下，论点或侧面的并列关系会使朗读者产生相应的并列感受。这种并列感，对中心论点与并列分论点来说，犹如湘、资、沅、澧之于洞庭湖；对人物、事件与并列侧面来说，犹如左、右、前、后之于全身像。由于有融会贯通的核心，并列感不会显得各个孤立，更不会有风马牛不相及之感。

诸如此类的并列感，使我们在朗读的准备中就胸有成竹，不论大的并列、小的并列、多种并列或简单并列，都可以在有形的语流中加以把握。

三、递进感

递进关系在语言链条中往往使内容愈显明朗，推动感情进入高潮，它的总趋势是向纵深发展。但那“黄河之水天上来，奔流到海不复回”的气势，或一泻千里，或逆流而上，会给人一种山外有山、天外有天之感，一层接一层，一句接一句，步步逼近，绵延不断。

递进感的核心是“进”，因此，递进感给我们的力量是意不可止，情不可遏，“长江后浪推前浪，世上新人换旧人”，欣欣向荣，蒸蒸日上。

作品内容本来就是递进的，开头、发展、高潮、结尾，不就是逐层展开的么？但，递进又不是到此为止。递进是具体的，不是笼统的。只有具体化了的递进才有可能产生递进感，才有希望在有声语言中具体把握。

递进的具体化，基本表现为二：

第一种是直进，如“一”之后为“二”，“二”之前为“一”，读到“一”时，知道后边还有“二”，读到“二”时，知道是从“一”来，不能只知其一，不知其二。

“我们的事业是正义的，正义的事业是不可战胜的。”这就是一种直进。

“山重水复疑无路，柳暗花明又一村。”这是一种旋进，是递进的第二种表现。

旋进，是在行进中稍作回旋，既不显得单直，又可利于深入。所谓退一步、进两步的笔法，可以此类推。它的核心还是“进”，根本不发生行进趋势、行进方向上的转变。可以说，旋进是小退大进，稍退后进。这“退”，并非掉转身，而是“一挫身”的感觉。

递进感经常采用“不但……而且……”“先是……进而……”“……还……”“……甚至……”等句式。我们抓取作品内容中的递进感，当然不应只凭这些表面的文字，但无疑，这也不失为一种方法。

递进感与主次感关系密切，一般来说，递进关系是由次到主的发展关系。

四、总括感

作品中那些有领起作用和综合作用的段落、语句，是逻辑关系的重要体现。我们为了在语言链条中予以显露，就得努力获取领起、综合的感受，这两方面可以统称为总括感。

领起，像大队人马到来之前的先遣队，不但使人了解它的出现意味着“老鼠衔木锨——大头在后边”，人们还可以从先遣队的构成上看到后续部队——主力部队的概貌。

对一件事的领起，如：“但有一件小事，却于我有意义，将我从坏脾气里拖开，使我至今忘记不得。”在后面的叙述中体现出的事件的性质给人以勇气这一点也就不言自明了。

对分述的领起，如“我们的文艺工作者对于这些，以前是一种什么情形呢？我说以前是不熟，不懂，英雄无用武之地。”接着就分述“什么是不熟？……”“什么是不懂？……”“英雄无用武之地……”当然，分述的三个问题又是并列关系。

领起的后面，我们的总括感中应包含“下面我详细说”这样的念头。因此，对于领起什么，应该产生一种预感。如果在领起的段落、语句结束之后，脑子里还是一片空白，说明并没有获得总括感。

综合，有“总之”的意思。如“所有的这一切，有力地说明……”是对上文的综述。“这事到了现在，还是时时记起。”是对回叙作结。“有的……，有的……，真是千态万状，惟妙惟肖。”一个“真是”，正显示了综合的意思，我们也可以从中取得总括感。

总括感在语言链条中的启下、承上的作用非常明显。只有加强总括感，才可以造成有分有合、以一当十的严密布局，才利于形成探幽发微、珠联璧合的有声语言。

如果说，雨露甘霖是作品洒向人间的主体，那么，观音施雨，仙人承露，也是作品伴随着主体呈现的神思。领起时,施雨在前;综合时,承露于后,更显得内容的巧夺天工,完美无缺。即使只有领起或只有综合,总括感也会产生或先声夺人,或余味无穷的效果。

五、转折感

转折感是对作品文气跌宕的感受。上文正说某人某事,或某一论点,本应顺势而行,却出其不意向另一方向转去。这是一种需要,完全为作者意图左右,为作品主题服务。如:

"……越飞越近,眼看就要赶上了,王母娘娘拔下头上的玉簪往背后一划,牛郎面前立刻出现了一条河。……"

在"眼看就要赶上了"之后,不是牛郎织女相聚的欢欣,而是王母娘娘的蛮横阻隔,这是突然发生的情况,是事与愿违的转折。这种转折,由对欢聚的渴望,立即变为痛苦的郁闷,强化了阻隔者的恶行引起的愤怒。这种转折,正达到了作者的目的。

转折感所表现的思维过程,在"眼看就赶上了"后面,隐含着"可是,不幸的事发生了"这样的意思,是文字语言所无,而应是朗读者心中所有。这样的思维过程把转折前后有机地联系在一起,既不是平铺直叙,也不是前后无关。

由于任何作品的脉络、文气都一定是曲折回环的,绝不是径情直遂的,转折感对于朗读者简直是不可缺的。转折感本身也是复杂多样的,绝非一个"可是"、一个"但是"所能囊括的,我们必须紧密结合作品的语言链条,因势利导,随风转舵,不能笼统地处理。

六、对比感

对比感是由不同客观事物间质的规定性的区别与联系决定的。表现在作品中,从内容上说是正反对比,从结构上说是前后对比。

如果说,某一客观事物必须有区别于其他事物的质的规定性,那么,这一事物与那一事物的共同存在与变化本身就是一种对比。"相克相生""相反相成",正是一种辩证的表述。这是一个普遍的规律,作品如实地反映了它,就不会没有对比。"月有阴晴圆缺,人有悲欢离合",这里的"月"与"人"是并列,而阴与晴、圆与缺、悲与欢、离与合就都是对比。

律诗的第三句与第四句,第五句与第六句是对仗的,这种艺术上的对比,已经是人们的常识了。

对比感,首先来源于内容的背反。真与假、善与恶、美与丑,在对比中更加显示出它们各自的规定性。在作品中，事理对比、人物对比（包括心情、言谈、行为等的对比）、环境对比……多属内容背反的范围。

对比感也要从形式的背反中获得。前与后（呼与应、上与下等对比也在内）、顺与逆、显与隐，常常在对比中表现出形式上的特色。当然，形式上的对比感与内容上的对比感不可截然分开，但是也不可掉以轻心。

“冬天的百草园比较的无味。雪一下，可就两样了。”这就是内容上的对比，我们应该获得雪前雪后的“两样了”的对比感。

“不在沉默中爆发，就在沉默中灭亡。”这类选择复句，往往采取更换主要词语的办法，许多词都相同，只是主要词语处于对立地位，所造成的形式上的对比感恰恰反映了内容的背反，而在内容背反基础上的对比感受，又可以完美地表现形式上的对比。

像《岳阳楼记》中：“若夫霪雨霏霏……感极而悲者矣。至若春和景明……其喜洋洋者矣。”内容的“悲”与“喜”，形式的基本对应，造成了较强的对比感，并由上文的“得无异乎？”领起，至下文的“嗟夫”综合，使这两段的对比感成为语言链条中的相反相成的有机组成部分，不会有南辕北辙之感。

综上所述，逻辑感受帮助朗读者沿着作品本身的结构“亦步亦趋”“登堂入室”，形成有机的语言链条。只有理性上的认识，不把这种认识深化为逻辑感受，并列、转折、递进、对比、总括及其主次也不化为语言发出的“需要”，肯定心口不一，达不到准确表达的要求。为此，作品的文路要化为朗读者的思路，并落实为言路，朗读者必须加强自己的逻辑感受。

为了让我们的朗读从“死气沉沉”的“字音”，变成“生机勃勃”的“话语”，我们既要注重形象感受的“面”，又要注重逻辑感受的“线”，让我们从分析作品伊始，在理解、感受过程中形成内心的“语流”，一旦诉诸有声语言，便如飞瀑流泉，汹涌奔泻！

知识梳理

感受，在朗读中是指通过词句的概念及其运动的刺激，引起我们对客观事物的感知、体会的过程。朗读要坚持从作品出发、由体验到体现的创作道路，要坚持现实主义的创作方法。这就要求朗读者加深具体的感受，用自己的感受充实、丰富文字语言，为形之于声准备恰切、扎实的依据。

朗读者对作品的感受首先取决于作品文字语言的形象性，即形象感受。朗读者由作品的文字语言中，由其中包含着的形象性中，可以看到、听到、嗅到、尝到、触到文字符号代表的客观世界中的种种事物，也可以知道时间发展、空间移动、事物运动，这是记忆联想和再造想象的过程。诸种感知觉，视、听、嗅、味、触、时、空、运动等各种知觉的想象，完全不是孤立的、单一的，它们在作品中总是错杂地、综合地表现出来，不但互相联系，而且互相结合。

在朗读者分析理解文字作品的过程中，除了形象感受之外，还有逻辑感受的问题。作品中的逻辑关系，主要指全篇各层次、各段落、各语句之间的内在联系。逻辑感受有两大范畴：一是语言本质要准确，不能含糊其词；二是语言链条要清晰，不能模棱两可。具体来说，包含主次感、并列感、递进感、总括感、转折感、对比感等，其中，并列感中又分为时间并列感、空间并列感、人物并列感、论点并列感。朗读者必须加强自己的逻辑感受，从分析作品伊始，在理解、感受过程中形成内心的“语流”。

第七章

态度感情

态度感情是朗读根基的核心，是朗读再创作的精华，是朗读有声语言的生命，是朗读技巧的灵魂。

第七章 态度感情

- 态度分寸
  - 肯定和否定类
  - 严肃和亲切类
  - 祈求和命令类
  - 客观与直露类
  - 坚定和犹豫类
  - 1. 深入理解、具体感受；2. 相互渗透、错综混合；3. 心理过程、逻辑思辨；4. 区分本义褒贬和反义褒贬；5. 与感情色彩水乳交融，紧密相连
- 感情色彩
  - 挚爱和憎恨类
  - 悲哀和喜悦类
  - 惊惧和欲求类
  - 焦急和冷漠类
  - 愤怒和疑惑类
  - 关系紧密，不可分割，使有声语言色彩纷呈
- 基调
  - 作品的基本情调，即作品的总的态度感情、总的色彩和分量
  - 一种整体感，是部分、层次、段落、语句中具体思想感情的综合表露，即具体感的总和
  - 既包括态度分寸，又包括感情色彩

优秀的作品,在字里行间一定处处流露着作者的态度感情,古今中外的诗文书论,概莫能外。

作者的态度感情对朗读者来说当然重要,但朗读者要在理解、感受中深入开掘,使之显明、确当。不过,这是作品提供的根据,并不完全就是朗读者的态度感情。朗读者不应随心所欲地强加给作品什么态度感情,但也不应被动地应付作品中蕴含的态度感情,以作者的态度感情被自己捕捉和把握为满足。朗读者应当在分析理解作品的过程中,必然地、不以人的意志为转移地把朗读者自己的态度感情融化在作品内容里,进而表露在有声语言中。

语言,诚然是交际和交流思想的工具,但语言还是一种文化现象,是文化的载体和显现。语言活动是语言发出者被某种刺激引动的主体意识、主体思想感情外化的过程,必然伴随着态度感情的变化。因此可以说,语言的生命活力就在于其中蕴含着的态度感情的丰富和深邃。从婴儿的第一声"妈妈"到伟大科学发现的论证和结论,无不饱含着说话者的态度感情。朗读时的有声语言如果仅仅起着把文字变为字音的简单的念字出声的作用,既无朗读者对作者态度感情的再现,又无朗读者自己对作品的态度感情的融入与流露,那么,这种所谓朗读必然是干瘪的、苍白的。

因此,态度感情是朗读根基的核心,是朗读再创作的精华,是朗读有声语言的生命,是朗读技巧的灵魂。

第一节 态度分寸

伴随着立场问题,还存在着一个具体态度问题。马克思说过:"人的本质并不是单个人所固有的抽象物,在其现实性上,它是一切社会关系的总和。"①立场,是作为社会的人改造客观世界和主观世界的立足点。在阶级社会中,人们总是带着一定的阶级属性认识世界和改造世界的。我们今天当然应该站在无产阶级的立场上,为了绝大多数人民群众的根本和长远的利益,努力用马克思主义、列宁主义、毛泽东思想指导我们进行朗读再创作。无产阶级世界观博大精深,丰富细密,完全脱离了狭隘眼界和低级

① 马克思.关于费尔巴哈的提纲[M]//中共中央马克思恩格斯列宁斯大林著作编译局.马克思恩格斯选集 第一卷.北京:人民出版社,1972:18.

趣味。它的辩证唯物主义和历史唯物主义的精髓就在于全面地、发展地、本质地认识世界，具体问题具体分析，进而能动地改造世界。对于人类的文化，绝不采取“唯我独尊”的虚无主义态度，也绝不采取“抱残守缺”的“国粹”主义态度。宁左勿右、宁弃勿取的态度只能招致无产阶级文化的单薄、脆弱，只有大胆地吸取精华，小心地分离糟粕，才是积极的、郑重的态度。

作者在他精心创作的作品中，总是清晰地表明自己的态度的。作品倾向性“越隐蔽越好”是对的，以避免直接说教，让形象和事实说话，但这丝毫不意味着越含混越好。含混和模糊，不是作者的无能，就是态度的飘忽。

朗读者经过对作品的分析、感受，必须作出一定的评价和反应，这是一个更加深化和再次升华的过程。从认识的角度看，它是透过理性成果再次获取感性刺激然后又向理性的飞跃；从体验的角度看，它是在判断成果基础上进一步主动感受然后又向判断的发展。态度就在这飞跃和发展中获得了清晰的具体性。

所谓“理性”和“判断”，原是作者取得的成果，对此，朗读者不应囫囵吞枣，而要先加以消化，经过分析和感受重新孕育，不应该使之成为脱离感受的空壳，这样，才能进一步达到新的理性和判断的高度。

态度，不能理解为抽象的、简单的数学公式，而应从历史和现实的社会实践中辨别其多种情况。拥护、反对，赞扬、批判……都是态度，而每一种又有着诸多细微的区别，这就是不同的分寸。基于对作品深入地、精细地分析理解和具体感受，态度分寸的千差万别，使朗读中的有声语言千变万化更显得深刻感人。

为了便于在朗读中把握态度分寸，我们把态度分为五大类进行探讨。

一、肯定和否定类

对作品中的人、事、物、理，朗读者必须有明确的是非褒贬，区分其是非、好坏。凡属于是的、好的，就要肯定；凡属于非的、坏的，就要否定。

如：“匪军用枪强迫着人们出来打人、铡人。但是，群众一动不动。”

“这时，预先安排好的叛徒和一些狗腿子走了出来，拿起木棒、掌起铡刀，残暴的屠杀开始了。”

“石三槐、石六儿等六位同志英勇就义了。烈士的鲜血染红了铡刀，染红了土地。”

“刘胡兰面对着敌人的残暴罪行，咬着牙，眼里射出利剑似的光芒。”

四个小自然段描写了很多人、很多事。这些人和事给了我们不同的感受。匪军的残暴，群众的坚定，叛徒、狗腿子的狠毒，烈士的英勇就义，刘胡兰的威武不屈……朗读者必须细致入微地加以体会，犹如感同身受。从而对刘胡兰的坚贞无比崇敬，对匪军的残暴无比仇恨，让这种强烈的肯定和否定交织成壮怀激烈的气氛。试想如果态度暧昧，缺乏肯定和否定的鲜明性，怎么能显示出敌我的区别呢？如果仅仅是理性认识，应该崇敬英雄，应该仇恨敌人，应该赞扬人民，应该鞭挞匪徒……而缺乏肯定和否定的具体性，缺乏形象感受基础上的内心反应——判断，怎么能展现敌我的特征呢？

对敌人的残暴行为，我们采取揭露和鞭挞的态度，绝对不能站在敌人的位置上去感受“强大”“严厉”；也不能站在旁观的位置上，不分敌我地“客观”叙述。我们必须站在刘胡兰和群众一边，好像自己就是他们中的一员，同他们一起共患难，宁死不屈，并以支持和赞扬的态度肯定他们做得对、做得好。这里，我们朗读者的态度同作者的态度是完全一致的。

又如：“树上的花喜鹊咯咯地笑起来。孔雀看了花喜鹊一眼，不高兴地说：‘丑喜鹊，你笑什么？’花喜鹊拍拍翅膀，说：‘骄傲的孔雀，湖里的那只鸟就是你自己的影子啊！你骄傲得连自己也看不起了！’”

我们当然是肯定花喜鹊而否定孔雀的，肯定花喜鹊对孔雀的规劝，否定孔雀的骄傲。对孔雀的话，我们采取责怪的态度，嘲讽那目空一切的傲气；对花喜鹊的话，我们采取赞赏的态度，同意它对孔雀的批评，支持那善意的评论。花喜鹊的话是这一段的重点。但是，孔雀并不是鸱鸮，不能坚决打击；然而骄傲是很大的缺点，也很危险，又不能轻视。这就是态度分寸的表现。

肯定和否定类的态度分寸，在朗读中是经常、大量运用的。我们在判断是非、好坏之后，给以肯定或否定，是最基本的要求。

二、严肃和亲切类

严肃的态度指郑重、重视、不苟且、不随便，包括严厉、尖刻、冷峻、嘲讽、轻蔑……

亲切的态度指和蔼、亲密、平易、温存，也包括活泼、顽皮、幽默、嬉戏……

这两种态度虽然不是互相对立、完全相反的，但都是必须加以区别的。

对《在马克思墓前的讲话》《论“费厄泼赖”应该缓行》《反对自由主义》等作品，我们主要应采取严肃的态度。

对《再见吧，亲人》《荔枝蜜》《荷花淀》等作品，我们主要应采取亲切的态度。

严肃的态度如：“今天，我们举行全世界工人革命的领袖马克思恩格斯纪念碑的揭幕典礼。”

列宁的这篇讲话，对马克思恩格斯的伟大历史功绩作了高度的评价。我们从内容里可以感受到庄重颂扬的态度，朗读时，我们也要采取严肃、崇敬的态度。如果以亲切、轻松的态度朗读，显然就会失去应有的分量。

亲切的态度如：“开会那一天，会场上早就挤得水泄不通，连走廊上也站满了人，谁都想亲眼看看朱德军长是怎样一个人。"

这里,人们对朱德军长是抱着亲切景仰的态度的。我们朗读它,对开会,对人们想见朱德军长,也要采取一种亲切、轻松的态度。如果以严肃、庄重的态度朗读,就会给人以事态严重、将要发生什么意外事件的感觉,就会破坏作品这一部分的气氛。

严肃还是亲切?怎样的严肃或怎样的亲切?主要决定于作品的内容。那种故作严肃、故作亲切的朗读,只能游离于内容之外,成为强加于作品的标签。这个问题在朗读中必须给予足够的重视。

三、祈求和命令类

祈求是一种对他人的请求,包括哀求、请示、劝告、祝贺、慰勉等,有希望对方答应、接受的意思。

命令是对他人的要求、指示,包括号召、宣告、法令、规定等,有要求对方服从、遵守的意思。

这两种态度表面上看似乎是"等级观念""长幼有序"的产物,实际上,应该反映言者与听者的具体关系。

祈求,含有"卑己尊人"的意味,不论上级对下级、长辈对晚辈都可以有这种态度。当然,通常情况是下级对上级、晚辈对长辈所采取的态度。

命令,含有"令行禁止"的意味,不论下级对上级、晚辈对长辈都可能有这种态度。一般来说,多为上级对下级、长辈对晚辈所采取的态度。

事实上,作品中这一类的情况比较复杂,很难一言以蔽之。

如:"以上是我的一点看法,请大家批评指正。"必须用祈求的态度,也许言者是领导、师长,但这不重要,不能因此而采取命令的态度。

如:"你们应该下来看一看,不要总是开会、画圈圈!"必须用命令的态度,不能采取祈求的态度。不过,这种命令的态度同"必须老老实实,不许乱说乱动!"那种命令敌人的态度有本质的区别。

朗读时,必须细致地区分和体会祈求与命令这两种态度。

如:"'奶奶!'小女孩叫起来,'啊!请把我带走吧!……'"

卖火柴的小女孩对幻觉中的奶奶是用祈求的态度说话,饱含着离开这个痛苦、寒冷的世界,到温饱、光明的世界去的渴望。

又如:"大娘!停住您送别的脚步吧!……快回家休息吧!"

志愿军战士对朝鲜老大娘是祈求的态度。

再如:"小金花,不要哭了,擦干眼泪,再给我们唱个《捣米谣》吧!"

志愿军战士对朝鲜小姑娘也是祈求的态度。对老大娘的关心、对小姑娘的劝慰,表现了祈求态度的不同分寸。

如:“你们几个都留在这儿,现在就动手,把这个弹药库拆了重修。看还有什么问题,你们就地研究解决。过一个月,我再来检查!你这个团长,撤职!送军法处!”

彭德怀同志视察时说的这段话,全是命令的态度。这一系列命令中,有的是指示,有的是决定,有的是对工作的严格要求,有的是对下级的严厉处分。在具体态度分寸上表现出细微的差别。不是所有属于命令类的态度都要不分青红皂白地用“训斥”显示,那样就刻板、空洞了。

又如:“在这千钧一发的时刻,传来了团长和政委的喊声:‘同志们!为了党的事业,为了最后的胜利,冲啊!’”

这类句子里,号召性的呼喊正是一种命令的态度。

在祈求与命令之间,同样会有复杂的交错现象,诸如祈求中带有命令的成分,命令中含着祈求的因素等,不能不引起我们的注意。

四、客观与直露类

客观,在朗读中也是一种态度。这种态度并不表示肯定或否定。在某些作品特定的内容上,也没有必要肯定或否定它,或是因为随着内容的发展不言而喻,或是因为本身存在的中性特点就应该不置可否。造成的感觉是“无意肯定,无意否定”“未见支持,未见反对”。

直露,在朗读中是直接表态,既不借助于人物的言行,也不借助于情景的变迁,完全不隐晦曲折,而是直言直语,和盘托出。这在论说文中极为常见。

如:“亚里士多德曾经说过:‘两个铁球,一个十磅重,一个一磅重,同时从高处落下来,十磅重的一定先着地,速度是一磅重的十倍。’”

在朗读时,亚里士多德的这个说法,我们应该以客观的态度对待,不要采取否定的态度。为什么呢?这句话的内涵是错误的呀!不错,这句话的内容是不正确的,但是,作品的这一段文字里并没有包含任何否定的意思。我们还可以看出,这句话是全篇的关节,一方面,它是多少年来人们信奉的神圣不可侵犯的真理,谁要怀疑它,简直是大逆不道;另一方面,伽利略的大胆怀疑就是由此引起,这种敢于动摇亚里士多德的理论的科学勇气到底能不能取胜呢?客观地表达亚里士多德的话,既可以体现出这个多年来不可移易的理论的分量,又可以为下文的伽利略的怀疑造成悬念,进而加重伽利略的胜利的分量。加重分量的结果,不是更有利于增添人们破除迷信勇攀高峰的胆识么?

一说到有鲜明的态度,似乎就应该句句表态,好像客观的态度失去了存在的价值,这种认识是机械的、片面的。作品本身提供的依据怎样,我们朗读者只能顺着那同一方向开掘,而不应脱离作品具体内容主观地决定应该怎样。因此,我们主张“通过作品”表态，不同意“超越作品”表态。特别值得注意的是，大量作品的态度都是隐含性的，这一点更证明机械表态缺乏依据，会使朗读减色，甚至会产生朗读者在“自我表现”的效果，或朗读者在强加于人的印象。

直露性，是论说文的基本特色之一。论说文的朗读，在态度分寸上应该旗帜鲜明，直接表露。

如：“洋八股必须废止，空洞抽象的调头必须少唱，教条主义必须休息，而代之以新鲜活泼的，为中国老百姓所喜闻乐见的中国作风和中国气派。”

反对什么，主张什么，一目了然，直接阐明，态度直露。写人叙事抒情的作品有时也发一点议论，那同样有直露类的态度存在。

五、坚定和犹豫类

坚定的态度表示对某种事物、信念的不容置疑、不可动摇。所谓“富贵不能淫，贫贱不能移，威武不能屈”，正是坚定态度的写照。

犹豫的态度表示心神不安、进退两难、拿不定主意，类似逻辑上的“两难”。

坚定，给人以坚决、稳定、自信、顽强的感觉。犹豫，给人以彷徨、茫然、忐忑、恍惚的感觉。两者是对立的、不相容的。

如：“为了整个班，为了整个潜伏部队，为了这次战斗的胜利，邱少云像千斤巨石一般，趴在火堆里一动也不动。”

坚定的态度、顽强的毅力，融化为伟大的精神力量，使英雄忍受着全身烧灼的痛楚，支持着难以想象的克制力，默默地、舍生忘死地执行着潜伏任务。英雄自己的坚定态度和作者对这坚定态度的生动描写，应该成为朗读者获得坚定态度的有利而有力的依据。如果难以忍受片刻的剧痛动摇了我们内心的一丝一毫，就会使无比坚定的态度蒙上脆弱的阴影，英雄的形象必然受到损害。

又如：“我想：希望是本无所谓有，无所谓无的，这正如地上的路，其实地上本没有路，走的人多了，也便成了路。”

这一种信念，使人感到既实际又深刻，既概括又恰切。内在的厚积与简朴的薄发，表露出那独特的、冷静的和深沉的坚定态度。作为对作家思想发展的研究，可以去探求“希望”的具体内涵，甚至得出某种“茫然”的结论。朗读者却不应因此而采取茫然的态度，好像对于“路是人走出来的”这简朴的道理的正确性也模糊不清了。

如：“董存瑞向四周一看，这座桥有一人多高，两边是光滑的斜坡。炸药包放在哪儿呢？他两次把炸药包放在桥沿上；两次都滑了下来。要是把炸药包放在河床上，又炸不毁暗堡……”

这一段有两个方面必须把握：一方面，董存瑞为了打开通路一定要炸毁暗堡的态度是坚定的，不达目的誓不罢休，哪怕献出自己的生命；另一方面，在炸药包放在哪儿这个具体做法上有一种犹豫不决的态度，“放在这儿行吗？”的思想不断闪现，放这儿不行，放那儿不行……到最后，他坚定地举起了炸药包。如果从头到尾一律是坚定的态度，那董存瑞千方百计地选择放炸药包的地点就不会显得自然生动；只着重表现放炸药包时的犹豫，又会使英雄的自我牺牲精神黯然失色。只有把两方面都恰当地表达出来，才显得真实、丰满。这种结合不但不会互相削弱，而且会得到加强，起到相得益彰的作用。

如：“我这时很兴奋，但不知道怎么说才好，只是说：‘阿！闰土哥，——你来了？’”

“我接着便有许多话，想要连珠一般涌出：角鸡，跳鱼儿，贝壳，猹，……但又总觉得被什么挡着似的，单在脑里面回旋，吐不出口外去。”

鲁迅在《故乡》里描写了“我”与闰土久别重逢时的情景，由于兴奋——长久隔阂中又怀有童年美好记忆的兴奋，“不知说什么才好”，所以，不但许多话说不出，就连说出的几个字也是吞吞吐吐的，不很干脆、流畅。这也是一种犹豫的态度，朗读时应该真切地表现出来。

在态度分寸的问题上我们列出以上五类，实际上远不止这些。此外，我们还要注意以下几点：

其一，态度分寸必须建立在对作品的深入理解、具体感受的基础上，为朗读的目的服务。缺乏形象感受和逻辑感受会使态度分寸模糊。

其二，态度分寸不完全是单一的，往往呈现互相渗透、错综混合的情况。如肯定的态度可以同时是严肃的、直露的、坚定的、命令的，否定的态度也可以同时是亲切的、直露的、祈求的，严肃的态度也可以是客观的、犹豫的，等等。在确定和体会态度分寸时，切不可以偏概全，也不应主次不分。分寸尤其复杂，必须斟酌情况，细心体味，决定取舍，具体把握。

其三，态度分寸，要有心理过程，特别是逻辑思辨过程。如肯定的态度，有时用“对”，有时用“好”等；犹豫的态度，有时用“怎么办”，有时用“行不行”等。这有些像语法的深层结构，应由作品的字句深入字句形成之前的心理变化、思维过程的动因中去。

其四，要注意本义褒贬和反义褒贬的区分；注意朗读者与作者不一致的态度的判别。前者，将在重音与语气部分单独说明；后者，在中外古典作品中并不十分正确的语句，朗读时就会出现。“使六国各爱其人，则足以拒秦；使秦复爱六国之人，则递三世可至万世而为君，谁得而族灭也？”这种论断的历史局限性，在朗读中以客观态度使听者明其意就可以了，完全不应该用肯定、直露的态度，加重分量地去朗读它。

其五，态度分寸与感情色彩水乳交融，紧密相连，在把握态度分寸的同时，就要马上引发感情，努力做到表态抒情浑然一体。

第二节　感情色彩

心理学告诉我们:“所有这些喜、怒、愤,等等,都是人的具有某种独特色彩的体验,而这些不同的体验,是以人的不同的态度为转移的。因此,情绪和情感就是人对客观事物的态度的一种反映。”①这些论述,是人们生活中常见的现象的抽象。朗读的感情色彩有与之相通的地方,但并不完全相同。如感情色彩是朗读者在感受作品内容的基础上进行再体验的产物,并非直接从实际生活本身来;如作品中人物的情感或情绪是作品特定环境里的必然,朗读者是对人物内心生活的再体验,有时,还会是对从作品生发出来的自己主观思维、感受的态度的反映……因此,我们统称为感情色彩,并且是实指“动于衷,形于声”的朗读者的感情色彩。这就不仅具有反映性,更重要的是具有再造性。

谈到感情色彩,我们不能不追述一些古老的见解。《汉书》所谓“六情更兴废”,指廉贞、宽大、公正、奸邪、阴贼、贪狠,不免空泛;《春秋纬演孔图》《白虎通》的六情:喜、怒、哀、乐、好(爱)、恶,也不太全面和准确;《礼记》的说法:“何谓人情,喜怒哀惧爱恶欲,七者勿学而能。”同《释氏要览》中提到的,释教以“喜怒忧惧爱憎欲”为七情有不谋而合之处。我国的医学也有七情之分,是“喜怒忧思悲惊恐”,不过,从“悲忧伤肺,惊恐伤肾”的说法上,又把悲和忧、惊和恐合而为一了。笛卡儿认为人类的原始情绪有六种:喜、忧、爱、恨、好奇、愿望。这当然比斯宾诺莎的喜、忧、愿望三种原始情绪说进了一步,不过也略嫌简略。我们根据朗读的要求,把感情色彩分为五大类,即爱憎、悲喜、惧欲、急冷、怒疑,包括十种基本感情色彩。这种划分也许还不十分科学,但对朗读的实践会有一定帮助,既帮助区分,又帮助转换;既避免单薄,又避免杂乱;既便于引发,又便于把握。当然,这还是偏于笼统,不很细密,更谈不上美学意义,不过作为基础,对初学朗读者仍是必要的。

感情色彩,这样说,并非真的存在感情上的红、黄、白等颜色,我们只是从绘画学、色彩学中借用“色彩”这个概念,使内心活动形象化,以利于具体细微地深入体验,同时,造成有声语言的丰富变化。

感情色彩是一种体验,它要经过脑神经、机体、内部器官反复交错的活动和化学的、生理的变化,是感受的发展、态度的深化,而绝不是简单的反映、生硬的模式,更不是机械的模仿、强制的激化。

---

① 曹日昌.普通心理学下册[M].2版.北京:人民教育出版社,1980:41.

由于激情、热情是人强烈追求自己的对象的本质力量，所以我们在朗读中要特别重视感情色彩的由衷引发。为了达到朗读目的，发挥朗读作用，怎么可以把感情庸俗化、形式化呢？在朗读中，感情色彩之所以必要，除了列宁指出的，“没有‘人的感情’，就从来没有也不可能有人对于真理的追求”之外，还因为朗读属于语言艺术，当然要靠感情给人以启迪和感染，正如白居易《与元九书》中所说：“感人心者，莫先乎情。”

感情色彩必须有动于衷。不论采取什么手段引发，不论引发得是否迅速和饱满，总要动心才好。《关尹子》中的比喻对我们不无启发：“情，波也；心，流也；性，水也。”就是说，人的本性就像水一样，心动，有动于衷，水就流动起来，感情的波澜也就起伏回旋起来。当然，没有客观世界的刺激，没有现实生活的经验，那“性”也就只能是死水一潭了。这方面，《孔子集语》中鲁哀公的体会还是真实的，他说道：“寡人生于深宫之中，长于妇人之手，寡人未尝知哀也，未尝知忧也，未尝知劳也，未尝知惧也，未尝知危也。”它从反面告诉我们，没有现实生活的丰富经验，脱离现实或远离现实，感情必定是空虚、苍白、僵死、麻木的。这样的人面对丰富多彩的作品，既体会不到，也表达不出，即使勉强为之，也只能令人啼笑皆非。

虚假的“感情”没有色彩。庄子说：“不精不诚，不能感人，故强哭者虽悲不哀，强怒者虽严不威。”（《庄子·杂篇·渔父·第三十一》）刘安也说：“且喜怒哀乐，有感而自然也。故哭之发于口，涕之出于目，此皆愤于中而形于外者也。譬若水之下流，烟之上寻也，夫有孰推之者？故强哭者，虽病不哀，强亲者，虽笑不和，情发于中而声应于外。”（《淮南子·齐俗训》）在朗读中，我们必须坚持感情真挚的原则。这个问题，沈括在《梦溪笔谈》里也曾精辟地总结过：“哀声而歌乐词，乐声而歌怨词，故语虽切而不能感动人情，由声与意不相谐故也。”很明显，朗读者的感情如果不符合作品内容的要求，所谓“真挚”也仍然是虚假的。因此，不能脱离作品只看自己内心，只有“情与意”“相谐”才可能达到“声与意”“相谐”。因此，我们主张见文生情，情之所至，以情带声，声情并茂。当然，正如黄宗羲在《南雷文案》卷一所说：“今古之情无尽，而一人之情有至有不至。”我们的任务就是从作品内容的开掘中努力达到“情至”。

为了达到情之所至，我们必须紧紧抓住具体感受，使之触类旁通，感一知十。触类旁通，感一知十，是某种单项感受的扩大和加深的过程，“感”“触”之后的“旁通”“知十”，并不是目的，必须在判断之后立即激起感情的波澜，“如万斛泉源，随地涌出”（苏轼语），几乎“来不可遏，去不可止”（陆机语）。

对作品的形象感受与逻辑感受经过目的的筛选、净化，再经过态度分寸的放大、强化，就融化为某种特定的心境，这便是生发、积聚感情的肥沃土壤。

心境，是作品给予朗读者的新奇天地，朗读者综合了自己的经验、学识、修养、感受，完成了这种心境的创造之后，在“当惊世界殊”的极大愉悦中，“登山则情满于山，观海则意溢于海”，（刘勰《文心雕龙·神思》）“常行于所当行，常止于不可不止”。

(苏轼《答谢民师书》)

正是在这种心境中,朗读者获得了与此时此地自身处境不同的、彼时彼地的崭新的时空感、运动感。一个正沉浸在幸福暖流中的朗读者进入这种心境之后,可以被饥寒交迫的痛苦折磨得泪流满面;一个正因酷暑心中烦躁的朗读者进入这种心境之后,可以被桂林山水的清幽陶冶得心旷神怡……心境竟是这样潜力无穷,使朗读者“神与物游”,迸发出灵动的创造活力,丰富的、恰切的思想感情处于积极的运动状态。黑格尔说:“在艺术里,感性的东西是经过心灵化了,而心灵的东西也借感性化而显现出来了。”①进入某种心境之后,朗读者便不再是被动地重复作品本身的内容、语句了,已经有了朗读者自己的再创作了。他不仅再现了作品,同时,也再现了自己。马克思提出的这个要求对朗读者是很有促进作用的,他指出:“一个成人不能再变成儿童,否则就变得稚气了。但是,儿童的天真不使他感到愉快吗?他自己不该努力在一个更高的阶梯上把自己的真实再现出来吗?”②这“自己的真实”,核心是真情实感,与作品内容息息相通的真情实感。虚假、粉饰、懈怠、做作,永远不是创造。

作品是客观世界在作者头脑中反映的产物,然而作品中的一切不一定是现实中必有的,只不过是现实中会有的。朗读者从作品中受到的感染、形成的心境,是文字语言描绘的人物、事件、景象、场面或阐述的概念、判断、推理、证明等具体生发出来的。这说明,人类的第二信号系统的确进入了高级动物的精神领域并发挥着时空不可限制的作用。我们凭借语言(文字)可以了解古人的生活和劳作,更可以体味他们的爱情,完全不必亲自去钻木取火、茹毛饮血。经过雪山草地的人对这类内容的作品可能有切身感受,但朗读者不可能事事亲历,间接的经验更有它巨大的能动力量。

由于作品是文字语言的组合,“触类旁通”“感一知十”的过程中必须强调联想、想象、推测、虚拟等创造性思维能力。从朗读的角度看,联想是作品内容与耳闻、目睹、亲身经历的人、事、物、景的特定联系的深广集合;想象是再造想象同创造想象的融合,再造想象由作品内容生发获得,创造想象特指把文字形态变为声音形态的构思生发所得;推测是对作品的创作思想、社会效果、历史价值、感情共鸣的必然和可能的具体估量和设想;而虚拟不同于文艺创作中的虚构,原因就是朗读以作品为依据的种种假设,绝不能被自由命题、自由选材、自由抒发、自由表达的随意驰骋所替代、所排挤。

感情色彩的具体化、生动化,使我们认识到不可忽略形式逻辑和辩证逻辑的基本范畴的作用。第二信号系统不能失去概念(内涵、外延)及概念之间的种种关系。笼统的感情色彩之所以会把朗读引入平淡的歧路,就是因为它不贴切、不具体,既似A,又似B。缺乏感情色彩的转换,又没有把握由A_1到A_2的关系是递进、并列还是转折。

① 黑格尔.美学　第一卷[M].朱光潜,译.北京:商务印书馆,1979:46.

② 马克思.政治经济学批判导言[M]//中共中央马克思恩格斯列宁斯大林著作编译局.马克思恩格斯选集　第二卷上.北京:人民出版社,1972:114.

从概念到全篇,这一篇与那一篇,总不是一成不变的,新形势、新环境、新认识、新感受不断丰富着、补充着朗读的内容、心境,这不但是作品生命力的表现,也是朗读者感受力的要求,同时,体现着“是这一个,同时又是别的什么”的运动原理。

感情色彩要表现在声音上,主要应顺应由己达人的“外射”趋向。朗读者在酝酿、聚积、引发、运用感情的时候,不应该处于“自我陶醉”的状态中。自我陶醉虽属于有动于衷,但极易陷入感情泛滥的境地。忘记了作品主题、朗读目的,失去了语言链条,局限于某一段、某几句,局限于某种特殊感情,或痛哭流涕,抽噎不止;或怒发冲冠,咬牙切齿;或喜不自胜,手舞足蹈;或急不可耐,声嘶气促……必然导致语句不清、转换不力,因“情”害意,毫无分寸。感情泛滥是朗读的失常现象,思维属于“艺术型”的人尤易出现这种情况。

从朗读的准备到朗读的进行,我们必须发挥认知过程的作用。感情的引发当然离不开认知,感情的控制也离不开认知。表现在感情控制上,往往需要理性的指引和规范,让理性的堤坝、河床,积极疏导感情的激流、波涛。这虽然不是一朝一夕之功,但完全可以加强训练和积累。

为了更具体地说明朗读的感情色彩,我们把一般的感情色彩归作五类,分别阐述一下。

一、挚爱和憎恨类

挚爱是人们对人、事、物、景产生了肯定的态度之后生发出来的倾心、亲近的感情,像敬爱、热爱、亲爱、厚爱等。

憎恨是人们对人、事、物、景产生了否定的态度之后生发出来的对立、厌恶的感情,像痛恨、怨恨、憎恶、嫉恨等。

挚爱与憎恨的感情是不可调和的,即使如“恨铁不成钢”,也是挚爱的曲折反映,不属于憎恨的范畴。在朗读中,爱憎必须分明,表达出迥异的色彩。当然,这色彩不会是同样浓重的,或浓或淡也要加以区别。

二、悲哀和喜悦类

悲哀是一种伤心、痛惜的感情,像沉痛、悲恸、哀婉、凄切……

喜悦是一种高兴、快乐的感情,像兴奋、欣喜、欢快、愉悦……

有的事让人喜悦,叫作“人逢喜事精神爽”;有的事使人悲哀,叫作“祸从天降意气沉”。不过,常有“悲喜交集”的描写,就要区别心理变化的主次和先后。“一个悲欢逐逝波”,当然主要是指悲的方面;“乐极生悲”是先喜后悲;“破涕为笑”是先悲后喜。

三、惊惧和欲求类

惊惧，常有吃惊、恐惧、担心、忧虑等感情，是想避开或不愿发生某种事态的心绪。

欲求，与惊惧相反，是希望、愿意发生某事、接近某人等心绪，盼望、思念、憧憬、期待等感情都是欲求。

“争先恐后”是一个意思，却表现了两方面的心绪，“争先”为欲求，“恐后”为担心；“不为最先，不耻最后”，却是两个意思、一种心绪；“走自己的路，随便别人说什么！”表现了韧性的欲求；“叶公好龙”是先欲后惧，假欲真惧。

四、焦急和冷漠类

焦急，指紧迫、急切的感情，“燃眉之急”“心急如焚”“像热锅上的蚂蚁”，把这种感情形象化了。

冷漠，指冷淡、漠然的感情，“冷若冰霜”“铁石心肠”，也是指心灰意冷、漠然处之的心绪。

“急起直追”，是急切；“看破红尘”，是冷漠。在朗读中，冷漠的感情出现时，其他感情便会退避三舍，这是值得警惕的。冷漠，有时用在朗读中会有两种表露：消极懒散和积极平静，我们也要注意区别。

五、愤怒和疑惑类

愤怒，是气愤、生气的感情，“义愤填膺”“怒火万丈”就是这种感情色彩。

疑惑，是怀疑、迷惑的感情，“莫名其妙”“将信将疑”就是这种感情色彩。

愤怒，常与憎恨连用，愤恨便是。有两种情况：“出离愤怒”之后，含有“轻蔑”“鄙视”的意味；而一般情况多属于“金刚怒目”式。

疑惑，常与诧异连用，惊疑便是。疑问，常常属于不解，不同于设问、反问。迷惘，是属于不知所措，胸中无数，或惘然若失，扑朔迷离。这里特别要指出，疑问与质问绝对不容混淆，否则，若疑惑转为愤怒，色彩就不对了。

对于感情色彩的这种分类，并不完全周延，也不十分精细，但对初学朗读者，甚至对一般有声语言使用者会有一定认识意义，可以初步明确不但要有感情地朗读，还要有具体感情色彩的变化。有声语言表达的“感情”不是某种特有的腔调，而只能时时注意那“姹紫嫣红开遍”的感情色彩的具体化。

这五类划分虽然同态度分寸的五类并不对应，却关系紧密，不可分割。如基于肯定的态度,才会有爱、欲、喜、急等体验;基于否定的态度,才会有憎、怒等体验;悲哀是肯定的态度被否定(美好的事物被破坏)产生的体验;冷漠是否定态度的被肯定,肯定态度尚未获得,或不置可否的客观态度产生的体验;严肃的态度包含多种感情色彩,亲切的态度只包含爱、喜、欲、疑等。总之,态度分寸与感情色彩的纵横交错,使朗读过程中有声语言色彩纷呈的表达成为可能。我们朗读的内心依据正在于此,我们进行有声语言再创作的根基正在于此。

有人认为朗读这个概念里,并没有感情态度的内涵,甚至认为有感情的朗读叫作"表情朗读",而把"表情"更多地解释为"眼神"和"手势",这显然是不妥当的。我们在使用朗读这个概念时,理应包括"有感情"这一重要内涵,而"有感情"地朗读作品,正是"表情"的过程。

多年来,人们习惯于用"爱憎分明"表示感情色彩的准确、鲜明、丰富、变化。这是一种用部分代表全体的借代修辞手法,把这种手法表述的"爱憎分明"误以为就是确指爱与憎两种感情色彩,对认识朗读,对指导朗读都是有害的。

诸如道德感、理智感特别是美感,我们并没有更多地涉及,这并非不重要。一方面,在态度感情的论述中不可能不包含它们的根本点,它们都是在这些根本点上生发的;另一方面,更深入地阐述它们,不是本书的任务,所以不应认为是朗读学同它们无关,我们才不予以讨论。

第三节 基调

基调,指作品的基本情调,即作品的总的态度感情、总的色彩和分量。

朗读,必须把握住作品的基调,并在理解感受和语言表达的统一中,在情和声的统一中,使作品的基调得到完美的体现。

每一篇作品,包括中小学语文课本,电台广播稿,列车、轮船、飞机的广播用语,各类学术论文,戏剧、电影、小说、诗歌等,都有自己的基调,这一点,与美术、音乐、舞蹈是相通的。

每一篇作品的基调是一种整体感,是部分、层次、段落、语句中具体思想感情的综合表露,即具体感的总和。没有整体感,具体感容易支离破碎;没有具体感,整体感也会空泛僵直。罗丹主张把有生命的细节包括、融化在整体之中,是很有道理的。巴尔扎克塑像的手被砍掉,不就是因为具体感妨碍了整体感,虽然得到了具体局部的赞美,就整体看仍然是"因小失大"了吗?这个道理不仅适用于雕塑,也适用于文学创作,当然,对于朗读也是很重要的。因此也可以说,把握基调,就是把握朗读某篇作品的整体感的问题。只有这整体感既符合作品本身,又体现于朗读之中,才算把握住了基调。所谓整体感,还有更深广的内容,如民族的、个人的风格,不同体裁的异同,书面语(古文、今文)和口语(普通话、某些地方色彩的语言)的异同,等等,但此节作为基本理论,对这些较高深的问题,都先暂不讨论。

基调的色彩、分量,既包括态度分寸,又包括感情色彩,不能片面地理解;同时,又是态度感情与有声语言的交融,不应只理解为声音的高低。

钟嵘在《诗品》序中从诗情的角度概括过古人多种义、情:“嘉会寄诗以亲,离群托诗以怨。至于楚臣去境,汉妾辞宫,或骨横朔野,或魂逐飞蓬。或负戈从戎,杀气雄边,塞客衣单,孀闺泪尽。或士有解珮出朝,一去忘返,女有杨蛾入宠,再盼倾国。凡斯种种,感荡心灵,非陈诗何以展其义,非长歌何以骋其情?”这些一到具体诗篇的描绘、抒发之中,就属于基调问题了。

如:《卖火柴的小女孩》的基调是亲切爱怜、压抑愤懑。

如:《一件小事》的基调是深情赞扬、热诚自励。

基调,要把握总的方面,特别是作品中呈现色彩纷繁的情况下,不要被枝节和次要色彩所迷惑、所左右。《卖火柴的小女孩》里那幻觉中的温暖、短暂的喜悦,《一件小事》中对所谓国家大事、子曰诗云的憎恶、愤激,都是对基本的、总的感情色彩的反衬,由此加重了作品的分量,基调更显得鲜明、突出,作品的主题、朗读的目的便可以得到愈加完美的表现。

基调作为整体感的体现,成为各局部的有机综合。各个局部必然也有其各显区别的、发生变化的具体色彩和分量,还一定有各个局部之间的有机联系。这就跟画画那样,有的美术作品基调是明亮开阔,阳光灿烂,普照大地,万物生机勃勃……但有的地方会有阴影,有的地方会有暗绿,而这阴影或暗绿不但不影响基调的明亮,反而使基调显得更丰富、有层次,那明亮和开阔便愈益深远。有的美术作品基调清新幽静,绿树参天,石径曲折,景色秀美,深邃浓郁……但某处会有雪白,某处会有火红,而这雪白和火红不但不会使基调凌乱杂沓,反而使基调更活泼、有深境,清幽而不死寂,淡雅而不灰暗。

基调应该是统一和谐的,同时,也应该是丰富多彩的。统一和谐,才不会有部分、层次、语句之间的脱节、冒顶、走板、芜杂的现象;丰富多彩,才不会有全篇、部分、层次、段落内部的单调、呆板、平直、浅薄的现象。朗读者必须善于识别和驾驭这统一和谐与丰富多彩的融合、贯通。

从共性与个性的辩证关系看,这一篇作品的基调同其他作品的基调比较,有它的个性;就本篇作品而言,它的基调恰是各层、各段的共性。同为光亮,是阳光还是月光,是火光还是萤光,表现在作品上有基调的区别。《火烧赤壁》与《月光曲》显然有不同的基调;《海上日出》与《荷塘月色》显然都不是单调的色彩,而各有其独特的、大大小小的变化。

基调的统一和谐和丰富多彩,是通过有声语言体现的。除了表达技巧之外,与朗读者使用的声区也有关。如庄重而欢快之类的基调,一般使用自如声区的偏高区;庄重而哀悼之类的基调,要使用自如声区的偏低区,等等。此外,轻快明亮与深沉低暗、亢奋激越与舒缓从容……各种基调都必然造成声音上的高低、强弱、快慢、虚实、松紧的变化。

基调的统一和谐和丰富多彩,对于表现作品的意境、风格,对于朗读者形成的个人语言表达特色,都有不可忽视的重要作用。

朗读,应该把作品中蕴含的态度分寸、感情色彩表达出来,应该把朗读者的理解、感受、态度、感情融入作品的语句里并流露出来,这其中,不仅要有具体感,而且要有整体感。这正是朗读依据中的精髓、探求朗读技巧的钥匙。这个问题不解决好,朗读只能停在简单地念字的水平上。

赋予由文字作品转变而成的有声语言以统一和谐、丰富多彩的态度、感情,是朗读学主体的构成部分,却又是长期被忽视、被轻视的部分。为了恢复朗读概念的完整性,为了引起朗读者的重视,为了丰富一下这曾被简单化了的内容,为了充分发挥朗读的社会功能,我们作了以上并不详尽的说明,恐怕不无必要吧。

知识梳理

态度感情是朗读根基的核心,是朗读再创作的精华,是朗读有声语言的生命,是朗读技巧的灵魂。态度感情即态度分寸和感情色彩。态度分寸分为以下五类:(1)肯定和否定类。对作品中的人、事、物、理,朗读者必须有明确的是非褒贬,区分其是非、好坏。凡属于是的、好的,就要肯定;凡属于非的、坏的,就要否定。(2)严肃和亲切类。严肃的态度指郑重、重视、不苟且、不随便;亲切的态度指和蔼、亲密、平易、温存。(3)祈求和命令类。祈求是一种对他人的请求,命令是对他人的要求、指示,这两种态度反映着言者与听者的具体关系,有时会有复杂的交错现象,需要引起我们的注意。(4)客观与直露类。客观,即因内容的中性特点而不表示肯定或者否定的态度;直露,即直接表态,直言直语,和盘托出。(5)坚定和犹豫类。坚定的态度表示对某种事物、信念的不容置疑、不可动摇;犹豫的态度表示心神不安、进退两难、拿不定主意,类似逻辑上的"两难"。

感情色彩是一种体验,它要经过脑神经、机体、内部器官反复交错的活动和化学的、生理的变化,是感受的发展、态度的深化,而绝不是简单的反映、生硬的模式,更不是机械的模仿、强制的激化。感情色彩分为以下五类:(1)挚爱和憎恨类。挚爱是人们对人、事、物、景产生了肯定的态度之后生发出来的倾心、亲近的感情;憎恨是人们对人、事、物、景产生了否定的态度之后生发出来的对立、厌恶的感情。(2)悲哀和喜悦类。悲哀是一种伤心、痛惜的感情;喜悦是一种高兴、快乐的感情。(3)惊惧和欲求类。惊惧,常有吃惊、恐惧、担心、忧虑等感情;欲求,是希望、愿意发生某事、接近某人等心绪。(4)焦急和冷漠类。焦急,指紧迫、急切的感情;冷漠,指冷淡、漠然的感情。(5)愤怒和疑惑类。愤怒,是气愤、生气的感情;疑惑,是怀疑、迷惑的感情。

基调,指作品的基本情调,即作品的总的态度感情、总的色彩和分量。基调是一种整体感,是部分、层次、段落、语句中具体思想感情的综合表露,即具体感的总和。基调的色彩、分量,既包括态度分寸,又包括感情色彩,不能片面地理解;同时,又是态度感情与有声语言的交融,不应只理解为声音的高低。常见的基调有:亲切爱怜、庄重欢快、深情赞扬、热诚自励、压抑愤懑、悲伤沉重等。

第八章

朗读者的身份与对象

第一节　朗读者的身份
第二节　朗读的对象

朗读，当然要有朗读者。在朗读的过程中，朗读者是主体，起着主导作用。朗读者的任务，就是把文字作品的精神实质通过自己的有声语言，创造性地传达给听者。因此，朗读者不论是教师、学生，还是长辈、晚辈，都存在一个作为朗读者的实在的身份问题。

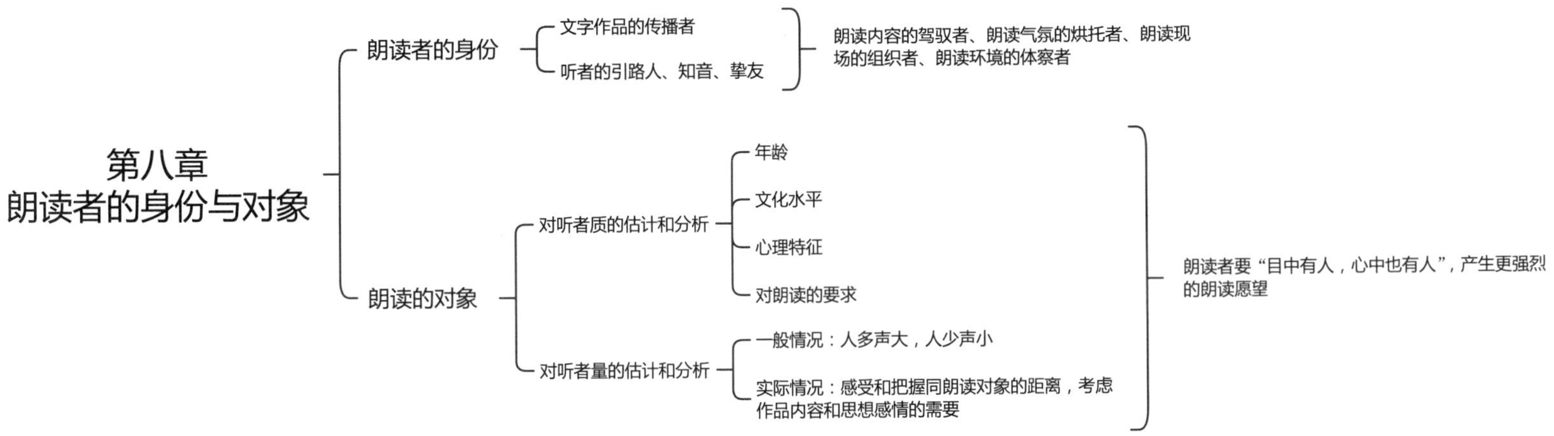
第八章
朗读者的身份与对象
朗读者的身份
文字作品的传播者
听者的引路人、知音、挚友
朗读内容的驾驭者、朗读气氛的烘托者、朗读现场的组织者、朗读环境的体察者
朗读的对象
对听者质的估计和分析
年龄
文化水平
心理特征
对朗读的要求
对听者量的估计和分析
一般情况：人多声大，人少声小
实际情况：感受和把握同朗读对象的距离，考虑作品内容和思想感情的需要
朗读者要“目中有人，心中也有人”，产生更强烈的朗读愿望

第一节　朗读者的身份

朗读者,首先是文字作品的传播者。他必须把作品中的一切都准确、鲜明、完整、深刻地表达出来,以利于听者了解作品、欣赏作品,从中受到启发,受到感染,得到美感享受。他必须尊重原作,把原作的独特性、创造性如实地、不走样地传达给听者。在很大程度上,朗读者要以“使人愿意接受”为准绳,应该是积极的、主动的,而不应该是消极的、被动的。让更多的人了解这个作品、喜爱这个作品,正是传播者的心愿,其间,也体现着朗读者的身份。

从理解文字作品的角度看,似乎朗读者与读者无异,或者只是比一般读者更花些心思,理解得更深些。事实上,朗读者不同于一般读者,当然要理解得深,但那为了传播的心愿已经在胸中萌动了,与局限于自己阅读已经不同了。在自己理解的同时,必须考虑怎样对听者有益了,哪里是难点,哪里是重点,怎样吸引人,怎样启发人?这一切,已与文字作品的内容、形式一起,构成朗读者进行谋划、构思的全局性问题了。

有人认为,朗读者就是作者的代表或化身,要用作者的身份去朗读。我们认为,这是不恰当的,因为不可能做到,而且会把朗读引入歧途。即使朗读者就是作者本人,朗读时作为朗读者的身份也与写作时作家的身份不同。把二者混同起来,朗读者的身份就会消失,就会变换(不是“幻”)莫测,一忽儿是鲁迅,一忽儿是莫泊桑,一忽儿是马克思,一忽儿是朱德,一忽儿是左丘明,一忽儿是司马迁……朗读时的这种作者身份,只能给人以虚假的感觉,不会令人信服,朗读者“真身”俱在,听者看得一清二楚,既无布景、道具,又无人物角色,连“扮演”的条件也没有,何来“作者身份”?同时,追求作者的身份会给朗读带来重大损害。既然要“作者的身份”,就应该全部是作者的思想感情,那么,朗读时能达到完全一致吗?那高度、深度,以及历史性、局限性,都可能不发生歧异吗?即使不发生任何歧异,充其量也不过是一种“还原”罢了,哪里还有朗读者的再创造呢?何况这还原是不可能的,总要走样的,就是当代作者,也不会被朗读者全部认知、毫无二致,在朗读时必然不得不以朗读者自己的东西填充、增补,以此而仍认定这就是作者自己,无异于冒牌假造,还是老老实实地承认“我就是朗读者”,就是作品的传播者,并不是作者本人或作者代表为好。这样,有了创造,有了不足,听者也是会理解的。至于以为用“我就是作者”来启示朗读者,有利于深入领会作品,那是朗读分析、感受作品的题中应有之义,与朗读者的身份问题关系不大。

正是传播者的身份,使作者本人朗读自己的作品时,与写作时也不一样了。写作时是为了给人看,朗读时是为了给人听,写作在前,朗读于后,写作中伏案疾书,朗读时当众传播，这一切都使朗读时的状态更符合有声语言表达的要求，而没有必要回过头去找寻、恢复写作时的状态，或者追求自己的作者的固定身份。写作是文字创作，观察了大千世界，经过搜集素材、分析整理、提炼加工，诉诸文字而成。朗读是语言创作，从文字作品中了解、体味自然界和社会生活的丰富情景以及作者的人生感悟，遵从有声语言表达的规律，形之于声，及于听者，入于耳，达于心。这是两种不同的创作，不应割裂，更不应混淆。在这种情况下，追求作者身份，忽视朗读者的身份，必然导致忽视朗读的再创造，从而影响有声语言的表达。

众所周知，朗读者不是演员，作者更不是角色。即使是第一人称的作品的朗读，也不必像"进入角色"那样去扮演作品中的"我"，也根本没必要进行"我就是作者"的假设。因为我只是朗读者，只要传播作品内容，同时传播我从作品中体会到的教益。

当然，转述并不是不动声色，不是冷眼旁观，所谓不必进入角色，也丝毫不是反对理解作者创作意图、进入作品内容，而是为了排除那些干扰朗读再创造的东西，更好地把作品朗读出来，使人更愿意接受。

朗读者，应该是听者的引路人、内行的向导。他以作品为依据，用具体的思想感情贯穿线表现出作品的思路、文路和言路，凭着朗读目的的指南作用，把听者引进一个新奇、美妙的境地，使听者如身临其境，乐而忘返。听者或进行科学遐想，或进行情景再现，或顿开茅塞，或如数家珍，这中间，如果没有朗读者指引作用的发挥，是不会有这样的效果的。

朗读者的确应该成为听者的知音，并把听者作为挚友，"高山流水"，心有灵犀一点通。只有明确朗读者的身份、知音的关系，朗读时才能循循善诱，平等待人，才可能为听者专注地、亲近地领略作品，提供一种极和谐、极舒畅的气氛。

我们必须反对高踞于听者之上的朗读者身份。这种身份，以比听者高明百倍的骄傲，摆出一副凛然不可侵犯的架势，采取咄咄逼人的态度，把文字作品的内容、词句"恩赐"给听者。这种唯我独尊、横空出世的身份，只能使听者反感。这样的身份限制了朗读的创造性，模糊了朗读的清晰度，使人听而生畏，茫然不知所云。就好像当人们到八月中秋正期待着明月当空的时候，忽然被乌云的一片阴影挡住了视线，那沮丧的心情是可想而知的。高高在上的朗读者，成了横亘在作品与听者之间的障碍，听者有时竟会产生踢开这障碍，自己去欣赏的念头。

听者也不需要卖弄技巧、哗众取宠的朗读者。这样的朗读者表面上似乎极为尊重听者，看起来是大献殷勤，甚至亲昵失形。在这样的朗读中，充斥着招欢买笑、追求噱头与掌声的低级趣味。"取悦于人"与"以情感人"是南辕北辙的。高明的听者会因为朗读内容被肢解和变形而掩耳塞听；幼稚的听者，虽然可能对朗读者的声色倾倒，在眼花缭乱中头晕目眩，但除了觉得活灵活现、令人捧腹之外，他听到了什么人和事，感到了什么情与理呢？都不留什么印象和痕迹。不久，连活灵活现、令人捧腹的样儿也忘记得一干二净了。对这样的朗读者,听者有理由叫他从表现自我的身份中清醒过来。

朗读者应该是作品的传播者,是听者的知音,二者融为一体,在知己知人、知此知彼的基础上,成为朗读内容的驾驭者、朗读气氛的烘托者、朗读现场的组织者、朗读环境的体察者。他要把自己所认识的作品全貌富有创造性地形之于声,他要把自己对作品的理解和感受及于听者,他要把自己内心的态度感情沿着文字语言的序列鲜明地抒发出来,他要把听者的精神集中到一条轨道上来,他要与听者推心置腹,相互感应。这才是朗读者正确的、明确的、特有的身份。

只有这样,朗读者才能成为“此岸的作品”与“彼岸的听者”之间的平坦宽阔的桥梁,才能坚实地把此岸与彼岸连通,把此岸的硕果,经过自己的艰苦加工、精心装饰,以深刻的创造机能,原原本本、老老实实、明明白白、兢兢业业地输送到彼岸去。

优秀的朗读者并非在朗读过程中“忘我”,而是在“有我”的前提下进入“无我”之境。于是,听者只觉得声音在流动,思想在闪光,感情在起伏,自己跟作品的距离愈益缩短,作品的天地愈觉开阔。听者似乎感觉不到朗读者的存在,也没有什么外界的干扰,只是专注地体味着,飞腾地想象着,直到朗读结束,才猛然看到朗读者的存在。朗读者适当把握自己的身份可以使朗读达到出神入化的境地,这是早已为实践证明了的。

第二节　朗读的对象

朗读者与听者是朗读过程中互相感应的双方,二者缺一不可。一般说来,朗读者朗读文字的过程,就是为了给人听的。即使是自己朗读自己听,也有声音的发出和接收这样一个有读有听的传递过程。闭目吟诵者有,掩耳朗读者无,就是这个道理,所以早就有人说过,朗读是一种“口耳”之学。这就是说,朗读,既有张口读,又有侧耳听。在这个意义上,朗读不仅是一种语言交流,而且是一种语言宣传(或语言鼓励)。正如毛泽东同志一再指出的:宣传工作一定要“宣传得好,使人愿意接受”,宣传工作不能“不看对象”。

朗读者面前的听者,就是我们宣传的对象。如宣读论文的人面对着专家、学者、同行;教师朗读课文时面前是学生;帮助别人读家信,听者就是收信人;你的孩子、弟弟、妹妹让你读一篇儿童文学作品,他们就是你的宣传对象。我们说,除了有线、无线广播,听者就在朗读者面前,因此,朗读者是看得见听者的,听者的目光、面容总是在告诉我们:他们是听得入了神,受到了感染呢,还是很不耐烦、不感兴趣了?他们在哪个地方最有兴味,在哪个地方像是不甚了然?朗读者从中受到鼓舞,当然最为理想,如果是受到了一些干扰，恐怕就应反躬自问：为什么这里没有朗读好？如何继续朗读下去？怎样才能把下面的内容朗读好？怎样才能吸引听者？

为了朗读好，为了吸引听者，满足他们的需要，朗读者除了加深对文字作品的理解、研究表达技巧外，还必须对听者有恰当的估量，对语言交流的规律有熟练运用的能力。这就要掌握对象交流方面的知识。

我们认为，主要应该学会对面前的听者进行质和量的估计和分析，并以此引起朗读者内心的感应。

所谓质的估计和分析，是指听者的年龄、文化水平、心理特征、对朗读的要求等方面。对此，朗读者要心中有底、着重把握。

由于朗读者、听者和朗读场合的确定性，为我们对交流对象的估量和分析提供了较为有利的条件。以课堂教学为例，朗读者是教师（或学生），听者是学生（或师生），一般在教室（或礼堂）进行，这时，听者是固定的，年龄、文化水平、心理特征、对朗读的要求等不会有太大的差异。如果是一、二年级的小学生作为朗读对象，因为他们刚刚识字，还没有更多的美感要求，朗读时就要字字清晰、语流缓慢、亲切有趣，给他们思考词语意思的时间。为了加深他们对课文的印象，更应把主要的内容突出出来，把形象的感受鲜明起来。对他们生疏、难懂的词语，尤其要注意表达确切，并且要加以强调。中学学生作为朗读对象，随着文化水平的提高、人生阅历的较为深广，注意力的趋于集中、趋于稳定，思考力强了，自尊心也更强了，朗读者必须在严密的语意和深刻的蕴涵上下功夫，从作品中给他们以启迪，并在鲜明而有分寸的态度、丰富而深切的感情上给他们以感染。如果朗读对象是专业人员，他们只着意于了解论文的论点是否具有真知灼见、论据是否有力，在这种情况下，朗读者当然就没有必要过多地表现创造的热情，更没有必要带上丝毫喜不自胜的色彩。严肃和冷静、含蓄和从容，更有利于使听者采取审慎的态度，进行缜密的思索。

在这里，朗读者特别不要被听者的表面现象所束缚，被听者的个别侧面所左右。如大多数学生学习成绩不够好的班级，似乎文化水平较低，学习热情不高，朗读者却不能因此而降低向他们朗读的兴趣，甚至采取敷衍应付、读完了事的态度。因为这种态度更会丧失他们的信任，损伤他们的自尊心。我们要善于捕捉朗读对象中蕴藏着的积极因素，特别是看到还有文化水平较高的学生，看到那些喜欢朗读和朗读能力较强的学生，看到通过朗读的诱导、感染，许多学生会把积极性调动起来等。这样估量和分析，这样认识和感受朗读的对象，不是更能激发朗读的愿望，促进对象交流的活跃吗？当然，宣读学术论文的时候，不能想专家、学者会认为自己的论文毫无价值，因为这样想，就会失去信心，觉得当着他们的面宣读，真有点儿“班门弄斧”，于是便草草读来，慌忙结束。这样，宣读成了一种负担，朗读者赧颜退避再三，好像打心眼儿里害怕听者推敲一样。

可见,对朗读对象进行质的估量和分析,要以朗读者能产生更强烈的朗读愿望,从而进行更积极的再创造为目标,而不能相反。即使面对老师、专家、领导,也要努力去吸引他们,以自己的所得明理抒情,希望他们给以更多的帮助和具体的指教。在这方面,是需要朗读者具有深入了解朗读对象心理、深入了解社会生活的深厚积累的。

至于对听者的量的估计和分析,也同样不宜拘泥于表面现象。听者人数多,声音要大些;人数少,声音要小些。这只是一般情况。关键是朗读者要感受和把握同朗读对象的距离。这不只是朗读现场人数多少的问题,还要考虑到作品内容和思想感情的需要。一两个听者,可以促膝谈心式地朗读,但在表现喊杀声等语句时,音量显然要放大。但促膝谈心也不是把朗读变成"悄悄话",把作品内容和思想感情都装进虚声虚气表达的框子里,就像害怕别人听见一样,那是不利于朗读的。面对几十个人朗读,声音要适当大些,以便包括坐在后排的每一个听者都能听清楚。即使面对几百人,朗读时也不应大喊大叫,何况往往会有话筒扩音设备呢。作品里的心理描写、自言自语等,需要减小音量朗读,否则使人感到不贴切、聒噪刺耳。总之,无论面对多少朗读对象,都要努力避免声嘶力竭和虚声虚气。

朗读,作为一种语言艺术,是有自己独特的要求的。对朗读对象的质和量的估量和分析,不是朗读现场的简单计算,也没有必要进行听者的心理调查。为了充分发挥朗读的作用,朗读者必须有自己对朗读对象的设想。这种设想应该是具体可感、生动可见的。设想的对象与现场的实际听者,也许不完全相同,但一定要假定这个或这样的朗读对象就在朗读现场。如给学习成绩不太好的班级朗读,尽管事实上同学们对朗读普遍不感兴趣,我们却要在认识较积极的一面时,具体设想对朗读很感兴趣的学生就在这个班里,就在朗读现场。这种设想,用在宣读学术论文时,就可以想到对这个学术领域感兴趣但知之不多的人在场。这样的设想、这样的感觉到设想对象的确实存在,对朗读者的创造活力将产生重要的推动作用。而朗读给假定就在现场的设想对象听,实际在场的人同样会感到的确正在为自己、对自己朗读。因为这样设想之后,朗读者感到的是设想对象的积极反应,于是朗读起来对现场的一些窃窃私语、东张西望不再理会,而是那样聚精会神、津津有味,根本没有松懈、应付、慌乱、草率的样子,这时,那不感兴趣的听者也容易被吸引到作品内容上来。这种设想,可以说是事半功倍、以一当十的方法,何乐而不为呢?

在朗读的进程中,听者的反应(排除消极的干扰)是一直在朗读者心中的,不应时有时无,可以时隐时现。在交流直接、交流明显的时候,听者对朗读的感应比较强烈,朗读者对听者的感应也相当真切。在交流隐约,甚至潜伏的时候,双方的感应虽比直接、明显的交流时弱,但作品中的一切又把双方紧紧地吸引住,双方的感应由此而得到补充,并不觉得联系有什么松脱。

朗读的对象也可以转换。就全篇作品看是固定的,但个别地方、个别时候,却可以转换为特指对象。有的作品,通篇是以第三人称叙述的笔法,中间突然直呼“你”“你们”,这时就转换为所指的人。这种转换要迅速、真实、明确,不要发生混乱。如《黄桥烧饼》,全文都在向人们叙述陈毅同志和人民群众休戚与共、息息相关的情景,当说到“四人帮”对陈毅同志的诬陷时,突然以满腔激愤直斥“四人帮”:“你们泼吧!我们心中的陈毅同志的光辉形象,你们永远泼不黑!”这几句的朗读对象就应该是“四人帮”,当面予以痛斥,而不能再是我们面前的听者。否则,就显得很不恰当、极不和谐了。这些,都是为了使朗读者与朗读对象(主要是听者)共同完成对文字作品的开掘与体味,更好地发挥朗读的作用。

总之,从朗读的准备到朗读进行过程,朗读者一定要做到“目中有人,心中也有人”,即使眼睛主要是看作品,也要偷闲或正式向听者扫视,以猎取某种积极的反应,而任何时候,都要“心中有人”,时时处处为听者着想,千方百计地把作品变为有声语言,传到听者的耳边,送到听者的心田。忘记了这一点,就是忘记了朗读的目的,朗读也就茫然无着、不知归宿了。

知识梳理

朗读者,首先是文字作品的传播者。他必须把作品中的一切都准确、鲜明、完整、深刻地表达出来,以利于听者了解作品、欣赏作品,从中受到启发,受到感染,得到美感享受。朗读者,应该是听者的引路人、内行的向导。他以作品为依据,用具体的思想感情贯穿线表现出作品的思路、文路和言路,凭着朗读目的的指南作用,把听者引进一个新奇、美妙的境地。朗读者,还应该是听者的知音,并把听者作为挚友。朗读者把作品的传播者和听者的知音融为一体,在知己知人、知此知彼的基础上,成为朗读内容的驾驭者、朗读气氛的烘托者、朗读现场的组织者、朗读环境的体察者。

朗读者面前的听者,就是我们宣传的对象。朗读者应该学会对面前的听者进行质和量的估计和分析,并以此引起朗读者内心的感应。所谓质的估计和分析,是指听者的年龄、文化水平、心理特征、对朗读的要求等方面。所谓量的估计和分析,一般情况是听者人数多,声音要大些;人数少,声音要小些。实际上,朗读者要感受和把握同朗读对象的距离,要考虑到作品内容和思想感情的需要。朗读者一定要时刻做到“目中有人,心中也有人”。

第九章

朗读状态

第一节　信心百倍　积极主动
第二节　全神贯注　进入作品
第三节　动脑动心　有感而发
第四节　速看慢读　由己达人
第五节　全身松弛　用声自如
第六节　克服固定腔调

朗读状态不正确，或过分紧张，张口结舌；或过分懈怠，无精打采；或激动万分，千头万绪；或追求技巧，三心二意；或腔调固定，色彩单一……这一切都不可能把自己的全部准备工作付诸实现，朗读者对作品的理解、感受、构思、设计，便会付诸东流。因此可以说，朗读状态正确与否，是朗读成败的重要关节，应该引起我们足够的重视。

第九章
朗读的状态

- 信心百倍 积极主动 —— 强烈的朗读愿望
- 全神贯注 进入作品 —— 注意力集中，全力以赴
- 动脑动心 有感而发 —— 第二次唤起
- 速看慢读 由己达人 —— 正确处理“想、看、读”三者的关系
- 全身松弛 用声自如 —— 保持弹性状态，控纵自如、心口相应
- 克服固定腔调 —— 克服念书腔、唱书调、念经式、朗诵调

朗读者在朗读过程中,必须获得并保持正确的状态。正确的朗读状态有共性的一面,叫一般状态;也有个性的一面,叫特殊状态。

所谓状态,是指朗读者在朗读过程中表现出来的形态,包括心理状态与生理状态两大方面。其中,心理状态是主导方面。

朗读状态不正确,或过分紧张,张口结舌;或过分懈怠,无精打采;或激动万分,千头万绪;或追求技巧,三心二意;或腔调固定,色彩单一……这一切都不可能把自己的全部准备工作付诸实现,朗读者对作品的理解、感受、构思、设计,便会付诸东流。因此可以说,朗读状态正确与否,是朗读成败的重要关节,应该引起我们足够的重视。

什么是正确的朗读状态呢?怎样把握它呢?不正确的朗读状态又怎样克服呢?我们从几个方面给以说明。

第一节 信心百倍 积极主动

正确的朗读状态,首先是精神状态正确。为了传达朗读的作品内容,以事省人,以理服人,以情感人,朗读者要由衷地感到作品的深刻、丰富,预见到它对听者具有的多方面教益和听者可能从中获得的美感享受。

朗读者一定要引发出比较强烈的朗读愿望,要有一种需要立即朗读才好的迫切感:如此优秀的作品,朗读它本身就是一种享受,自己一定要尽力展现作品的面貌和魅力,诉诸有声语言之后,会使听者有更多的收益!

这种信心和愿望,不是空洞的、勉强的,它是出于对朗读本身的兴趣、爱好,发之于对朗读作品的理解、感动和欣赏。朗读者之对朗读作品,应该成为一种切实的需要,就像诗人写诗,画家作画,摄影家拍照,书法家挥毫,这种需要是一种动力,心向往之,欲罢不能。这种朗读作品的需要,促使朗读者沉着、镇静,而又积极、炽烈。在朗读过程中,朗读者处于一种其乐融融的胜任愉快的满足之中。这时朗读者心里会不断地鼓励着自己:我一定要朗读好,我肯定能朗读好,我必定会朗读好。

所谓“胸有成竹”,一方面是说,对朗读内容十分熟悉,并且已经化为自己的理解和感受,领略到了“个中滋味”;另一方面是说,对朗读进程能够驾驭,语语中的,声声入耳,一鼓作气,善始善终。

但是,朗读时往往会出现缺乏信心、不够主动的状态。究其原因,一是过分紧张:众目睽睽、大庭广众之下,不好意思,不敢放松,好似参加考试,又像被人审查,于是心跳过速,气息不畅,朗读起来,思想出现空白,看字念音,不知道自己在说什么,感情不能调动,声音喑哑苍白,只想快点读完了事。听者反应怎样,听明白了没有,也全然不知。这就是一种缺乏信心,不能自制,失去自如的状态。二是过于懈怠:好像是迫不得已才朗读,心不在焉,传达不出朗读的内容,没有感情,不积极不主动,就像与己无关,敷衍应付,吐字松软,声音干瘪。这种状态,“睁眼懒看字,念字懒张嘴”,比紧张要坏得多。

为了克服朗读中紧张或懈怠的不良状态,我们要从认识上解决“战略上藐视,战术上重视”的问题。要看到朗读并不神秘,人人都可学,有口皆能读,而且可以通过反复朗读、细心体会,进一步提高自己的水平。在具体朗读时,也要看到真正使字字有依据,处处有变化,并不容易,得下苦功夫才行。这样,朗读时才能够获得从容而不懈怠、积极而不急促的正确状态。

信心百倍、积极主动,并不完全是具体的朗读状态问题。一个在业务上缺乏上进心的人、一个在事业上缺乏责任感的人,无论做什么事,都会是漫不经心的;一个心胸狭隘的人、一个患得患失的人,对什么事情总是缺乏魄力和眼光的。这样说,并非夸大其词,而是说,朗读也有思想修养的问题,而这又是同艺术修养、语言修养相联系又相区别的更为根本的问题。托尔斯泰不是说过吗?艺术家为了明白他应当说些什么,就必须了解全人类所特有的东西,同时还有人类所不明白的东西。要做到这一点,艺术家就应该使自己成为一个具有当代高度教养的人,主要是不要生活得自私自利,而应该成为人类共同生活的参加者。这话说得相当深刻,作为一个新时代的朗读者,应该怎样成为一个“具有当代高度教养”的人,不是值得我们深思么?

第二节　全神贯注　进入作品

所谓全神贯注,就是在朗读中注意力集中,排除干扰,全力以赴,把全副精力都倾注在朗读中,倾注在朗读的作品里。这是很容易理解的。

所谓进入作品,就是把作品内容、语言,化为自己的理解、感受,化为自己的思维过程和心理活动。要主动去揭示语言本质及逻辑链条,要设身处地、寓情于景,加强形象感受;要尽力引发思想感情的运动状态,紧紧抓住与听者的对象交流;要在整体运筹之中具体加以把握。这样,朗读者就没有心力去考虑其他,连注意的边缘也少有兴奋点的干扰了。

当然,进入不是陷入。陷入,就会失去主动,失去自由。就像伯恩斯坦所说,“运动就是一切,目的是没有的”,这样就会失去方向,不分主次。进入则不同,它是一种清醒的、自制的状态,能在体味作品中觉察自我,能在情动于衷时调节检验,时时评价,不会神不守舍,不会贸然失态。

为什么不能进入呢?这种情况的发生,有时是某种与朗读内容无关的思维活动闯入脑海,侵犯了注意中心,改变了思维内容与思维方向,因而与朗读需要背道而驰造成的。有时是朗读者以主观随意性强加于朗读内容和作品形式;有时是忽进忽出,全无主动性;有时是强迫自己进入而不得,是“为进入而进入”,丧失了内在的依据性。诸如此类,都应具体分析,具体解决。

犹如演员之进入角色,有第一自我(被引动方面)、第二自我(能调节方面)的问题一样,朗读应该学会正确处理二者的关系,使自己在进入朗读内容时,有足够的、适度的控纵能力,既不游离于外,也不陷入其中,真正掌握和行使朗读的主动权、自主权。

第三节　动脑动心　有感而发

在朗读的准备过程中,朗读者获得了对朗读内容的深刻理解和具体感受,但这并不能保证在朗读过程中也保有相同范围、相同程度的思想感情和运动状态形之于声。也就是说,如果在朗读时不能把那深刻的理解、具体的感受再一次唤起,不能在形之于声时既动脑又动心,不能句句情动于衷,有感而发,那么,任何最充分的准备与钻研、体味与酝酿,也只能功败垂成。

这里的关键,是“第二次唤起”。

第二次唤起,是朗读状态中重要的组成部分,是正确的朗读状态的标志,是进入朗读内容的必备条件。

朗读时,应该做到“见文生情”,即,看到文字,又看到内涵;再现场景,又引动感情;产生表象,又把握本质……它们几乎同时涌现出来,在脑际萦回,在脑中激荡,在声音中流露。

当然激情并不是感情不可遏止的泛滥,在这个意义上,别林斯基说得不错,他认为:“激情永远是观念在人的心灵中激发出来的一种热情,并且永远向往观念。因此,它是一种纯粹的、道德的、极其完美的热情。”像这样认识激情,在朗读时就可以避免浅薄和偏激。当然,也不应该笼统和过分。第二次唤起,是以全部准备工作为根基,取决于朗读者的语言造诣、语言功力(包括语言感受阈限、情感运动阈限)。

我们认为,第二次唤起,需要长期培养和训练。当然,各人有各自的具体途径和方法，但是不能因为是第二次的唤起就轻视它。仅仅从第一次唤起中获得一鳞半爪，或只是某种外壳，在第二次唤起时就顺手牵羊，以为驾轻车就熟路，那恐怕连第一次唤起时的星星之火也点燃不起来了，又怎么能有第二次唤起的燎原之势呢？

第二次唤起，至少应该同第一次唤起一样，甚至应该比第一次唤起更深刻、更丰满。如果是多次朗读同一作品，像语文教师年复一年地朗读同一篇课文，尤其要注意“常读常新”，每一次朗读都要有每一次的新认识、新体会，都要获得新情绪、新表现，用以积聚每一次唤起的能量，使朗读提高到更新的水平。

朗读中，有时会产生“灵感”，但那绝不是“灵机一动”“心血来潮”，不是朦胧的巧合，而是厚积薄发、高度注意爆出的火花，也许偶然，但毕竟是处于必然的进程中。

第四节　速看慢读　由己达人

除背诵外，朗读总是要按照作品的文字序列进行的，我们必须紧紧抓住“看、想、读”这个过程。正确的朗读状态，就要求朗读者正确处理这三者的关系，既不颠倒它们的顺序，也不应忽略、省略某一个环节。

我们可以研究一下朗读时是怎样看、怎样读的，这对提高朗读质量恐怕不无裨益。

当我们的眼睛看到作品的字词时，当然要反映到脑子里，而后再就字出声。而每当读出看过的字词时，我们的眼光又会落到下一组字词。在边看边读、边读边看的过程中存在着纵横交错、表里合一的复杂情况。从纵向看，有字形、字音、字义的深化，也有字、词、句的深化；从横向看，有见字连词组句和读字读词读句的双重轨道。这双重轨道，是交叉重叠、先后错开的，不是完全重合、同时并进的。在这纵横交错的双轨行进中，我们不但要获得形象感受，还要获得逻辑感受，进而情动于衷，声形于外，达到表里合一。

双轨行进，这是朗读中一个非常明显的特点，掌握了它，就可以把看和读紧密结合起来，免去诸多弊端。

如：“蓖麻∧一天天地▲越长越高。”

这句话，在朗读时并不是先看一遍，然后读一遍的。当看过“蓖麻”时就读它，在读它时，又在看“一天天地”了，在读“一天天地”时，又在看“越长越高”了。

这里，准备朗读时的一切必要工作都会发挥作用。在对全篇作品理解、感受的基础上，看见“蓖麻”，不但有它的形象，同时也会产生“长高”的感受，读“蓖麻”时，心中十分清楚重点在后面。层次、主题、背景、目的、重点、基调等都融化在字句中，整体感受和具体感受共同体现在字句中，看中有想，想中有读，读中有看……三股绳绞结在一起，牵动着有声语言走向预定的目标。

为了说明问题，我们不妨列出一个简表：

看：　蓖麻……一天天地……越长越高。
　　　↓　　　　↓　　　　↓
想：（茎叶形状）→（天天看）→（茎粗叶茂）→
　　　↓　　　　↓　　　　↓
　　（自己种的）→（天天长）→（丰收在望）→
　　　↓　　　　↓　　　　↓
　　（喜爱）　→　（兴奋）　→　（自豪）→
　　　↓　　　　↓　　　　↓
　　（次要）　→　（推进）　→　（重点）→
　　　↓　　　　↓　　　　↓
读：　蓖麻　∧　一天天地　▲　越长越高

这个表，近似解剖图，从中可以了解“看、想、读”的情况。

在“看、想、读”的过程中，究竟看到哪里才开始读，读到哪里再往下看，是更为复杂的问题，它因人而异，也因文而异。这里，只能就一般情况略谈一二。

首先是标点符号问题。看到可以停顿的标点符号，一般会发生两种情况：一是不再向后看，等待读完，甚至回味、遐想，然后再看下面的词语；一是越过标点符号，继续向后看。这两种情况，同停顿的位置与时间，同停顿前后的衔接有关。回味遐想，用于较完整的意思之后，一般有较长时间的停顿。继续向后看，用于词语关系尚不明确，或虽明确但需紧连的情况。值得注意的是，在层次、段落、小层次之后，在回味遐想的句子之后，不要等到停顿时间已满，应该马上出声音时再去看后面的词语，否则，很容易造成思想感情上的空白；也不要在上文的思路还未展开，一定的感情色彩应稍延续时就急忙看下文，那样，上文的思想感情的运动状态就会受到某些提前进入脑际的词语的干扰，甚至立即中断、转移，朗读便可能出现急促、慌乱的语流。

其次，由于听者是从声音上感受作品的，所以要求看和想非常迅捷，而读，就要从容。这就是“速看慢读”的意思。“速看”包含着“速想”，并用“想”把看和读化为有机的整体。速看，是一种要求，并没有绝对速度。一方面，因人而异，有的人“字斟句酌”，有的人“一目十行”，不过，我们反对过细，也反对过粗。过细，影响朗读的顺畅；过粗，影响朗读的深度。另一方面，作品的某部分需要快看，另一部分又需要慢看，因此，我们反对看的速度同一且无变化，那样会造成脱离思想感情的运动状态，忽视了看是为想、想中去读的重要性，把朗读的“看”同阅读的“看”混淆了。即使是阅读中，看的速度也不同一，虽然从总体上看，阅读速度要快得多。

读得从容，才能由己达人。“滚瓜烂熟”并不一定是好事。因为它缺乏与听者的交流,即使自己读自己听也缺乏体味的过程。为了让听者听清、感受、共鸣,"读"一定要慢。当然这是就整体而言,比"看"要慢,但不可机械处理。一般情况下,按平均速度,五百字可以读三分钟左右。这个速度不是以每分钟都读同样的字数得出的,也不能用这个速度去要求每一篇作品的每一句话的朗读。这里主要是说既不要太快,也不要太慢。朗读的速度主要由作品的内容和形式来定,又受朗读者水平的影响。太快了,连滚带爬,嘟噜含糊;太慢了,涣漫散乱,黏黏糊糊,都会使听者生厌。

我们是不是可以这样说:看,是回归自我,所以准备得越成熟、修养越深,速度就越快,想得也越准确、丰满;读,是由己达人,要根据有声语言及于耳、入于心的过程,根据听者的水平,根据作品的包容量、语言的通俗程度去读,就要慢些。

朗读者的经验和修养,直接关系到看和想的速度和深广度,当然更关系到读的质量。对文字的视觉扫描,不仅与文字学、语音学、语法、修辞等密不可分,同逻辑、哲学、美学也直接相通。这些,在语言条上会建立起、发展为多种"染色体"的固定信息,高明的朗读者具有丰富的"染色体"的信息网,使朗读如"千里江陵一日还",中间的误读会及时发现,立即改正;稍有表达上的不自如也会立刻调节。在朗读较不艰深的作品时,即使一遍也没有看过,也能产生"他乡遇故知"的感觉,并马上进行新的"染色体"的综合,组织兴奋中心的新的沟通、新的系列,边读边想,边想边读,毫无生涩、迷离之处。因此,要正确处理"看、想、读"三者的关系,首要的是实践,是全面加强文化素养。

第五节　全身松弛　用声自如

全身松弛,并不是懈怠,而是指这样的状态:能松能紧,需要松时即松,需要紧时即紧,而不是自始至终地全紧,或自始至终地全松。犹如排球场上的运动员,根据来球情况,可以马上跳起拦网、扣球,也能立即伏地抢接救球。

用声自如,并不是完全像生活中说话那样用声,也不是完全脱离自己说话时的用声,而是选取自如声区,选取最佳音域、最佳音量。不要使用那种勉强的声音、做作的声音,特别不要追求高音大嗓,不要追求虚声虚气。要注意防止模仿别人的声音,甚至改变自己自如的"本色"声音,去制造"响亮""圆润""柔和""甜美""宽厚"等音色。自己的本色声最好用,而那些捏、挤、压、抻的声音最糟糕。哪怕本色声音存在着尖、窄、低、暗、沙等嗓音上的缺欠,也不必强行改变。有条件可以训练,但不必勉为其难。更不要被所谓"先天条件不好"禁锢住朗读的才能。京剧麒派的周信芳,声音沙哑,却创出刚劲沉健的风格;配音演员邱岳峰,声音干沙,却独得角色语言的神韵,听众反被这特殊音色所吸引。其根本原因就在于有声语言负载着深邃、丰富的思想感情,使其情声浑然一体。朗读也要如此,不可因声音条件优劣而废弃对朗读的高标准要求。

全身松弛,用声自如,目的是使朗读者在朗读过程中保持一种弹性状态,以自身最大的优势,表情达意,言志传神。

弹性状态是指丹田(肚脐下三指处,小腹斜肌)、膈肌、胸肋肌、喉肌、声带(甲杓肌等)、唇(嚼肌、笑肌等)、舌,都处于能根据朗读需要而伸张、收缩、松、紧、刚、柔、缓、疾的积极活动的状态。好比乒乓球运动员在对方发球时的状态,可以随时去抢任何险球。

弹性状态是一种运动状态,不但能积极地推进语流,还能自觉地调节。如朗读过程中发觉声音偏高,就可以清醒地在适当时机把声音降低一些;发觉气息过促,也可以有意识地在适当停顿时沉缓下来,等等,这就是一种必要的调节,而不会分散注意力。

弹性状态是一种运动状态,它使朗读者保有一种潜在的能力,一旦具体思想感情产生某种需要,它可以立即供应适当的气息、贴切的声音形式,而不觉吃力,也不致发生供不应求的现象。

当然,弹性状态有自己的局限,这局限的范围和程度因人而异,如音量较小、音高偏低、气息不足等。每个朗读者都应认识自己的不足,以利于扬长避短。如有的朗读者气弱声微,就不要硬是大喊大叫;有的朗读者气足声壮,也就不必非得敛气收声,而要善于充分发挥自己具备的客观条件的优越性,在客观条件的局限中,善于充分发挥自己的主观能动性。

总之,在正确的朗读状态下,朗读者将控纵自如、心口相应地完成任务。任何轻视,甚至无视朗读状态的理论和实践都是有害的。

第六节　克服固定腔调

固定腔调,是贬义词。诸如“他说话老是拿着腔调”“这样读,拉腔拖调也不好听”,就含有腔调固定、千篇一律的意思,这是一种明显的缺点。

固定腔调,在朗读里,指的是使用某种固定不变的声音形式,把词语纳入一种单一的格式,以不变的声音形式应万变的朗读材料,不管什么内容、什么体裁,也不管是书面语言还是口头语言,是文言还是白话,是鲁迅还是老舍的作品,都同样对待,从朗读中听不出什么区别。

固定腔调的形成,原因很多,如有的是幼年读书时养成了诵读的习惯,一下子改不过来;有的是认为只有某种读法才受听……但最根本的,是对朗读缺乏认识,对朗读理论和朗读过程的研究不够造成的。人们在朗读活动中相习相沿也是形成固定腔调的原因之一。从朗读状态上看，自始至终都是一种缺乏变化的状态，更是造成固定腔调的直接原因。

固定腔调有不同的类型，我们试分为四类予以简单说明，希望引起疗救的注意。

一是念书腔：就是照字念音，或有字无词，或有词无句。词或词组没有轻重格式的正确区分，更没有具体感受的充实。听不出完整的句、段，毫无思想感情的流露。

如："今天是开学的第一天。"

这本是一句很浅显通俗的话，可是用念书腔读，就只给人"今天是""开学的""第一天"这些割裂的词组，听不出词组之间有什么内在联系，更谈不上语气的色彩和分量。

这种固定腔调，把"今天"读成中重格式，"是"字拖长，"开学的"读成中中重格式，"的"不但不读轻声，反而读成重位音节，甚至改变主要元音，读作"dà"，"第一天"也读成中中重格式，"一"的重音位置消失。由此可见，念书腔的主要问题是停顿多，停顿位置和时间都差不多，没有重音，语气近似。

念书腔还保留着识字的明显痕迹，这在小学一、二年级中更为普遍，值得重视。

二是唱书调：念书腔还能表达出一些字、词的基本意义，唱书调却只剩下了声音的外壳，在"唱"的过程中，表情达意的作用便被大大削弱了。

唱书调的唱法也有几种，大都能谱曲，如：

i — | i i 5 | 6 — | 6 6 6 | i — |
一、 开学 了， 二、 上课 去， 三、

6 i 5 i | i 6 5 | 6 — | 6 5 i i | 6 i 5 ³ ‖
见了 老师 行个 礼， 四、 见了 同学 问声 好。

（"了"均读 liǎo）

这是一种老式的唱书调。

i i 5 | i i 6 | 6 i i ⁵ ‖
今天 是 开学 的 第一 天。

这是一种新式的唱书调。

这种唱书调，节拍一律，连休止符、符点都极少见；音程变化不大，只是那几个音简单重复。在这样的曲谱上，可以填上不同内容的词语，而不问主次、色彩如何。这样的曲调就其音乐性方面说，也没有什么可取之处。

唱书调的最大弊端是声与义隔，只闻声而不解意、不传情。它不管长句、短句，也不论一人、多人，都可以连续不断地唱下去，整齐划一地唱下去。越唱，调子越浓；越唱，字音、语气越不讲究。只要学会了这个唱法，对文字作品可以根本不理解，可以没

有任何感受,也能把文字变为声音。对听者,只有简单曲调的刺激,不会产生任何感染。

三是念经式:这是指那种用小而快的声音读书的方式。它可能是从“默读”“虚声读”沿袭来的,而且属于单纯为了背书的读法。这与朗读的要求在基本点上是完全不同的。即使是自我领略和品味作品,如果要朗读,也应该适当放开声音,不仅从思想感情上,而且从音律韵味上给自己以美感享受。面对听者,就更不应该采取这种念经式的读法了。

四是朗诵调:舞台上的朗诵,那夸张、渲染的有声语言显得生动引人,不仅激情洋溢,而且音调铿锵。初学朗读者若不分场合、不明目的、不看内容、不管体裁,一味从声音形式上模仿这种朗诵方法,必定给朗读带来不利影响,甚至养成一种固定腔调,难以矫正。

综上所述,固定腔调的害处是显而易见的。现在,人们对固定腔调已经有了分辨的能力,许多朗读者也正在努力克服它,中小学语文课的老师们更是急切地探寻着有效的方法,并以自己辛勤的积累使初学朗读者耳目一新。这个问题应该在朗读教学法中探讨、详述,这里只简单地谈两点:一是要增强语感。所谓语感,有两方面的含义,既是指对于语言信息接收、储存的能力,又是指对于语言信息发出、驾驭的能力。朗读中存在的固定腔调,同朗读者语感较差有很大关系。只有增强语感,辨别优劣,择其善者而从之,其不善者而改之,而优秀的朗读示范(包括录音),应该充分发挥榜样的力量。二是要注意状态。要打破固定腔调,使语流符合朗读规律,必须改变言不由衷、消极被动的朗读状态,加强思想感情的运动,切实把握语气的色彩和分量,注意气息、声音的变化,使有声语言充满活力。

知识梳理

朗读者在朗读过程中,必须获得并保持正确的状态。正确的朗读状态有共性的一面,叫一般状态;也有个性的一面,叫特殊状态。所谓状态,是指朗读者在朗读过程中表现出来的形态,包括心理状态与生理状态两大方面。其中,心理状态是主导方面。

朗读者要努力做到:(1)信心百倍,积极主动。由衷地感到作品的深刻、丰富,引发出比较强烈的朗读愿望,有一种需要立即朗读才好的迫切感:如此优秀的作品,朗读它本身就是一种享受,自己一定要尽力展现作品的面貌和魅力,使听者有更多的收益。(2)全神贯注,进入作品。朗读时必须注意力集中,排除干扰,全力以赴,把全副精力都倾注在朗读中,倾注在朗读的作品里。(3)动脑动心,有感而发。朗读时应把那深刻的理解、具体的感受再一次唤起,句句情动于衷,有感而发。(4)速看慢读,由己达人。看，是回归自我，所以准备得越成熟、修养越深，速度就越快，想得也越准确、丰满；读，是由己达人，要根据有声语言及于耳、入于心的过程，根据听者的水平，根据作品的包容量、语言的通俗程度去读，就要慢些。(5)全身松弛，用声自如。保持一种弹性状态，以自身最大的优势，表情达意，言志传神。(6)克服固定腔调。通过增强语感、注意状态的方式，克服念书腔、唱书调、念经式、朗诵调等固定腔调，加强思想感情的运动，切实把握语气的色彩和分量，注意气息、声音的变化，使有声语言充满活力。

第十章

朗读技巧

朗读作为再创作，是把书面文字转化为有声语言。分析、理解作品，具体感受作品，引发态度感情，明确身份，确定对象，这一切都属于朗读者内心的依据，别人还无从了解。所以，光有这些是远远不行的。如果没有“形之于声”这一部分，朗读还能作为社会活动吗？内心的依据就是因为要形之于声才存在的，就是因为要传播作品才有如此严格的、多方面的要求的。但是，只形之于声音，却没有创造，也不过是以声代字的简单过程而已，朗读也就会沦为原始的、初级的形态了，朗读者同译声器还有什么本质的差别呢？因此，不进行有声语言的创造，就会事倍功半，不能完全以声音表现作品。

第十章 朗读技巧

- 对技巧的认识
  - 承认内心依据的重要性、语言技巧的重要性
  - 承认内心体验的决定作用、外部表现的反作用
  - ——声情并茂
- 技巧的运用
  - 学习阶段、熟练阶段
  - 实有性、能动性
  - 停连、重音、语气、节奏

第一节 对技巧的认识

原始的、自然的形态中隐含着某种广义的技巧,在一定的意义上说,技巧是寓于自然中的。技巧由自然形态生成,生活是技巧的源泉。但是,我们不是在进行日常生活的谈话,我们是在把优秀的文字作品转化为有声语言,因此,我们的目的不是恢复、找寻自然形态的东西,而是要努力达到"巧夺天工"。这才称得起艺术,这才称得起创作。如果以恢复、还原自然形态为"返璞归真",那是不正确的。

技巧,从自然形态中走出来,成为人们意识中能动的武器,必须立足于服务性目的之上,发挥自己"为他人作嫁衣裳"的独特作用。有声语言的表达技巧尤其如此。"杭育、杭育"用声音发送出来,其中包含着同"词"同声反复,称为极其原始的"诗",也就不奇怪了。但我们现在再来读它,那运用技巧的高超程度,是不应同日而语的。高尔基指出:"真正的文学语言,虽然它是从劳动大众的口语中汲取来的,但它和它的本源已大不相同,因为用它来描述的时候,已抛弃了口语中那一切偶然的、暂时的、变化不定的、发音不正的、由于种种原因与基本'精神'——全民族语言结构——不合的东西。"①这就是技巧的高超程度的表现。

关于对技巧的认识,人们经历了逐步深化的过程,至今仍没有完结,某些重大问题还在争论之中。与朗读技巧有关的,主要是两种不同的认识。韩非子主张"和氏之璧不饰以五彩,随侯之珠不饰以银黄,其质至美,物不足以饰之。夫物之待饰而后行者,其质不美也"。(《解老》)"质"是重要的,犹如朗读时要有真挚、深厚的思想感情是重要的一样。但否认"饰"的必要性,把保持自然形态作为"至美",犹如朗读中否认有声语言的技巧性一样,未免偏激了。虽然在当时,这样强调"质"有其进步意义,但今天不能这样照搬了。歌德的意见有其可取之处,他认为"艺术之所以为艺术,正因为它不是自然"。同韩非的主张近似,《淮南子·说林训》中有"白玉不琢,美珠不文,质有余也"的话,《礼记·郊特牲》有"大圭不琢,美其质也"的话。其实,严格说来,珠玉是开采出来的,本身不就是一种"艺术加工"吗?"玉不琢,不成器",就更需要精湛、高超的艺术加工了。

---

① 高尔基.论文学[M].孟昌,曹葆华,戈宝权,译.北京:人民文学出版社,1978:333.

在这方面，狄德罗的认识又走向了另一端，他主张最伟大的演员要善于按照塑造得最好的理想范本，把这些外表标志最完善地扮演出来。对待"外表标志"，又有点强调得过分了。因为，外表标志尽管以理想范本为根据，可是，一旦脱离了角色塑造过程中的内心活动，就会走向木偶式的表现。我们不能因为狄德罗在众多方面的正确认识和重大贡献，就认为这个意见也完全可取。朗读，如前所述，最完善的理想范本的外部标志——声音形式，是不会在脱离了思想感情的运动状态之后还保有强大生命力的。因此，我们在重视技巧作用的同时，不能忽略内心依据的支配作用，每一次朗读过程都毫无例外。

那么，技巧应该处于什么位置呢？我们认为，应该取"体验派"与"表现派"的精华，走"体现派"的道路，即"声情并茂"的道路。所谓"体现派"，既承认内心依据的重要性，又承认语言技巧的重要性；既承认内心体验的决定作用，又承认外部表现的反作用。只有这样，才能使内容和形式、体验与表现、感情与技巧、目的与方法融会贯通、和谐一致，从而达到声情并茂的境界。

第二节　技巧的运用

技巧的运用有两个阶段：其一是学习阶段，可以叫作"刻意雕琢"阶段；其二是熟练阶段，可以叫作"回归自然"阶段。不经过"刻意雕琢"，就不能"回归自然"，因为不敢雕琢，就永远不会雕琢，不学习技巧，就永远不能掌握技巧，也只好停留在自然形态中长期"自然"下去。要敢于雕琢，就先不要怕存在雕琢的痕迹。"回归自然"阶段，仍在"刻意雕琢"，不过由于技巧的熟练，雕琢已不露痕迹，达到善于雕琢罢了。这可以说是"大巧若拙"（庄子），"不工者，工之极也"（刘熙载）。

王世贞说："然至秾丽之极，而反若平淡，琢磨之极，而更似天然……"①大为推崇谢灵运的诗作，此说是否妥当，另作别论，但其中的道理相当有见地，说出了必须运用技巧的要求和效果。

这个道理方孝孺也讲过，而且是从理论上进行阐述的。他说："夫所谓达者，如决江河而注之海，不劳余力，顺流直趋，终焉万里；势之所触，裂山转石，襄陵荡壑，鼓之如雷霆，蒸之如烟云，登之如太空，攒之如绮縠，回旋曲折，抑扬喷伏，而不见艰难辛苦之态，必至于极而后上，此其所以为达也，而岂易哉！"（《与舒君书》）孔子的"辞达而已矣"，让他一连串的比喻变得如此清晰，不但如此，作文、朗读不是都可以从中获得某

① 梁溪顾氏校刊本《读书后·卷三》。

些启发吗？我们朗读中运用技巧的“表达”也可作如是观。

丹纳对于有声艺术，包括有声语言，也有较为深刻的认识。他说：“人的喜怒哀乐，一切骚扰不宁、起伏不定的情绪，连最微妙的波动、最隐蔽的心情，都能由声音直接表达出来，而表达的有力、细致、正确，都无与伦比。”①这里指的“直接表达出来”，如果不包括广义的技巧，就只是一种难于实现的幻觉了。

长期以来，技巧是被冷落的，感情被推到了唯一和单一的地位，有的人不但把感情当作一切，用感情代替一切，甚至把爆发状态的激情由短暂的瞬间变成了无所不包、无所不在的永恒心理过程，用以排斥、贬低技巧的作用。这是一种无知和形而上学的表现。它不仅阻碍了人们对技巧的认识、总结、提高、发展，而且扼杀了语言艺术的肌体。朗读技巧是桥，可以直接通向听者的心田；朗读技巧是船，可以飞速驶入听者的脑海。至于那装载物，当然应该是新鲜而丰富的，而不应该是“金玉其表，败絮其中”的赝品。朗读者依靠技巧，“形成作品容易接近、容易了解，长于吸引人、激动人和造成深刻印象的艺术性，从而达到艺术在不知不觉之间诱导人和帮助人认识生活、改造人的品质”②的目的。

有一种“技巧自然发生”论，认为感情一到，技巧自生。这不但是可笑的，犹如心想过河，桥船自有一样；而且是有害的，它既导致忽视技巧的学习、训练，又导致原有技巧（从一出生就在无意中学习和运用技巧）的消极被动，受到冷遇。这里，我们应该承认技巧的反作用。技巧的研究和运用，可以促使我们进一步加深理解，进一步加强感受，使朗读内容活化，使内心依据净化；同时，可以使逻辑更为精密，使形象更为鲜明，造成朗读的有声语言承续如链，描绘如画。可以说，运用技巧的过程，从设计到实现，是从个别到一般、从一般到个别的反复深入的过程。积极能动的技巧，使朗读材料从躁动于襁褓的婴儿成长为饮食于大地的英雄，我们不愿意再有人叨念“万物皆在吾心中”的呓语了。

我们主张技巧的实有性和能动性，朗读技巧包括停连、重音、语气、节奏四个方面。它们各有侧重，互相区别，又具有共性，互相沟通。它们成为朗读声音形式的四大支柱。任何朗读者朗读任何作品，都不能没有它们的支持，朗读过程中，正是它们“赖以柱其间”，失去它们，就会如大厦之必倾。

我们主张技巧的本源论和融合论。朗读技巧来源于人们长期的语言交往，但它“青出于蓝而胜于蓝”。由此，朗读的各种技巧不可割裂，它们永远融合在朗读的语流之中。

从下章起，我们将对朗读技巧的四个方面分别进行论述。

---

① 丹纳.艺术哲学[M].傅雷，译.北京：人民文学出版社，1963：30.

② 王朝闻.论艺术技巧[M]//王朝闻.王朝闻文艺论集　第1集.上海：上海文艺出版社，1979：334.

知识梳理

技巧应该讲求声情并茂,既承认内心依据的重要性,又承认语言技巧的重要性;既承认内心体验的决定作用,又承认外部表现的反作用。只有这样,才能使内容和形式、体验与表现、感情与技巧、目的与方法融会贯通、和谐一致,从而达到声情并茂的境界。

技巧的运用有两个阶段:其一是学习阶段,可以叫作“刻意雕琢”阶段;其二是熟练阶段,可以叫作“回归自然”阶段。技巧的实有性和能动性,朗读技巧包括停连、重音、语气、节奏四个方面。它们各有侧重,互相区别,又具有共性,互相沟通。它们成为朗读声音形式的四大支柱。

第十一章

停　连

朗读者把自己对作品的理解和感受、态度感情，按照作品的文字序列传达给听者，朗读者的思想感情一直处于积极的运动状态。根据内容和体裁的需要，他要把作品的层次、段落、小层次、语句、词组和词纳入语言链条，层层衔接，步步展开。在区分、转折、呼应、递进等地方，造成适当的声音空隙，承上启下，思前想后，就需要运用停顿；在组织严密、感情奔流、语言推进、意思连贯等地方，造成声音的流动，千回百转，一气呵成，就需要运用连接。而停中有连，连中有停，更显得控纵得心应口的心理变化之妙。

第十一章 停连

- 停连位置、时间
  - 区分性停连
  - 呼应性停连
  - 并列性停连
  - 分合性停连
  - 强调性停连
  - 判断性停连
  - 转换性停连
  - 生理性停连
  - 回味性停连
  - 灵活性停连
- 停连的一般处理
  - 完成句
    - 话说完，气用完；声音停，气呼完
    - 收音音节出于落势，稳定停顿
    - 收要收住
      - 急收、缓收、强收、弱收
  - 未完成句
    - 停前扬收
    - 停前徐收
    - 停后缓起
    - 停后突起
    - 停而紧连
    - 停而缓连
- 停连的一般规律
  - 根据作品内容和具体语句安排停连，以思想感情的运动状态为前提
  - 从"读"和"听"双方的需要考虑停连，"读"是主导方面
  - 作品的标点符号是参考，不是束缚。朗读时应另行取舍，力求精当，大胆使用有声语言的"标点符号"——停顿和连接
  - 句长、内容丰富，停顿多；句短、内容浅显，停顿少。感情凝重深沉时，停顿较多；感情欢快急切时，连接较紧
  - 有两个词相组合，就有停连问题
  - 不是单独起作用，停连必须同重音、语气、节奏一起共同完成朗读

停连，指的是朗读语流中声音的中断和延续。在朗读中，在层次之间、段落之间、小层次之间、语句之间、词组之间甚至词之间，都可能出现声音的中断或延续，声音中断处是停顿，声音延续处是连接。无论停或连，都是思想感情发展变化的要求，而不是任意的。

停连，无论从朗读者和听者哪一方面说，都有生理和心理的要求，并不是单一的。

停连，从朗读者方面说，因生理上一定的呼吸量决定，不可能一口气把一篇作品读完，总要有换气的时候，还要有对气息进行调节的时候，这都需要暂不出声，这时就要停顿；吸气之后，对气息进行调节之后，又可以继续朗读，而不会一个字一换气，或一个字一调气，这时就要连接。

朗读者把自己对作品的理解和感受、态度感情，按照作品的文字序列传达给听者，朗读者的思想感情一直处于积极的运动状态。根据内容和体裁的需要，他要把作品的层次、段落、小层次、语句、词组和词纳入语言链条，层层衔接，步步展开。在区分、转折、呼应、递进等地方，造成适当的声音空隙，承上启下，思前想后，就需要运用停顿；在组织严密、感情奔流、语言推进、意思连贯等地方，造成声音的流动，千回百转，一气呵成，就需要运用连接。而停中有连，连中有停，更显得控纵得心应口的心理变化之妙。

从听者方面说，生理上耳鼓接受刺激的过程，一方面对长久连续的刺激必然产生抑制，所以需要声音的间断；另一方面对单一重复的刺激必然加以抵制，所以需要声音的变化，包括大小中断与长短延续的交替。声音中断过少、过短，与声音中断过多、过长，从开始朗读到结束毫无参差错落，都会造成听者的反感。听者要通过有声语言听文字作品的内容，他希望听懂，更希望受到启发和感染。因此，“当断不断，反受其乱”；该连不连，语意不全。支离破碎和混沌一片同样使人不知所云，不明其旨。而当心情紧迫时，喜闻顺流而下，朝发夕至；思绪万千时，只觉回味无穷，浮想联翩。谁也不愿耳不暇听，一闪即逝；也不愿耳不足听，呼之不出。听者要求于朗读者的是：连到好处，停在妙处，通情达理，配合默契。

但是，生理需要的处置总是服从心理需要的，而不应相反，这正是语言艺术的基本要求。如果生理需要达不到心理需要的满足，只有加强训练。不过，一般地说，口耳双方的生理需要基本一致，不会与心理需要完全脱节。

古来诵书很重视句读、断句，认为这是学习文章作品的要著，不但成为明其义的第一步，也成为读书者知识水平深浅的标志之一。训诂学中至今还有不少疑点，句读方面争论颇多，与朗读也很有关系。现代文似乎不存在句读问题，但在朗读中仍不能掉以轻心,因为在停顿、连接方面也时有不正确、不贴切的现象。除了停顿,就是连接;没有连接或只有连接,就等于字字停顿或没有停顿,这都不是我们研究的内容。在朗读中,停顿是相当重要的,所以我们把探讨的重点放在停顿的处置上,顺便联系一下连接。

第一节 停连位置、时间

朗读文字作品过程中,哪里应该停顿,哪里应该连接,是停连的位置问题;哪里的停顿时间长些,哪里的停顿时间短些,哪里连接,连而无间,接而不停,是停连的时间问题。位置和时间必须一起考虑,不能顾此失彼。

过去有“语法停顿”“逻辑停顿”“心理(感情)停顿”等说法。我们认为,这样划分很难综合应用到朗读实践中。朗读者对作品的理解感受及有声语言的表达,都必须也只有通过作品符合语法规范的词句才能变成现实,也就是说,每一句话都有语法问题。在按照语法关系组织起来的句、段中,不能不包含着概念的运动,当然,同时体现着心理变化进程,这就是说,每句话都有逻辑关系,也都存在心理变化因素。尽管有时某些停连可以在语法基础上侧重表现逻辑关系或侧重表现心理活动,但三者的化合却是更多的情况,硬是把它们拆开,真有些“剪不断,理还乱”。就整体说,任何一篇作品也不可能是“鼎足三分”的局面。换句话说,作品的内容、结构、语言等形之于声,是传情达意、明志省人的过程,是一种综合性的思想感情的表露,而不是语法学、逻辑学、心理学的分项研究,也不是对文字作品分别进行语法关系、逻辑关系、心理变化的剖析。因此,我们在朗读的准备及进行中,只应该产生循序渐进、顺理成章、情真意切、心领神会的动感,而不应该产生“这里是语法停顿,这里是逻辑停顿,那里是心理停顿”的意识,和孤立考虑一句话的静感。

怎样才有利于指导朗读实践,而不致无所适从呢?这当然不可能有什么公式,只能从作品的内容、脉络、听者心理上找依据。我们试着提出下面的十类,虽然也不免有交叉错杂的情况,但以某种主要性质为根基,运用起来,会感到方便些。

一、区分性停连

区分性停连是书面文字转化为有声语言时对一个个汉字进行再创造性的组合、贯通的技巧。作品中的文字虽然已经安排妥帖,但那是为了看,看不懂还可以再看,甚至完全来得及对文字的组合进行多方面的分析、反复的体味;朗读是为了听,一定要停连恰当才能让人听得懂。自己理解了,因为停连安排不当,听者也许会理解成别的意思。即使是自己写的,读出来也并不一定能使听者完全明白。这里,就有一个区分性停连的技巧功力的问题。

区分性停连对于感情色彩的突出也有明显的作用,即在听者完全可以听懂的情况下,朗读者也要运用它,使思想更明晰,感情更鲜明。

如:“冬天∧过去了。微风∧悄悄地送来了春天。”①

“马克思和恩格斯∧是好朋友。”

“著名的《共产党宣言》∧就是他们共同起草的。”

这几句如果不安排停顿,似乎并没有什么妨碍,事实上,不少人也是不停顿连起来读的。但是,有了这样的停顿,词组、词之间的关系不是更分明了吗?它既不同于单个词或词组散漫的罗列,也不同于只按标点,仍不免囫囵一片的情况。

下面,我们举一个例子来说明区分性停连的运用。在一篇介绍漫画家张乐平的文章中,谈到他在新中国成立前为救济贫苦儿童举行义卖画展时,有这样一句:“最贵的一张值八百美元。”

①最贵的一张值八百美元。

②最贵的∧一张∧值∧八百∧美元。

③最贵的一张∧值八百美元。

④最贵的∧一张值八百美元。

我们可以看出:①是没有停顿的,语意并不清晰;②停顿太多,支离破碎,仍然没有清晰的语意;③和④语意不相同,但各自的语意都清晰,却是共同的。③是说一张画最贵,卖到八百美元;④是说最贵的有好几张,每一张都可卖八百美元。这就是因为停连的位置不同,产生了歧义。由此可见,区分性停连有多么大的作用,朗读时不可稍有疏忽。

如:“我急忙∧唤回我的猎狗,‿带着它走开了。”②

“这是∧哪儿来的?”

“他们看见∧一只乌龟▲摆动着四条腿▲在水里游。”③

这三句又是另一种情况。句子内部的各成分出现了新的组合。这类句子不但有一般的停顿和连接,还有特殊的连接(标点符号被连接号代替,相对缩短了停顿的时间)和更短的停顿(稍挫一下便接着读下去)。

所谓句子内部的各成分,当然是指主、谓、宾、补、定、状之类。它们的长短不同,关系不同,直接影响对它们进行的区分停连的位置和时间的变化。

---

① ∧是停顿号,不论有无标点符号均可用,停顿时间稍长,如用于有标点符号处,表示停顿时间再长些。

② ‿连接号,只用于有标点符号的地方,表示缩短停顿时间,连起来朗读。

③ ▲挫号,用于没有标点符号的地方,停顿时间很短。

我们必须注意的是,每个词或词组之后都可以停,也可以连,不应该机械地运用区分性停连。我们要善于识别运用停连之后,词语关系是趋于明确、正确,还是变得模糊、错误,这是运用区分性停连的关键所在。不应当只从表面的语法成分上去把握,因为那样做很容易得不偿失。

如:“王大娘听到声音,十分高兴,赶忙走了出来。她看到儿子有些奇怪,就对他说:‘这是粮店的刘同志。’”

这段话的意思是很明确的,容易懂,但“她看到儿子有些奇怪”一句,如果停连不当,很可能造成听觉上的混淆。因为这句话可以表示两个不同的意思,一个是:她看到儿子∧有些奇怪;另一个是:她看到∧儿子有些奇怪。按文气说,后一个意思正确。但按前一个意思停连,按语法成分分析也对。难道仅从语法角度就能判定孰是孰非吗?从一句孤立的话里能确定恰当停连吗?即使语法关系完全相同,在不同的作品中,也可以有不同的区分性停连。

是不是语法关系确定无疑了,不用花费气力,不去注意区分性停连,就不会发生混乱、含糊的情况呢?如:

如:“我和哥哥拿着叔叔帮我们做的风筝,高高兴兴地来到体育场。”

在“拿着”后面一定要有一个稍长的停顿,以便把“叔叔帮我们做的风筝”这个主谓词组充当定语的偏正词组连接起来。有的朗读者竟在“叔叔”后面停顿,就肯定违背了朗读者的理解,造成“拿着叔叔”这样的笑话。

从语法角度区分主、谓、宾、补、定、状等比较容易,如果附加成分较长、较复杂,区分起来就不太容易了。

如:“内蒙古自治区▲流传着一个∧动人的民间故事。”

“这是我党历史上▲召开的一次∧具有伟大历史意义的会议。”

“这是他们造成的∧一个历史时期▲特殊的现象。”

“我指的是那些∧既不会跳舞▲也不会唱歌的同志。”

“他拿着这支∧比他还高的步枪,跟着队伍往前走。”

“他给了你那么多∧书、本、纸、笔,你应该学习他这种∧助人为乐、先人后己的精神。”

“我们要把原料消耗▲降低到一个∧全国平均数以下的水平。”

这类例子有了这样的停连处置,显得比较清晰,换另一种安排,就会觉得不够顺畅,原因就是,这样停连有较强的区分性,既符合语句的主要感情色彩,又有主次的层次感,也比较符合人们生活语言的习惯。

对这类例子,只要做一些个别词语的改动,停连关系便随之变化,请看:

如:“内蒙古自治区▲流传着∧成百个动人的民间故事。”

“这是我党历史上▲一次具有伟大意义的会议。”

“这是他们造成的一种〈一个历史时期的特殊现象。”

“我指的是〈这些不会跳舞的同志▲和那些不会唱歌的同志。”

“他扛着这支大枪,跟着队伍往前走。”

“他给了你〈世界上最珍贵的礼物,你应该感谢他的关怀和帮助。”

“我们要把原料消耗降低到▲百分之零点一以下。”

句子成分并没有什么变动,但停连处置却有了明显的不同,这类例子只用语法关系解释已觉不够了。这说明词组或词之间的紧密程度因语句具体内容而产生差异,一个词或词组连前还是并后,不可拘泥于一成不变的公式。什么主语谓语之后要停顿等,不会适用于每一句话。更何况,有时还受停连运用熟练程度、具体处理不同的影响。

我们提出的区分性停连,是说朗读过程中要把握住:不出歧义,不觉生硬,较为清晰、顺畅,使有声语言确实表达出作品含意,而不是说要符合什么固定模式。

二、呼应性停连

在写作上,很讲究呼应。朗读也是如此。朗读中运用呼应性停连必须解决哪个词是呼,哪个词是应,二者如何呼应等问题。“呼”和“应”是一种内在联系的表现,在作品中,在语句中,有呼无应,显得不完整;有应无呼,显得没头脑。运用呼应性内在联系的停连也起某种区分作用,但主要是突现呼应关系。

如:“我们必须强调▲学习马克思主义理论的极端重要性。”

这句话里,“强调”是“呼”,“重要性”是“应”。“强调”后边的停顿,时间不可长,长了就造成呼应中断;如果取消这个停顿,呼应关系就模糊了。而“学习马克思主义理论的极端重要性”,要连接,造成“应”的整体感。

试比较:“我们必须强调〈马克思主义是放之四海而皆准的真理。”

这句的“呼”仍然是“强调”,但“应”不是“真理”,而是整个主谓词组,所以“强调”后边的停顿时间要长些。这两句“强调”后边的停顿时间互换一下,前句和后句都显得不完整。

如:“现在,我向大家介绍〈唐代大诗人杜甫▲揭露统治阶级横征暴敛的诗篇。”

“介绍”是呼,“诗篇”是应,“介绍”后面要有稍长的停顿;“杜甫”后面也可以停顿,但时间不能超过“介绍”后面的停顿。如果“介绍”后面停顿短,甚至不停顿,而在“杜甫”后面安排较长时间的停顿,呼应关系就会改变:“介绍”成了呼,“杜甫”成了应;下面的“揭露”成了呼,“诗篇”成了应。这样处理,语意破碎而混乱。

呼应性停连有逐层呼应,即大呼应套小呼应,也有一呼几应、几呼一应等情况。

上句中“介绍……诗篇”是大呼应,“揭露……横征暴敛”是小呼应。

如："他∧当过演员，在大学里教过书，还干了几天电工。"

"他"是一呼，后面三个短语都是应。"他"后面的停顿要明确，停顿时间一般要比后面两个标点的停顿时间长。否则，"他"只与"当过演员"呼应，后边的两个短语容易脱落，似有应无呼。

如："他很有才华，演员、教师、电工∧都干得不错。"

这里，"演员""教师""电工"是呼，"都干得不错"是应。"电工"后面如果不停顿，"演员""教师"有呼无应，容易游离。

如："总之，我们要拿来。我们要∧或使用，或存放，或毁灭。"

"要"后面不停顿，连这一个小部分也不易听明白，一呼三应当然也就更模糊了。

呼应性停连，使语句内部各词、词组的关系明晰、确定、严谨、贯通，在较长的语句中，在多概念的语句中，尤其能发挥它的作用。

三、并列性停连

并列性停连，是指在作品里属于同等位置、同等关系、同等样式的词语之间的停顿及各成分内部的连接。它们之间的并列关系决定它们的停顿应该同位置、同时间，而它们各自内部的连接较紧，有时有些小停顿，时间也不可长。这是显示并列关系的最初级的处理，但也是最基本的语言功力之一。

如："白荷花在这些大圆盘之间冒出来。有的∧才展开两三片花瓣儿。有的∧花瓣儿全都展开了，露出嫩黄色的小莲蓬。有的∧还是花骨朵儿，看起来饱胀得马上要破裂似的。"

这一段，后三句都是在"有的"之后停顿，以表现并列关系。第二个"有的"很容易与"花瓣儿"连接，意思就变了，与原意不符，也破坏了并列关系。这样，从并列关系的同位置、同时间停顿中，文中省略的"白荷花"也就显露出来了。

如："一个夏天，太阳∧暖暖地照着，海∧在很远的地方奔腾怒吼，绿叶∧在树枝上飒飒地响。"

"太阳""海""绿叶"并列，"怎么样"或"在哪儿怎么样"也是并列。这样处理，可以形成并列感，使语意明确，也使有声语言产生了一定的美感。有这种停顿和没有这种停顿是很不一样的。

如："母亲和我都叹息他的景况：多子，饥荒，苛税，兵，匪，官，绅，都苦得他像一个木偶人了。"

句中七个并列成分都用逗号点开了，为了显示并列关系，各并列成分都一样停顿，有点儿机械。遇到并列成分较多的情况，一般采取分组的方法，或按内容，或按类别，或按数目，尽量避免一个一个地读出来，造成单调乏味、呆板拖拉的感觉。这里的七个并列成分，按内容可以分为三组："多子，饥荒"一组，"苛税"一组，"兵，匪，官，绅"一组。每组内部都有某种内在联系，数目上也不太悬殊，并不显得畸轻畸重，无论从语感或听感上，都能使有声语言顺畅、自然。天灾、人祸、重压、盘剥也能从中得以恰当的表现。分组后，在保持并列感的基础上，组与组之间的停顿时间可稍长，组内各成分之间的停顿时间可稍短。一般来说，分组后，各组内并列成分的数目不要完全相等，完全相等的数目仍显得单调。特殊情况下，为了表现某种复沓、重叠的美感，也可保持同字数、同数目，但那是更高一级的形式了。

在有"和""与""及"等关联词的并列关系上，运用并列性停连必须注意并列成分的对等。

如："……要知道，他在当时发布这个命令，实质上就是∧与▲最顽固的传统习惯和保守思想宣战。"

这句话里，"与"为介词，"最顽固的传统习惯和保守思想"中，"和"的前后为并列关系。如果在"和"前边停顿，"与"的前后没有停顿或停顿时间短于"和"前边的停顿，语意便不同了，好像是"与最顽固的传统习惯"一起，"和保守思想宣战"，显然讲不通，而且这样朗读出来一定给听者带来困惑，需要他们再仔细想一想。朗读者起了干扰作用，是不应该的。

如："在我国发现的∧'中国猿人'、'马坝人'及'山顶洞人'，分别属于∧猿人、古人及新人阶段。"

这里的两处"及"都表示并列关系，即使没有顿号，也要按前边的顿号对等停顿，"及"前的停顿时间稍长，与顿号处停顿时间相似，"及"前没有顿号就连接起来朗读，会造成两项并列的印象，即"中国猿人"与"'马坝人'及'山顶洞人'"并列，"猿人"与"古人及新人"并列。这是失去并列成分的对等停顿时常有的情况，不符合语句内部的并列感，是需要注意避免的。

四、分合性停连

分合性停连包括先分后合、先合后分两种情况。先合后分再合是这两种情况的联合。我们把握了分合关系，对于运用区分、并列、呼应等停连也更有利。

如："五位战士屹立在狼牙山顶峰，眺望着∧人民群众和部队主力▲远去的方向。"

"眺望着"是呼，"远去的方向"是应。但从分合关系看，"人民群众"与"部队主力"是分，"远去的方向"是合。如果在"和"字前边停顿，"眺望着"后边不停，或停顿时间短于"和"前停顿，"远去"前边不停，则"人民群众"与"部队主力远去的方向"成为两应，叫作"分而不合""分而不当"，意思就不准确了，为人民献身的壮志豪情怎么能抒发得浓烈呢？

我们说的“分”，往往是指若干并列成分，“合”在前，成为领属性词句；“合”在后，成为综合性词句。

如：“白荷花在这些大圆盘之间冒出来。有的……。有的……。有的……”

开头一句，是领属性词句，后面的停顿是领属性停顿，时间要长些。如果因为都是句号，停顿时间就一般长，这先合后分的关系便少有从语流中区别出来，甚至成为四项并列了。

如：“这些石刻狮子，有的母子相抱，有的交头接耳，有的像倾听水声，∧千态万状，惟妙惟肖。”

在“有的像倾听水声”之后，要有一个综合性停顿，时间要长些，否则，“千态万状，惟妙惟肖”一句对于前面三个并列性词句的综合意味就表现不出来了。而“千态万状”和“惟妙惟肖”都是综合性词语，二者之间的停顿不宜长，所以要连接起来。

如：“葡萄成熟的季节，一大串一大串挂在绿叶底下。有▲红的、白的、紫的、青的、暗红的、淡绿的，∧五光十色，美丽极了。”

这样的句子比较常见，“有”是领属性词，“五光十色，美丽极了”是综合性词句。“有”后边要有一个稍长的停顿，而不能没有停顿，与“红的”紧连。同样，“淡绿的”之后更要有较长的停顿，以显示综合性，不能紧接“五光十色”。

“有”作为领属性词时，有两种停顿安排：

一种是：“有”后停顿长。一般是在分列各成分之后，没有综合性词句的时候如此。

如：“我读过的鲁迅作品有∧《狂人日记》《阿Q正传》《药》《祝福》。”

一种是：“有”前停顿，“有”后停顿短或不停顿。一般在多项分列之后带有综合性词句的时候如此。

如：“我读过的鲁迅著作∧有▲《呐喊》《彷徨》《热风》等六本。”

同“有”相类的词“是”“像”等，也有差不多的情形。

有些分合性停连从字面上看不出什么，非联系内容不可。这时，逻辑感受与形象感受就会共同造成分合性停连的依据。

如：“咱们得快点走呀！你看，太阳快落了。天黑以前咱们必须赶上部队。这草地到处是深潭，掉下去可就不能再革命了。”

从文字表面上，看不到任何关联词语，朗读时很容易按标点停连，而按标点读似乎也没有什么不对的地方。但是，仔细分析起来，这句话有一种明显的因果关系，如果按标点停连，就表达不出这种关系，使人感到类似并列或分散的语句，当然不恰当。由因果关系造成的分合性停连也不能完全按标点符号进行。

“咱们得快点走呀！”是领属性词句，后面要有较长的停顿。后面三句，是这句话中“得快点走”的三个原因:太阳落、赶部队、有深潭。“得快点走”这句后面,是一个较长的停顿,显示它的领属性。后面三句之中,太阳落,要有“日落西山”的紧迫的形象感受,然后由“天黑以前”的时间想象过渡到赶上部队必要性的强烈愿望抒发,接着又以“有深潭”作为反衬,并埋下伏线,与后面掉进深潭相照应。由紧迫、愿望、危险三者的并列性停连,给“得快点走”一句以强烈、浓重的色彩。如果“得快点走”这句话同“太阳落”一句连接紧,而与后两句之间停顿长,不但逻辑链条中断,这分合性停连造成的动作性也被大大削弱了,人物千方百计克服困难,追赶部队的心情也就不那么强烈了。

五、强调性停连

在句子之间、词组或词之间,为了强调某个句子、词组或词,就在前边或后边,以至前后同时进行停顿,使所强调的词句凸现出来,其他不强调的词句中,有停顿处也相对缩短一些时间,这就是强调性停连。

如:“自古称作天堑的长江,被我们▲征服了。”

为了强调“征服”,在前边停顿一下,逗号的停顿相对缩短,使所有其他词语处于紧密的连接之中。

如:“森林爷爷的脚伸在很深很深的泥土里,任凭风魔王怎么摇,他还是▲稳稳地站着。”

这一句强调“还是”,在它后面停顿一下更显出“森林爷爷”坚定不移、力不可摧的气概。

如:“森林爷爷∧一点儿▲也不着慌。”

这样处理,不会把句子断碎,反而更突出了对风魔王的蔑视。可见,在被强调的词语前后同时安排停顿,有时是很有表现力的。

从作品全篇看,凡是重点层、重点段、重点句、重点词,都会使用强调性停连,只是有的非常明显,有的却因为有其他因素的存在而隐蔽一些罢了。这与“重音”有关。

六、判断性停连

当我们边思索、判断边说话的时候,往往会进行某种停连。朗读中,为了表现思索、判断的意味,就要在那些需要思索、判断的词句上运用判断性停连。停顿时,前边的那个音节拖长些。停顿的时间因思索、判断的心理过程而定。有时,文字作品用破折号表示。

最简单的判断性停连是表现见字读音的情形。

如："大家就随着女教师的手指，齐声轻轻地念起来：

我们——是——中国人；

我们——爱——我们的——祖国。"

这种指到一个字词就读出来的情况，既不同于连贯地读一句话，也不是念一个个单字。这里包含着一个短暂的反应过程：读出一个词或一个词组，在声音稍为拖长、停顿一下的刹那间，随着教师的手指，又去看后面那个词或词组，接着，就又读出这个词或词组……

这里的判断性，表现在见字形、字数，判断读什么音，表示什么意思，因此，肯定有对上下文的贯穿和对思想感情的抒发。

那些比较复杂的判断性停连的运用，由于思索和判断的内容、状态、过程的不同而各异，必须具体分析、具体把握，不要完全受标点符号的限制。

如："'啊！地狱？'我很吃惊，只得支吾着。'地狱？——论理，就该∧也有，——然而∧也未必，……谁来管这等事……。'"

《祝福》中的"我"对祥林嫂的回答，确有一种矛盾心理，为了"人何必增添末路的人的苦恼"，才吞吞吐吐地说出这样的话来。这种吞吞吐吐，既非羞怯，又非糊涂，而是在惶急中的选择、判断。因此，是边思索边回答的。按标点符号读，显得心理过程不明晰。"就该也有"中间、"然而也未必"中间，如果安排一个停顿，而且停顿时间稍长，对逗号、破折号处只需稍停，那"也有"和"也未必"的判断重点反会更鲜明，惶急的心理状态也可能得到比较好的表达。那里，并不是文字作品的用笔失当，而是"看"与"听"不同特点的一种显示，也可以说明朗读者进行再创作的必要性。

当然，那种每一个词或词组之前都设停顿，停顿前的音节都加以拖长的做法，似乎处处都在思索，处处都在判断，反而使语句断断续续，生涩散乱，既失去了思索和判断的重点，也失去了思索和判断的推进感、真实感，不免有故作姿态之嫌，朗读者不可不察。

七、转换性停连

在语句之间或语句之内，或顺流而下忽然逆上，或明亮清新忽而暗浊，或惊涛骇浪突然平静，或痛不欲生竟又大喜过望……为了表现这语意、文势、感情，就要运用转换性停连。这种停顿，时间相应延长，具体把握要随势而变。

如："风筝花花绿绿，各式各样，有'鹞鹰'，有'鹦鹉'，有'仙鹤'，有'蜈蚣'……⩓可没有'大蜻蜓'。"①

① ⩓间歇号，不论有无标点符号，均可用，停顿时间较长，如有标点符号，停顿时间更长些。

在“蜈蚣”后面安排一个较长时间的停顿，一方面含有另外式样的风筝还有不少的意思，另一方面含有缺少某一样式风筝的思索，然后转入下句。这里的间歇号所表示的停顿时间，长于“各式各样”后面的领属性停顿，更长于分列成分之间的并列性停顿，于是，为思维过程、心理变化提供了有利条件，并且使这里的转换显得水到渠成。即使没有省略号，也应该这样处置。

如：“清早出发的时候，天气晴朗暖和，∧没想到中午突然刮起了暴风，下起了大雪，气温急剧下降。”

和上句一样，为了着重显示天气突变，在“暖和”之后要有一个转换性停顿。这里的停顿，既是“天气晴朗暖和”的舒适爽快感的延续，又是对天气突变的一种准备和酝酿。突变之后，连接要迅速，其后的所有停顿时间都相对缩短。要是说“雨过天晴”，转换前后的停连情况也许是另外一个样子，或者正与此句相反。

还有这样的情况，在几句话当中，既有较大的转换性停顿，又有较小的转换性停顿，这种多层转换尤其要注意把握好停顿的位置和时间。

如：“面前有两条路：一条通往主力转移方向，走这条路可以很快追上连队，可是∧敌人跟在身后，容易暴露人民群众和连队主力；另一条是通向三面悬崖的莲花瓣、棋盘陀顶峰。∧走哪一条呢？为了保护人民群众和连队主力，班长斩钉截铁地说了一声‘走！’带头向莲花瓣走去。”

这一段中，包括了领属性、并列性、强调性、呼应性、判断性等诸种停连。我们只在“可是”之后和“顶峰”之后作了停顿号，以说明转换性停连。“可是”前后的停顿时间较短，“顶峰”后的停顿较长，造成这一段两层转换的显露。显然，后一个转换是重点，较长的停顿可以加深形象感受，又可以为下文的判断作好承接的准备。

八、生理性停连

为了表达出某种因生理变化的影响而产生的停连，必须学会运用生理性停连，包括特定的语噎、哽咽、生命垂危时的叮咛、气喘吁吁的报告、个别人物的口吃……这些生理变化形式的停顿在朗读中只给以必要的、象征性的表现，而不强调夸张的呼气和吸气声音。这里，重要的是语句的内容是什么，至于怎么说的，是气息多少还是病情轻重，以点到为是。所谓点到为是，就是抓住一两处富有特征的词或词组稍加停顿，能给听者造成有某种生理变化的感觉就可以了，不必自始至终、字字句句地模拟那种声音形态、气息状态。

如：“这时候，他用力把我往上一顶，一下子把我甩在一边，大声说：‘快离开我，咱们两个不能都牺牲！……要……要记住∧革命！’”

陷进草地泥潭以后，开始还能比较顺利地说出整句话，到最后，已经是就要被泥潭吞没的瞬间了，那话是用力挣扎着喊出来的，字字费力，喊而不强。为了表现人物的急切心情和崇高品质，不需要一字一停。但为了表现说话时越来越吃力，只按标点停，有些不真切，最后那五个字，人物根本不能一口气说完。又不能处理成声音越来越小，把语句中的重点一带而过。所以在“记住”后面安排一个停顿，“革命”二字拖长一些就较为妥帖了，既造成了身陷泥潭、即将没顶，胸部越憋、气息越少的形象感受，又突出“革命”一词的千钧分量和烈士的崇高思想境界。

如：“她吓昏了，转身向着他说：‘我……我……我丢了▲佛来思节夫人的∧项链了。’”

后面一句，假如一口气说下来，不容易表达出那种恐惧的心情和丢失项链的严重性。心情极度紧张造成生理上血流、呼吸的滞碍和语言上双唇、舌头的僵持，形成语流不畅，安排两处长短不同的停顿，生理变化就可以得到一定的体现。这其中包含的心理变化是非常明显的，“丢了”和“项链”是人生命运的关节所在，停顿之后，更强调了这一点。

为了使生理性停连成为有声语言中积极的、有机的组成部分，朗读者因思想感情运动状态引起的具体的生理体验是不可缺少的。我们坚持点到为是，恰恰是为了更明晰地表达内容，而不致造成无动于衷单纯停连或感情陷入不能自拔，甚至同上下文、同整体感受脱节。

九、回味性停连

在朗读过程中，有时读完一个词或词组，读完一个句子，要给听者以想象、回味的时间，因此，在那些需要展开想象和深入回味的词句后面进行必要的停顿是一种相当重要的技巧。

如：“有一次，我从飞机的舷窗俯瞰珠江三角洲，在明净的苍穹下，纵观秀丽的景色，啊，真美哪！水网和湖泊熠熠发光，∧大地竟像是一幅碧绿的天鹅绒，⩓公路好似刀切一样的笔直，一丘丘田∧又好似棋盘般整齐。∧”

在各个并列性停顿之后，都要给人以想象回味的时间，停顿时间要适当延长。究竟延长多少，不可不以具体内容为重。容易听懂、想象回味的内容较少的，停顿可短；不易听清、想象回味内容较多的，停顿可长。

如：“然后他呆在那儿，头靠着墙壁，话也不说，只向我们做了一个手势：‘散学了，——你们走吧。’”

在“散学了”之后，要有一个较长的回味性停顿，而不能与“你们走吧”连接。在回味中，“祖国沦陷了，最后的一课结束了！什么时候再用自己民族的语言上课呢？”一齐涌上心头，感慨无限。然后，又回到现实中，回到课堂上，读出“你们走吧”。

当然不能处处都回味。我们要善于挖掘作品中重要的关节处使用回味性停顿。不必回味的时候要连接,需要回味的地方要停顿。

如:“年轻时读向秀的《思旧赋》,很怪他为什么刚开头却又煞了尾。然而,现在∧我明白了!”

完全按标点朗读,文中的意味总觉得不足以表露出来。如果我们在“现在”之后安排一个较长的停顿,把“然而”与“现在”连接起来,可能就容易表露一些。因为“现在”之后留给了听者回味的余地,由《思旧赋》想到“吟罢低眉无写处”的法西斯文化专制主义的统治,引发出对黑暗现实的满腔义愤。

无论是生动的情景、深刻的哲理、丰富的感情、驰骋的神思……我们都应该创造想象的天地,引人入胜,容人回味。

十、灵活性停连

朗读应该生动引人,为此,在语意清晰、语言链条完整、思想感情运动状态活跃的基础上,常常是运用灵活性停连,或移动停顿位置,或延缓、缩短停顿的时间,或增多、减少连接。这样做,纯属不违原作的技巧性处置,但由于改变了某些固定的处置,便给人以新鲜活泼的感觉。

如,“我已经说过:我向来是不惮以最坏的恶意来推测中国人的。但这回却很有几点出于我的意外。一是∧当局者竟会这样凶残,一是流言家∧竟至如此之下劣,一是∧中国的女性∧临难∧竟能如是之从容。”

这里,三个“一是”,作为并列性停连,可以都在“一是”后面停顿,不但不会错,而且显示了并列关系,也符合文义。在“当局者”“流言家”“中国的女性”后面停顿也是允许的,同样可以显示并列关系。但是,三句话都在同一位置停顿,往往容易造成单调,如果停顿时间再相近,就更易显得刻板。能不能在准确表达原意的同时,变换一下停顿的位置和时间呢?事实证明不但可以,而且有利。按上面标示的停顿进行朗读,能比较充分地表达出对“当局者”的愤恨、对“流言家”的轻蔑,以及对“中国的女性”的由衷敬佩,并且语流灵动,重点突出。当然,这是对并列性关系认识的深化、运用的熟练,而不是对并列关系的忽视。这种灵活性停连更广泛、更有力的运用,已经进入朗读美学的范畴了,这里不便展开阐述。

以上谈到的十种停连,在朗读中常常交错使用,并行不悖。不过,会因具体语意、具体感情而以某种停连为主。由于是从思想感情的运动状态中去确定和把握的,这十种停连便都是有生命活力的。至于如何使之在运用中更丰富和完美,还有停顿前后有声语言的不同处理问题。

第二节　停连的一般处理

停连的位置和时间作了妥帖的安排，还要进行更细致的处理，即有声语言到停顿处如何停下来？停顿之后，有声语言如何接下去，等等，可以说千变万化。我们这里只谈那些一般性、基础性的处理。

所谓一般性的处理，是指那些经常、大量的处理；所谓基础性的处理，是指那些必需的、普通的处理。对于特殊的、高一级的处理这里不说，但并不是只有这些处理，或者这些处理完全没有什么美学意义。

为了说明一般的、基础的处理存在的具体情况，我们准备用“停前”“停后”“收”“起”“紧连”“缓连”来表述。

“停前”指停顿之前。上面的句子读到该停顿的地方，停前的词组、词、音节是一种什么情况，即如何“收”。“收”是指停顿前的声音以什么形式停下来，或者说有声到无声的变化形式怎样，声音如何收住。

“停后”，指停顿之后。停顿结束，下面的句子怎样开始朗读，开始时的词组、词、音节是一种什么情况，即如何“起”。“起”是指停顿后用怎样的形式读出下面的话，或者说无声到有声的变化形式怎样，声音如何起动。

我们从完成句和未完成句的角度加以说明。

一、完成句

一句话、一段话、一篇作品朗读结束了，怎样给人以结束感，涉及许多问题，我们结合停连的一般处理来谈。

完成句的停前，声音要收住，然后有平稳的较长停顿。主要把握三点：

第一，话将说完时，气也将用完；话语声音停止，气息也呼出完毕。下句另说一个意思，此句不必留一部分气息。不能话已说完，余气还多。（生理学告诉我们，无论呼气还是说话，肺内总有余气，这里指余气还多，意即不但不想吸气，反而还想再呼气）

第二，收音音节要处于落势，有时，停前的整个词组都要下落。这犹如落脚踏地，造成稳定的停顿。不能话已说完，声音还托起、延续，好像立即要接着说什么。当然，落势也有许多区别，并要把握语势。

第三，收要收住，或急收，或缓收，或强收，或弱收，都要打住，不要失去控制。

1. 急收

如:“我鼓起勇气,迈开大步,向着部队前进的方向走去。”

“走去”要坚实、迅速地收住,“去”字要声音实,音节短,不可拖长。

2. 缓收

如:“小兴安岭是一座巨大的宝库,也是一座美丽的大花园。”

“大花园”要舒缓、松弛地收住,几乎字字延长,到“园”字仍然慢吐字、慢归音。

3. 强收

如:“我们不怕死,我们有牺牲的精神! 我们随时像李先生一样,前脚跨出大门,后脚就不准备再跨进大门!”

“精神”“大门”要坚定、果断地收住,既不能急促,也不能舒缓,声音要大些,唇舌要有力些,一字千钧,义无反顾,给人以大无畏的豪壮感。

4. 弱收

如:“我排队等候,又仰卧在小船里,出了洞。”

“出了洞”,不能强,不能急,也没必要缓,声音弱些、平稳些收住,既显得安适,又有动作感。

我们举出的例子都是作品篇末的结尾句,主要是为了更容易把握,而它的停顿也往往容易被忽视,认为反正全篇已读完,便仓促收场,或马上讲话,或转向别处,或立即掩卷,或点头下台……都会破坏结尾的停顿造成的气氛,达不到“余音绕梁”“余味无穷”的境地。

由于上下句、上下段之间的停顿并非全篇的结束,停前虽然也有一句、一段结束的感觉,但在“收”的分寸上要适当控制,让形象感受和逻辑感受不中断,强弱、急缓的程度上也不要像结尾那样收得突出、明显,以便保持继续朗读下去的行进感、连续感。而停后衔接,要起得恰当,一句、一段的起始,也是可强可弱、可急可缓,不要有固定格式。

二、未完成句

对于未完成句的停连,在朗读中要花更多的精力去解决。这同语气有密切的关系,容后文详述。这里,仅从停连角度简单谈一谈。

未完成句,是指一句话(有时也指一个小层次、一个段落)还没有说完的时候出现了停顿或连接,停前停后如何收、如何起的? 连接时又是如何延续、如何承接的? 这是句子之中的问题，并非句子之间的问题，不同于语法中的未完成句的概念。未完成句的停连，我们分别简述如下：

1. 停前扬收

这是说停前音节、词或词组有一种上行的趋势，犹如行路时抬脚的感觉，能表现“未完成”的情形。过去有“逢逗必扬”的说法，虽不尽然，也不一定就在逗号处，但的确存在这种“扬收”的方法。这种扬收要看停前的词、词组的轻重格式、末一个音节的声调调值、全句重音位置以及全句语气，目的在于造成行进感，或叫推进感。

扬起收住，停前音节、词、词组有一个“扬”的程度问题，有高低的区别，并非每一个停前都扬起到一样的高度，区分性停顿、并列性停顿等停前扬收就较低些，而领属性停顿、呼应性停顿停前扬收就稍高些……

2. 停前徐收

在停前音节稍稍拖长的时候，有一种声断气连、藕断丝连之感。词尾长如“国家”“祝福”“拱桥”“云天”等，词头长如“身体”“轻快”“美好”“功绩”等。判断性停顿、回味性停顿，多取徐收方法。徐收与扬收可并用，扬收音节也可同时徐收。但停前下行易造成结束感，如以徐收处置，可以有助于造成欲断还连的感觉，能在听觉上引起对后面词语的期待。

3. 停后缓起

停后开头的音节、词或词组，从容发声，缓缓出口，叫作缓起。缓起时，一般使用较低的声音。缓起时，不但要把停前的“收”稳稳托住，而且要推动后面的词语。停后缓起不能失去与停前语词的承继性，不要刀切斧断，肢解全句，把停顿变成语意中断的空白。

小的综合性停顿之后，往往采取缓起法，由紧张到松弛的转换性停顿之后也常如此。

4. 停后突起

停顿时急吸气，停后急发声、快吐字，叫作突起。突起，不论使用较高的声音还是较低的声音，都要改变停前的声音形式，造成新的色彩和分寸。值得注意的是，这同换层、换段的另起新意不一样，它的承继性表现在“顺流而下”的语流范围之中。声音形式的改变并不生硬，更不能脱落。如果突起了“天马行空、独往独来”“遗世独立、羽化登仙”的半句话，那就不仅是语意的破坏，而且竟使停顿变为噱头的伴侣，当然只会令人反感了。由松弛到紧张的转换性停顿之后，一般是采取突起法。而大的综合性停顿之后,突起法也可使综合词语起到画龙点睛、抓纲带目的作用。

5. 停而紧连

句中虽停顿,但需要紧连的时候,应缩短标点符号的停顿时间,甚至某些句子之间、段落之间也可以紧连。

这种停而紧连并不是完全没有停顿,只是停顿前后迅速衔接,甚至不换气、不偷气、只就气。同时,紧连并不意味着把每一个音节都缩短音长,一味地加快语流速度。应该分清情况,形成此处虽连、彼处有停、连中有停、停而又连的语流,使连接与停顿交错参差,连接又包容着长短不一的句子成分。

如:"团长一声令下:'团旗!上!'我∧跃出战壕,高举红旗,向敌人的阵地∧冲上去。"

在"下"与"团"、"旗"与"上"、"壕"与"高"、"旗"与"向"之间,虽然都有标点符号,但因为紧连而缩短了停顿的时间,其中有的地方停顿稍长,有的地方停顿极短。这种停而紧连造成积极进行、一往直前的紧张气氛和较强的动作感,比起一步一停来要好得多。由于连而有停,特别有意安排了"我"和"阵地"之后的停顿,就使我们的有声语言紧张而不仓促,动作感强而又有层次。

6. 停而缓连

停顿是要有声音的空隙的。有时,用停前、停后的音节延长来填充这空隙的一部或大部,使得有声语言若停若连,连而不抻(抻,人为地把声音拉长),停而不干(干,停得干巴,不自然,不熨帖)。有时,连接处可以吸气,有时,停顿中可以屏息,正是这种方法的灵动表现。

如:"没有吃过人的∧孩子,或者～～～还有?救～～救∧孩子。"①

这个例子里,有一处连接号表明缩短停顿时间,"或者"后面是延长音节号;"救"后面也是延长音节号,一长一短。"孩子"前面的停顿号可以显示较长的时间停顿。停前音节、停后音节都可以适当延长,不一定都标出延长音节号。这是个停而缓连的好例子。如果朗读者只按标点停连,那深沉呼喊的意味便会泯灭,那震撼人心的力量也就大大减弱了。

以上列举的六种停连处理,在朗读中都是较为一般的方法,掌握了它们,我们朗读的准确和生动便可有所依傍。但我们还需要在朗读准备中多方设计和选择,并用心体味、把握,这样在朗读进行中,就不会为此而分神了。

不论是完成句抑或是未完成句,都是相对而言的,不可绝对化。有的完成句可以

---

① ～～～延长音节号,声音拖长一些,有的长,有的短,用曲线长短表示。

作为未完成句处理，有的未完成句又可作为完成句处理。只有坚持具体分析，才不会使我们的停连只是储存信息后的反应，才不会使我们的朗读只是模式的机械套用。

第三节　停连的一般规律

停连的一般规律，源于生活语言，基于生理条件，但又有其艺术语言的特点。我们初步归纳如下：

第一，必须根据作品内容和具体语句安排停连，并以思想感情的运动状态为前提。我们不能无根据地乱停乱连，也不能只是读下去，不考虑停连。

第二，必须从“读”和“听”双方的需要考虑停连，不能只顾一面而忽视另一面。“读”是主导方面，但又不能随心所欲。

第三，文字作品的标点符号是朗读者进行停连安排的重要参考，但不能因此而捆住我们的手脚，甚至不敢越雷池一步。标点符号是为了看的，停顿和连接才是为了听的。看文学作品，其标点符号可能运用得恰到好处，无懈可击，但是，一旦形之于声，必然会暴露出其中的不适合、不准确的地方，如果朗读者不发挥自己的创造性，只按照标点符号进行朗读，认为只有这样才是尊重原作，殊不知这恰恰给原作的准确表达带来了不利影响。我们应该大胆突破标点符号的束缚，另行取舍，力求精当，让有声语言的“标点符号”——停顿和连接取而代之！这是朗读时克服僵直念字，更准确生动地表达原作的有效武器。

第四，一般说来，句子越长、内容越丰富，停顿就越多；相反，句子越短、内容越浅显，停顿就越少。感情凝重深沉时，停顿较多；感情欢快急切时，连接较紧。其间诸多变化，少有捷径。

第五，只要有两个词相组合，就有停连问题。在组合中，停顿时间长，表示组合关系松动，或统领其后，或余味较浓。停顿时间短，表示前后关系较紧密，或受制于前，或要求速进。“此时无声胜有声”未免带有夸张的色彩，但对于停顿作用的重要性还是强调出来了，停顿不是思想感情的空白和中断，恰当的停顿可以补足有声语言那未尽之意不是很明确了吗？

第六，停连必须同重音、语气、节奏一起共同完成朗读的音声化再创作，它是朗读的重要支柱，有人称它为一张“王牌”，但它永远不是单独起作用的，永远不是孤立存在的。

知识梳理

停连,指的是朗读语流中声音的中断和延续。在朗读中,在层次之间、段落之间、小层次之间、语句之间、词组之间甚至词之间,都可能出现声音的中断或延续,声音中断处是停顿,声音延续处是连接。无论停或连,都是思想感情发展变化的要求,而不是任意的。停连因位置、时间等的不同,可分为区分性停连、呼应性停连、并列性停连、分合性停连、强调性停连、判断性停连、转换性停连、生理性停连、回味性停连、灵活性停连。这十种停连在朗读中常常交错使用,并行不悖,它们是朗读者从思想感情的运动状态中去确定和把握的。

从完成句和未完成句的角度看停连的一般处理:完成句中,第一,话将说完时,气也将用完;话语声音停止,气息也呼出完毕。第二,收音音节要处于落势,有平稳的较长停顿。第三,收要收住,或急收,或缓收,或强收,或弱收,都要打住。未完成句中,常见的有六种方法:停前扬收、停前徐收、停后缓起、停后突起、停而紧连、停而缓连。

停连的一般规律:(1)根据作品内容和具体语句安排停连,以思想感情的运动状态为前提。(2)从"读"和"听"双方的需要考虑停连,"读"是主导方面,但又不能随心所欲。(3)作品的标点符号是重要参考,不是束缚。朗读时应另行取舍,力求精当,大胆使用有声语言的"标点符号"——停顿和连接,使表达更准确生动。(4)句长、内容丰富,停顿多;句短、内容浅显,停顿少。感情凝重深沉时,停顿较多;感情欢快急切时,连接较紧。(5)有两个词相组合,就有停连问题。(6)停连不是单独起作用的,它必须同重音、语气、节奏一起共同完成朗读的音声化再创作。

第十二章

重　音

那最重要的词或词组，甚至是某个音节，必然要求通过朗读的声音形式显出它的重要及重要到什么程度。我们就把那最重要的词或词组，甚至某个音节，或者说，在朗读时需要强调或突出的词或词组，甚至某个音节，叫作重音。重音经常在语句范围内起作用，因此，我们说的重音指的是语句重音。

第十二章 重音

- 语句目的与重音
  - 目的
    - 直说性目的
    - 隐含性目的
    - —— 重音必须准确地为语言目的服务
  - 重音
    - 主要重音
    - 次要重音
    - —— 多层次、复杂细致
  - 非重音
    - 主要非重音
    - 次要非重音
    - —— 同样存在
- 语句重音的一般位置
  - 并列性重音
  - 对比性重音
  - 呼应性重音
    - 问答式呼应性重音
    - 线索式呼应性重音
    - 领起综合式呼应性重音
  - 递进性重音
    - 连续性重音
    - 联珠性重音
  - 转折性重音
  - 强调性重音
  - 比喻性重音
  - 拟声性重音
  - 肯定性重音
  - 反义性重音
- 语句重音的表达方法
  - 弱中加强法 —— 强中变弱法
  - 低中见高法
    - 缓高
    - 陡高
    - —— 高中见低法
  - 快中显慢法 —— 慢中加快法
  - 实中转虚法 —— 虚中转实法
  - 连中有停法 —— 停中有连法
- 语句重音的主次把握
  - 一篇作品中，一段、一句中，都有重音和非重音各自的主次层次
  - 就某个重音看，又有它具体的分寸

停顿和连接,解决了作品内容构成的分合;重音,要解决作品内容词语关系的主次。

朗读的内容既然由众多的词、词组连成一体,那么,这些词、词组在表露某种思想感情的时候,达到某种具体的语言目的的时候,就不可能是同等重要、一律平列的,总是有的重要些,有的次要些。那最重要的词或词组,甚至是某个音节,必然要求通过朗读的声音形式显出它的重要及重要到什么程度。我们就把那最重要的词或词组,甚至某个音节,或者说,在朗读时需要强调或突出的词或词组,甚至某个音节,叫作重音。重音经常在语句范围内起作用,因此,我们说的重音指的是语句重音。

我们在认识重音的时候,应该明确:

第一,重音的存在单位是语句,一般以单句、复句为限。也就是说,要在独立、完整的意思中确定重音。不能同词或词组的轻重格式混同,也不能只局限在所谓“意群”范围内。词或词组的轻重格式是一种比较稳定的语音现象,谁轻谁重一般情况下不改变,大多数也没有区别意义的作用,轻和重只代表音强,因此,与我们作为表情达意技巧的语句重音根本不一样。“意群重音”所辖范围太小,有很多句子都能包含好几个意群,以意群为单位确定重音,容易造成重音过多、目的不明的现象。

第二,重音不能望文生义,绝不是“加重声音”的简称。把重音仅仅理解为声音上的加重,无论从内容的主次关系上看,还是从重音的表达方法上看,都是片面的。现在朗读中存在的无主次、较单调等问题,不能说与这种片面理解无关。有的朗读者不了解重音如何确定,采取了一种错误的方法,即先出声读,听哪个词声音强,就把哪个词确定为重音,这正是概念错误造成的。

第一节 语句目的与重音

每篇作品都有主题,朗读作品都有目的,落实到语句中,语句也有目的,重音就是体现语句目的的重要手段。

语句目的极为丰富,因具体作品、具体语境中的上下文、具体表述而色彩各异,但从形之于声来看,可以分为两大类:一类是直说性目的,一类是隐含性目的。

直说性目的浅显易明,直接指向重点,重音比较明显,不需要更多推敲、着力开掘。

重音一经突出,目的立即显露。

如:“六月一日是儿童节。”①

“大自然真美呀?”

“她背着书包,高高兴兴地上学去了。”

在这三个例子中语句目的十分明显,不容易读错,也不容易听错。除非在特定环境中,重音可能会移动位置,一般理解和表达都会清楚无误。这种情况下,可以说只有感情是否丰满的问题,而没有思想是否复杂的问题。

隐含性目的就不同了,不但言在此而意在彼,甚至言犹在此,意竟在彼,有时简直是只能意会不可言传。那思想的深刻性、感情的丰富性,可以超越时空的界限,生发着永恒的美感体验。

如:“六月一日是儿童节。”

这句话着意强调“儿童”,造成了“什么”节日的清晰语意,“六月一日是一个节日”这个意思必须是上文有所表述、已经有了印象、已经不在话下了,如上文出现过“六月一日是什么节?”这样的提问之类。这是强调“儿童”,不再强调“儿童节”,这个“节”已无强调的必要的基础。强调了“儿童”之后,并不只是简单地解决“什么”节的问题,它含有“不是建军节”“不是端午节”等意味,而这种排他性,也许正是这句话的主旨所在。既然这句话的主旨并没有表现在文字词语上,当然不属于直说性目的。我们所说的隐含性目的,此之谓也。

隐含性目的失去了文字的直观性依托,深入作品的内里,需要我们进行多方面的考察,“剥至中层,将有见也”。不可远远一望便妄下结论,或以一得之功草率从事。作品中的词句,对于高明的朗读者,应该是训练有素的士兵,而不应是“乌合之众”,在朗读者指挥若定、深谋远虑之下,对任何复杂的情况都能应付自如。初学朗读,就要锻炼自己驾驭文字语言的能力,充分发挥每一个词语在有声语言中的作用,哪怕其中的蕴藏十分难以挖掘,也从不知难而退或半途而废。

如:“雨住一会儿,又下一阵,比以前小了许多,祥子一口气跑回家。抱着火,烤了一阵,他哆嗦得像风雨中的树叶。”

这是《在烈日和暴雨下》结尾的一段话,节选自《骆驼祥子》。从文字上看,是一般的细节描述,“像风雨中的树叶”,似乎只是一种形容“哆嗦”的明喻。但是,如果我们联系全篇以至全书来看,这个比喻使人不禁深思遐想。烈日的烤灼、暴雨的浇洒,使祥子经受了大自然的恶作剧。这不是一般人偶然的遭遇,而是“祥子们”疲于奔命的必然境遇。难道不是祥子个人命运的写照么?那广大的、挣扎在苦海中的人们,饥寒交迫,颠沛流离,水深火热,朝不保夕,难道不是黑暗的旧社会中劳动者的苦难群象?

---

① ·为重音符号,标在重音音节下面。

“风雨”为何、“树叶”为何，不是如此深沉强烈地感染着我们么？

这也是隐含性目的的丰富内涵。朗读者沿着作品的主线，感受着作品的重点，深得诗意的蕴藉，享受着境界的高远，真是入之愈深，见之愈奇！在“决胜千里之外”的语言流动中，能发现“运筹帷幄之中”的匠心独运，这是怎样地妙不可言啊！

如：“……而且也并非个个走上了绞架，他们之中的一些人，还有一条路，是使劲地拉住了那颈子套上了绞索的朋友的脚，这就是用事实来证明他内心的忏悔，能忏悔的人，精神是极其崇高的。”

作为褒义词的“极其崇高”，在这里发挥了多么深刻的鞭挞作用啊！比起怒发冲冠的申斥，比起目眦尽裂的詈骂，不是更觉痛快淋漓，更觉尖锐辛辣么？忏悔者自己也许能够从中看出“极其崇高”的背后那“世界上最不干净的地方”的归宿吧！这隐含性目的是多么深刻！

语言的目的性要靠重点来体现，语句重音必须准确地为语言目的服务。

确定重音的位置，把语句中的词语系列区分为重音与非重音，区分为主要重音、次要重音，区分为主要非重音、次要非重音，这是分析理解作品后主次感受的过程。这种主次感受是多层次的、复杂而细致的。任何简单化的做法都可能导致主次关系脱节，重音与非重音缺乏协调对比。

体现语句目的的重音词或词组不宜过多，过多则使目的模糊。在语流中，靠后的重音在听觉上给人的印象更深，有时真正的重音反而被冲淡，多重音造成的多目的令人捉摸不定。一般说来，每一个语句至少有一个重音。重音愈精，语意愈清，目的愈明。有些语句处于陪衬、铺垫等次要的、辅助的位置，重音并不那么突出、那么明显，但不能说没有重音。从一个小层次，甚至一个自然段来说，可能只有一个主要重音，但这并不影响次要重音、主要非重音的存在。

第二节　语句重音的一般位置

由于长期的语言习惯，我们在运用有声语言的时候，或者在朗读一些浅近文章中的通俗语句的时候，便能够很容易地，甚至不假思索地确定重音的位置。但是，对那些稍微艰深的书面语言，朗读时重音在哪里往往困惑不明。说到底，我们对那些语句以至全篇作品还是理解不透。我们常常听到一些“使人昏昏”的朗读，细推起来，往往是朗读者“自己昏昏”的缘故。生活语言中，不乏重音含混的现象，幸亏有面容、手势及其他方面的帮助，一般不会使人完全误解。演员的独白比起角色之间的对话更难以准确表达，也是同样的道理。

我们认为，无论从性质上，还是从范围上，重音不宜分为“语法重音”“逻辑重音”“感情重音（心理重音）”。这一点，同停顿不宜如此分是一样的意思，因为重音也是语法、逻辑、感情（心理）诸方面的综合。同一语句，“语法重音”在此，“逻辑重音”在彼，“感情重音”或“心理重音”又在另一处，是并列存在呢，还是有主有从呢？有人说以“逻辑重音”为主，有人又主张“感情重音”可以代替“逻辑重音”，这种“公说公有理，婆说婆有理”的情况，在理论上是争论不清的，在实践上是各有千秋的，但对朗读来说，却会造成莫衷一是、无所适从的混乱。这种分法，恐怕与孤立剖析语句有关，而这恰恰是朗读的大忌。当然，我们也应该从这种分法的某些具体成果上吸取有用的东西，不要全盘否定。

我们主张，从朗读目的、愿望的高度，在理解和感受作品的基础上，深入作品的态度感情脉络中，去分析、把握重音的位置及其表达。只有如此，才能具体地了解和运用重音的一般规律，才能减少机械、生硬地确定和表达重音的常见病，使重音成为朗读技巧的重要组成部分，在朗读中发挥应有的作用。

那么，怎么确定重音的位置呢？

我们要精细地分析语句的实质，联系上下文，明确语句目的。然后，根据遣词造句的具体情况确定重音位置。一般情况下，重音位置有十种，分述如下：

一、并列性重音

作品中常有并列语句，词组和词因之而有并列性。并列关系使内容得以完整的表现。并列成分是相辅相成的有机并列，而最主要的并列成分便形成了并列性重音。

并列性重音体现内容中的不同角度、不同方面、不同情况、不同途径，但思想感情的趋向是一致的，没有反方向的运动。

如：“如果没有太阳，地球上将到处是黑暗，到处是寒冷，没有风、雪、雨、露，没有草、木、鸟、兽，自然也不会有人。”

这些重音都属于并列性重音，“黑暗”与“寒冷”，“风、雪、雨、露”与“草、木、鸟、兽”互相并列，表明了“不能没有太阳”的目的。

如：“古时候有一个人，一手拿着矛，一手拿着盾，在街上叫卖。”

“矛”和“盾”，是全文的核心词，在本句中只是并列关系，还没有发生对比关系。突出这两个词，便突出了它们的并列关系，统领全篇，引出后文。“古时候”“在街上”“叫卖”等，都不应成为重音。

作品中并列语句、并列段落等也有并列性重音：

如：“桂林的山真奇啊……桂林的山真秀啊……桂林的山真险啊……”

这里的“奇”“秀”“险”是并列性重音，“真”是次要重音。

如："……（附注——从此以后，在竞选运动期中，这个报纸一提到我，唯一的称呼就始终是'无耻的伪证制造者吐温'。）……（从此以后，这个报纸就照例把我叫作'蒙大拿的小偷吐温'。）……（我要顺便说一声，从那以后，上面所引的那个报纸就把我称为'盗尸犯吐温'。）……"

这种并列性重音在朗读作品中的作用是十分明显的，在体现语句目的的过程中，对于全文的结构来说，无异于支柱或筋骨。

从以上几例可以看出：

第一，只要是并列性语句，都会有并列性重音。

第二，并列性重音在并列语句中一般处于大体相似的位置。

第三，并列性重音显示着并列关系中的区别性，那些重复出现的相同词语一般不作重音。

二、对比性重音

运用对比突出语言目的，或加强形象，或明确观点，或渲染气氛，或显露曲折，或直陈态度，或深化感情，在许多作品中屡见不鲜。我们必须准确区分对比的内涵，考察对比的主次，加强对比的感受，确定对比性重音。

如："骆驼很高，羊很矮。骆驼说：'长得高多好啊！'羊说：'不对，长得矮才好呢。'"

两种动物，两样身高，都是夸自己。"高"和"矮"是主要对比性重音。前边的叙述句是直说性目的，重音有对比性，并不存在强化的需要，只要有对"骆驼""羊"的高矮感受就行了。后面的对话，各有隐含性目的，应该表达出来。

如："反动派，你看见一个倒下去，可也看得见千百个继起的。"

这句话，是闻一多先生在《最后的演讲》中的重点句之一。对李公朴先生被暗杀的极大义愤、对反动派的极度蔑视、对人民群众奋起斗争的极强信念，都可以从这句话中感受到。"一个"和"千百个"对比，"倒下去"和"继起的"对比，对比部分要着重强调"一""倒""千百""继起"。这两对对比性重音的关系可以分两层：第一层，"一个倒下去"是次要成分，"千百个继起的"是主要成分；第二层，"一"和"千百"是次要重音，"倒"和"继起"是主要重音。这样，对比性重音的层次就容易把握了，"继起""倒""千百""一"的主次顺序也就容易显露出来，清晰可见了。如此，朗读中那坚定有力、气势磅礴的态度感情就会更深地融化进去，更强地表达出来。

对比性重音不一定都能在字面上找到相应的词句，而可能在一个句子里包含着、隐藏着与另一个不见诸文字的句子的对比关系，这就必须从本句出发，探究对比关系的实质，引申设想另一句的具体存在。

如:“要从我这里发洋财,你们想错了!”

“我”含有同“别的人”对比的意思。设想对比句:“想从别的人那里发洋财,或许可以捞一把。”这种设想对比句可在本句前想到,也可在本句后再想。因此在对比中就可以抓住“我”作为主要重音,“错”是次要重音。

如:“这个青年真糊涂,真固执,竟然寻亚里士多德的错处!”

设想对比句为“寻一般人的错处还情有可原。”因为要表现“亚里士多德根本不会有错处”这种思想,而不是表现“亚里士多德有很多正确的地方”这种意思,所以不能认为“错”是对比性重音。

确定这种类似省略性语句中的对比性重音是一项比较困难的工作,这里的关键是引申设想的对比句必须准确无误。违反原句的语意,主观地硬凑对比句,就会离开语句目的,使朗读走到岔道上去,干扰文气的贯通。

对比性重音是一种相反相成的重音,无论从内容上,还是感受上、词语上、文气上,必须是相反趋向的,这样,就与并列性重音有了明显的不同。不过,即使属于并列、对比的共同范围,也不会因为难以区分而影响重音的确定。有时,把二者统称为“并比性重音”就有这个意思,也未尝不可。但为了更准确、生动地表述,仍然应该感受那同向、异向差别的存在,在分析具体语句时,不能不加以注意。

三、呼应性重音

在作品中,上文有呼,下文有应,呼应之中,主次分明,目的显露,悬念、伏笔亦得以冰释。

呼应性重音大体又可以分为三种:一是问答式呼应性重音,二是线索式呼应性重音,三是领起综合式呼应性重音。

如:“猎人追上来找不着狼,就问东郭先生:‘你看见一只狼没有?它往哪里跑了?’东郭先生犹豫了一下,说:‘我没有看见狼。这儿岔道多,它也许从岔道逃走了。’”

这是问答式呼应性重音。这类问答式呼应性重音在朗读中较为常见,所答必须所问,才显示出呼应关系。所问和所答,要抓住它们的内在联系,即呼应重点。在问话中,已经包含着要求回答的方向、内容和重点了,答话的重音更需要准确、恰当,不能使呼应脱节。

线索式呼应性重音往往表现为在全文中的同句重复,即某一两句话反复出现,既成为某种贯穿全文的线索,又可以造成某种浓重的气氛。由于并不具体表现内容的发展、语意的更新,所以重音位置一般不变。这在诗歌中最为突出,如《一月的哀思》中“车队像一条河,缓缓地流在深冬的风里……”《西里西亚的纺织工人》中“我们织!我们织！”等，不可胜数。

领起综合式呼应性重音属于分合总括感受中的重音。

《中国石拱桥》一文中，上有“……其中最著名的当推河北省赵县的赵州桥，还有北京附近的卢沟桥。”下有“赵州桥……”一段和“永定河上的卢沟桥……”一段，形成一呼两应。两应必须是重音，两个重音的关系是并列性的。

《孙悟空三打白骨精》一文中，白骨精三次变形，唐僧等三次受骗，孙悟空三次识破，均为并列性重音，又同结尾处八戒的话：“……只行了半日路，倒打死三个人！”形成分合性的呼应性重音［本句中，“半日”与“三（个）”是对比性重音，“三（个）”是主要重音，更带有综合上文的意味］。

《一件珍贵的衬衫》一文中，“……每当我捧起它，就不由得回想起那激动人心的往事”同“这件事已经过去四年多了”，也属于呼应性重音，篇首与篇尾遥相呼应，使回忆部分自然而有机地嵌入呼应之间。

四、递进性重音

有不少作品，从内容上看是层层发展的，许多句子的关系是步步递进的。体现递进关系的重音我们称之为递进性重音。

递进性重音又有两种：

一种是连续性重音，表现出人物、事件、行为、思想等在时空顺序中的进程。

如：“在茂密的森林里，有一只老虎正在寻找食物。一只狐狸从老虎身边窜过。老虎扑过去，把狐狸逮住了。”

我们看到，“老虎——狐狸——扑——逮”，是很清楚的一件事的连续发展，几个连续性重音简要地显示了它的进程。“扑”可以作为次要重音。如果误把“食物”“窜过”作为重音，连续性的主体便不清晰了，也就失去了连续性。

如：“我是一颗小小的豆瓣。我跟同伴们离开了豆芽筐子，先来到一口锅里，又来到一个盘子里，接着我被一双筷子夹起来，送进一个小孩的嘴里。”

同上句一样，我们可以看到：“豆瓣——锅——盘子——嘴”这一经历的路途。

在全篇作品中，有时通过一个人、一件事、一种景色、一种感受等的不同的、细微的变化，达到显示事物发展的目的。

《祝福》中对祥林嫂外貌的描写，有层次地展现了祥林嫂命运的变化历程。

第一次到鲁家：“头上扎着白头绳，乌裙，蓝夹袄，月白背心，年纪大约二十六七，脸色青黄，但两颊还是红的。”

第二次到鲁家：“她仍然头上扎着白头绳，乌裙，蓝夹袄，月白背心，脸色青黄，只是两颊上已经消失了血色，顺着眼，眼角上带些泪痕，眼光也没有先前那样精神了。”

这变化中揭示了人物内心的创伤，到“她分明已经纯乎是一个乞丐了”的时候，外貌的变化更突现了被封建礼教摧残的特征。

连续性重音重在同一事物的连续变化，与呼应性重音在同一事物的前后联系不一样，变化中要求异，联系上要存同。

连续性重音有其明显的语言链条的轨迹，递进的方向性很清楚，很稳定，与后面谈的转折性重音有明显的区别。

另一种递进性重音可称为联珠性重音。

联珠句式也叫顶针续麻句式，是一种修辞手法。这类语句重音的特点是上句末与下句首的词或词组相同或基本相同，但重音的位置常在句末。

如：“竹叶烧了，还有竹枝；竹枝断了，还有竹鞭；竹鞭砍了，还有深埋在地下的竹根。”

如：“我们要造成民主风气，要改变文艺界的作风，首先要改变干部作风；改变干部作风首先要改变领导干部的作风；改变领导干部的作风，首先从我们几个人改起。”（周恩来）

联珠性重音给人一种顺水推舟、擦肩继踵的感觉，更利于步步递进，一气呵成。

递进性重音有时表现在一些连词上，如“不但……而且……”“还……”“也……”

如：“乌鸦看了狐狸一眼，还是不作声。”

上文已有“不作声”，这里是仍然、继续不作声，“还”为递进性重音。

如：“忽然，孔雀发现湖里有一只鸟，跟他一模一样，十分漂亮。他立刻停住脚步，展开尾巴。那美丽的尾巴抖动着，像一把五彩洒金的大扇子。谁知湖里的那只鸟也停住脚步，展开尾巴。那美丽的尾巴也抖动着，像一把五彩洒金的大扇子。”

这一段中的两个“也”字都是递进性重音，既承上又启下，扩展出新的语意。

总之，递进性重音具有顺序性、新鲜性、链条直进性，抓住这一点，有利于我们准确地确定重音位置。

诸如假设句、条件句都可看作递进关系，从而找到递进性重音。

五、转折性重音

有些句、段，是曲折行进的。转折性，反映了语言链条的发展有某种多向性的特点。犹如走路，不仅会有“逢山开路，遇水架桥”的情况，还会有左弯右转、东奔西突的情况，突出转折性的重音，便容易符合“千回百转”“回肠荡气”的文气。

如：“孔雀很美丽，可是骄傲。”

“美丽”是值得肯定的，如果下面是“而且很谦逊”，那就是递进性重音了。“骄傲”是不值得肯定的，恰与上文相反，但又不是对比，所以属于转折性重音。

如："这正如地上的路；其实地上本没有路，走的人多了，也便成了路。"

"路"是比喻性重音。"没有"为转折性重音，"多"与"成"为递进性重音，但都是"没有"的转折性重音。

如："我因为常见些但愿不如所料，以为未必竟如所料的事，却每每恰如所料的起来，所以很恐怕这事也一律。"

"不如"与"竟如"为递进性重音，"恰如"为转折性重音。

转折性重音有时还会落在虚词上。

如："我希望他们不再像我，又大家隔膜起来……然而我又不愿意他们因为要一气，都如我的辛苦展转而生活，也不愿意他们都如闰土的辛苦麻木而生活，也不愿意都如别人的辛苦恣睢而生活。"

"然而"是主要的转折性重音。《祝福》中鲁四老爷的"可恶！然而……"作为转折性重音更为明显，只此转折，下文无一字，封建主义卫道士的本质便昭然若揭。

人们过去常说的"但书"，即用"但""但是"作为转折，在着重强调转折的意味时也充当转折性重音。

朗读时一定要先获得转折感受，然后再确定转折性重音。转折性重音又能加强这种感受。

六、强调性重音

作品中某些语句，为了区别程度、廓清范围，对那些具有极力强调色彩的词或词组要给以突出，我们统称为强调性重音。

如："乌鸦听了狐狸的话，得意极了，就唱起了歌来。"

"森林爷爷一点儿也不着慌。"

"他把嗓子都喊哑了，可是除了呼呼的风声，什么也听不见。"

"她守护的那群骆驼，一头也没有丢失。"

"尽管海力布焦急地催促大家，可是谁也不相信。"

"它什么都怕，可是它又那么勇猛。不要说见着小虫和老鼠，就是遇上蛇也敢斗一斗。"

"战斗进行了很久，敌人始终不能前进一步。"

"试工期内，她整天的做，似乎闲着就无聊，又有力，简直抵得过一个男子，所以第三天就定局，每月工钱五百文。"

这些例子里，要强调的词或词组，有时间的久暂，有空间的大小，有数量的多少，有程度的极限，有性格的强弱，有感情的浓淡……都给人以较鲜明的印象，很有点儿"极而言之"的味道。因此，从语句目的出发，落实到具体的词语结构上，把那些"极而言之”的词或词组加以突出，便成为强调性重音。类似“谁也……”“什么都……”“一点儿也……”“极”“很”等，都属于强调性重音的常见位置、常用词。

另有一种重复性重音，也属于强调性重音。

如：“我们是中国人，所以说中国话。”

“但一位先生却以为这客店也包办囚人的饭食，我住在那里不相宜，几次三番，几次三番地说。”

这种重音的存在，与线索性同句重复的呼应性重音的存在都说明，所谓“重复词语不作重音”的说法是不准确的、不全面的。遇到这种情况，不但不应回避，反而应该抓住它们，大胆地强调。

七、比喻性重音

作品中使用比喻，可以使空泛的内容具体化、抽象的内容形象化。在朗读中要突出那些比喻词语，使被比喻的事物鲜明活脱，生动可感。比喻性重音的确定要注意：

第一，全句以比喻为主；不以比喻为主的语句，不可因有比喻而忽略重心，造成喧宾夺主。

第二，比喻双方的结合点才是重音位置所在。因为“任何比喻都是蹩脚的”，不能在“蹩脚”处作为重音位置。

第三，比喻的范围广，包括明喻、暗喻、隐喻等，不要只看文字上有没有“像”“似”“犹如”“似的”等字样。

如：“河里连一滴水也没有了，河中心的泥土也裂成乌龟壳似的。田里呢，早就像开了无数的小沟，——有两尺多阔的，你能说不像沟么？那些苍白色的泥土，干硬得就跟水门汀差不多。好像它们过了一夜功夫还不曾把白天吸下去的热气吐完，这时，它们那些扁长的嘴巴里似乎有白烟一样的东西往上冒。”

“站在桥上的人就如同浑身的毛孔都闭住，心口泛淘淘，像要呕出什么来。”

茅盾《雷雨前》里的这两段文字，几乎句句设喻，使读者对干旱、炎热产生了具体感受，比喻性重音在这里起着生动可感的重要作用。

八、拟声性重音

拟声是指对声音的模拟，如许多象声词，朗读时虽然不必惟妙惟肖，但一定要近似。如鼓声“咚咚”、炮声“隆隆”，没有必要把鼓点一丝不差地描摹出来，没有必要把炮声的全过程毫不遗漏地诉诸文字。

但那“咚咚”“隆隆”的声音，都可以使人想象出具体情形。文字语言不能真正描摹出任何声音形态，这是它的局限性，不过在作品内容需要的时候，作家总要找出近似的象声词来。朗读时，当然不应像口技那样把象声词一个一个模仿酷似，但也不应像念字那样一个一个死板地读字音。

象声词作为拟声性重音，必须在全句中起着“传神”的作用，其他词或处于必然如此的地位，或只起补充、辅助的作用。否则，象声词必须服从全句主旨，不一定就是重音。这正是拟声性重音区别于象声词重读的原因所在。

如：“雨，哗哗地下着。”

下雨的声音是用“哗哗”来模拟的，“下着”是雨的必然如此的动态。因此，象声词“哗哗”作为拟声性重音，可传全句之“神”。如果句子的主旨在于“长时间下”，写成“雨，哗哗地下个不住”，那么重音就在“不住”上，成为强调性重音。

如：“几只野鸭扑棱棱飞起来。”

野鸭飞起来，用“扑棱棱”来形容，既有扑翅感，又有飞起声，很形象。

如：“这几个青年妇女咬紧牙，制止住心跳，摇橹的手并没有慌，水在两旁大声地哗哗，哗哗，哗哗哗！”

这里的象声词，远不是一种简单的模拟声音，七个“哗”字，呈二、二、三的序列，恰恰集中地表现了摇橹者的心境：心虽跳，手不慌；极力镇静，奋力摇橹。同文章前面那“轻轻划着船，船两旁的水，哗，哗，哗”的平稳状态完全不同，但都是起伏心潮的写照。

拟声性重音重在表现声音形象，是一种情景的再现，以传情为主，切不可因声害意，声虽毕肖，情却不真。

拟声性重音必须服从全篇作品的基调，有时仅仅是次要重音，而不能一味追求拟声性重音的突出。有人以重视形象化为理由，凡遇拟声性重音就确定为主要重音，甚至凡遇到象声词都一律作为主要重音，唯恐漏掉一个，这很不好，因为这会以形害神，因小失大。

确定拟声性重音，必须把握象声词与中心词的内在联系，必须把握包含象声词的语句成分与同这成分搭配的语句成分之间的内在联系。否则，很容易表面地、片面地、静止地把所有象声词都作为拟声性重音。

如：“它们这些海鸭啊，享受不了生活的战斗的欢乐：轰隆隆的雷声就把它们吓坏了。”

“黑牛嘿嘿地笑了，然后把脸一沉……”

这两个例子说明，中心词“雷声”“笑”，是强调性重音、转折性重音。象声词只起辅助作用，如作为重音，反会转为排他性目的对比性重音。

如：“风，呼呼地刮着。”

“风”与“刮”是常规搭配，重点是怎样刮：“呼呼”表现风势猛烈，正是本句目的。

若改为：“小风儿嗖嗖地刺脸。”

目的是表现天气“寒冷”,“刺脸”显得更为形象,“嗖嗖”降为辅助作用。

如:“一进门,就听见了哇哇的哭声。”

听见哭声是本句目的所在,至于是“哇哇”还是“呜呜”,无关紧要。本句已经用“一……就……”句式表现了哭声之大,“哇哇”便降为次要位置。

“一放在床上,孩子就哇哇地哭起来。”

虽然也有“一……就……”的句式,但目的是表明哭声之急和哭得厉害。这里的“哇哇”便成为拟声性重音,包括了种种含意。

由此,我们认为拟声性重音有一些复杂的情况,要深入地、全面地权衡利弊,以充分发挥它的作用。

九、肯定性重音

作品中经常用“是”“有”“在”“不是”“没有”“不”“没”等表示对人、事、物等肯定的判断,无论用哪一个词,在句子里都表示某种判断的确定无疑。被肯定的对象在上文已经出现过,给听者留下了较深的印象,下文只是强调它们被肯定的性质,则这些词要作为肯定性重音。

如:“赵一曼笑着说:‘是啊,什么时候才能不丢碗呢?’”

上文已谈到“丢碗”,这里肯定“不丢碗”,“不”为肯定性重音。

如:“原来他喜欢的不是真龙。”

上文说如何喜欢龙,真龙来了却害怕,“不是”为肯定性重音。

如:“她一动不动,只有死人才是这副模样。桑娜把马灯举得更近一些,不错,是西蒙。”

上文存有“这人是不是西蒙”的疑问,看清以后,判断“是西蒙”,“是”为肯定性重音。

如:“‘你瞧,他们在这里啦。’桑娜拉开了帐子。”

上文有把孩子接到自己家来的想法,桑娜却早已把孩子接来了,于是告诉丈夫“他们在这里啦”,“在”为肯定性重音。

在这一类重音中,总有一种或明显、或隐蔽的思想、疑问、要求,像“是不是”“有没有”“在不在”都是。肯定性重音就含有承接上文的“再次申明”“明确肯定”之意。

这“再次申明”和“明确肯定”是极为具体的,而且必须具体到肯定的范围之内,否则,不属于肯定性重音。

如:“这样气魄雄伟的工程,在世界历史上是一个伟大的奇迹。”

这句话里的“是”不能作肯定性重音,因为上文并不存在“是不是”的疑问和类似思想。

如:“至于看桃花的名所,是龙华,也是屠场,我的好几个青年朋友就死在那里,所以我是不去的。”

“龙华”和“屠场”是转折性重音,“屠场”和“死”是递进性重音;而“不去”,因为有“看桃花”的思想,所以成为肯定性重音,“不去”,作为主要重音,把“忍看朋辈成新鬼,怒向刀丛觅小诗”的深沉冷峻的心境含蓄地表现了出来。

十、反义性重音

作品的褒贬,不一定与词语的一般意义吻合,有时,褒义词用于贬义,贬义词用于褒义。这种情况下,为了突出它们的相反含义,就把它们作为重音,即反义性重音。一般的说法是“反语”,那是从语气上说的,我们这里是仅从重音的角度说的。

如:“……其间耳闻目睹的所谓国家大事,算起来也很不少……”

“国家大事”一般指对国家很有影响的重大事件,是正面意思。但这里,却是反义性重音,表现“我”对那些事件的蔑视和否定。

如:“尼采就自诩过他是太阳,光热无穷,只是给予,不想取得。”

“太阳”是正面意思,的确“光热无穷,只是给予,不想取得”,但这里,是尼采“自诩”的,尼采根本不是太阳,也不配用太阳自比,因此,“太阳”是反义性重音,表明对这种自诩的否定态度。如是正面意思,则“太阳”便成为比喻性重音。

反义性重音的另外一方面,是通过贬义的否定来说明贬义词的反义。

如:“他们说中国是个贫油国家。”

我国石油蕴藏量是很丰富的,说“贫油”是贬义,但我们不同意。为了表明我们的态度,要否定这“贫油”,所以用反义性重音。

如:“农民运动是痞子运动……”

农民运动是革命运动,起着推动历史前进的作用。“痞子”是贬义词,我们当然要否定这贬义,而强调其正义性,此处的“痞子”是反义性重音。

总之,反义性重音与语句本质、内在深意有关,虽然有时用“所谓”或引号等也可以从字面上了解到,但重要的是我们必须沿着深层含意获取正确的感受。这种感受不是表面语词所能给予的,甚至要从某些语词的对立意义中才能较好地把握。否则或造成“中性感受”,不置褒贬,或造成错误感受,郢书燕说,都会违反作品的原意和主旨。

第三节　语句重音的表达方法

在确定了重音之后,只解决了问题的一半,更重要的问题在于用有声语言把确定了的重音表达出来。确定重音的位置只是为了把它表达出来。重音的位置虽然也许很准，可如果一旦形之于声就变得模糊不清，那也就无所谓重音了。在朗读中重音表达不恰当、不贴切的现象并不少见，朗读者表达重音时力不从心、事与愿违的情况也是屡见不鲜的。

我们已经廓清了重音的概念，不会简单地把重音理解为只是加重声音了。

重音的意思既然是目的的体现，既然是语句中主要词或词组的“突出”，那就涉及重音与非重音的关系了。凡重音，一定要在非重音的环境中存在，在非重音的环境中突出。说重音如“鹤立鸡群”，只是比喻重音的突出和鲜明，而没有任何把重音与非重音割裂、对立的意思。重音与非重音既有区别，又有联系。由非重音到重音，由重音到非重音，总是在有机的衔接、过渡中显示的。如果认为重音与非重音是对立的两极，在表达中重音越突出越好，非重音越削弱越好，整个语句就会被这“两极”分化，造成失去内在联系的两类词语，那霄壤之别给人的印象当然不会是统一的、和谐的。

一般初学朗读的人，受过去重音的解释的局限，往往单纯注意重音的表达，而忽视非重音的表达，忽视重音与非重音的联系，因此，常常是孤立地去表达重音，使重音的突出显得生硬、干巴，非重音也显得消极、暗淡。我们主张，重音的表达不能不同时注意非重音的表达，犹如红花需绿叶扶持，蓝天要白云点染。

重音体现语句目的，但重音离不开思想感情的具体运动，离不开基调，离不开节奏，当然，更离不开语气。因此，重音的表达方法不可能也不应该囿于词或词组的范围，必须联系全句、全段、全篇作品的表达。

为了比较灵动地阐述重音的表达方法，我们尽量避免孤立地、静止地、片面地加以表述。然而，我们这里又是谈重音问题，不可能同时涉及其他技巧，所以在表述时难免也会出现捉襟见肘的困境。

谈到重音的表达方法，一般有“加重”“放轻”“提高”“降低”等说法，这样说容易造成单一、偏颇的感觉。我们也难以摆脱这一困境，现在，试着从语句的整体把握上，特别是主次联系上阐述，并归纳为五种主要表达方法，用以在朗读时突出重音。

一、弱中加强法

从强弱（或重轻）的角度看，全句的非重音词或词组处于较弱的声音中，重音词或词组却比较强。

如：“中国人民革命军事博物馆里，有一个粗瓷大碗，是赵一曼用过的。”

这是递进性重音。

试比较：“有一个”和“粗瓷大碗”，“是”、“用过的”和“赵一曼”，前者轻，后者重。在感受上，“粗瓷大碗”很具体、形象，“赵一曼”使我们产生崇敬、亲切的心情。这个叙述句只是交代什么东西、谁用过,直说性目的只要求稍微加强重音即可,不必加大强弱幅度。非重音词点到为是,唇舌较为松弛;重音词,唇舌稍微用力,不但出现声音上的强弱对比,而且造成由弱渐强、弱中加强的声音效果。这样,重音的突出就会较清晰自然了。

如:“半小时后,整个庄上的敌人全被肃清了。”

这是强调性重音。

“全”在句中显得声音强,其他词语都显得比较弱。由于全句的胜利喜悦的心情,声音上普遍较强,所以重音词就更强些,流露着一种把敌人“一扫而光”的气势。由此可见,“弱中加强法”所指的“弱”和“强”是相比较而显露的,没有任何绝对音强的意味。

弱中加强法,也可称为轻中加重法,在朗读中经常使用,但强弱对比的幅度是很不一样的。可以有稍强、较强、很重、极重等多级区别;相形之下,也就有稍弱、较弱、很轻、极轻的多级区别。每句之中,各有偏强、偏弱的不同,而一句之中、各句之间,那强与弱的衔接、过渡,一定要“水到渠成”。

二、低中见高法

非重音处于较低的声音之内,而重音词或词组处于较高的声音之中,显出重音与非重音的高低对比。这有多种情况需要区别,简单说有两大类。

第一类是缓高。这一类中又有渐高和渐低两种情况。渐高,是指后一个重音比前一个重音高;渐低,是后一个重音比前一个重音低。这一类当然包括两个重音或更多重音,也包括两句或多句的重音。

如:“出金华城大约五公里到罗甸,过了罗甸就渐渐入山。公路盘曲而上。山上开满了映山红,无论花朵和叶子,都比盆栽的杜鹃显得有精神。”

这是渐高的例子。从感受上,有一种步步登高的动觉。重音的表达也是有一个比一个声音高的趋势。当然非重音也有高低之分,并非都一律低。这种渐高,绝不是从低八度到高八度那种音阶音程练习似的直线升高,中间也会有曲折变化。

如:“他举起了矛,向人夸口说:‘我的矛锐利得很,不论什么盾都戳得穿!’接着又举起盾,向人夸口说:‘我的盾坚固得很,不论什么矛都戳不穿它!’有人问他:‘用你的矛戳你的盾,会怎样呢?’他哑口无言,回答不出来了。”

这是渐低的例子。举矛夸口,矛长而锐利,声音很高;举盾夸口,盾矮而坚固,声音偏低;一问,刺其自相矛盾,带有嘲讽味道,声音再低;哑口无言,声音最低。这种重音音高逐渐下降的趋势,也不是字字下降、句句整体下降的机械落差,而是有高有低的曲折变化。

第二类是陡高。在重音词或词组内部,或重音与非重音之间,有时在高低对比上呈现声音陡峭的变化,有陡然升高之势。朗读者应该掌握这种加大高低对比幅度以突出重音的表达方法。

如:“这时候,他用力把我往上一顶,一下子把我甩在一边,大声说:‘快离开我,咱们两个不能都牺牲!……要记住革命!’”

为了表现“顶”得有力、“甩”得迅猛,“顶”“一下子”这两个重音要以陡高的声音突现出来,“顶”与“一下子”之间的音高变化也相当鲜明,“一下子”成为最高点上的主要重音;在“快”与“离开”之间,在“不能”与“都”之间,也是前低后高,属于一种变化幅度较大的陡高形式,这都是用以表明事急情切、舍己为人的高尚精神境界的。

如:“——让暴风雨来得更猛烈些吧?”

“更猛烈”作为递进性重音的最后一个词组,既要表现坚定昂扬的斗志、迎接胜利的激情,又要表现全篇的结尾耐人寻味,因此,声音一味高上去是不行的,采用陡高的方法可以起到振聋发聩、鼓动人心的作用,朗读者也不会声嘶力竭。陡高的起步在“来得”之后,陡高的峰顶在“烈”字上,用“猛”字的前半上声调稍长音作依托,以“烈”字的去声开端高度为支撑,使此句形成“直入云端”的气势。这样,“更猛”为一个高度,“烈”为更高的高度,“些吧”二字循起势急收。

在一般朗读中,低中见高法应该更多地运用,它不但经常与弱中加强法如胶似漆地结合在一起,而且使用起来更具鲜明性与音乐性。可惜有些朗读者不大习惯运用这个方法,只凭嗓子的力量凡重音都使劲儿,听来声浊、力拙。

三、快中显慢法

由于具体思想感情的需要,突出重音有由快转慢的一法。所谓转慢,是重音音节延长的意思。

如:“天安门广场上,花堆成了山,人汇成了海。……爸爸脱下了帽子。妈妈摘下了头巾。他们低下头,向周爷爷默哀。”

这整个一段同全篇一样,在基调制约下语流较慢,但重音更慢,单音节的重音主要延长韵腹,如“山”和“海”的韵腹 a 要延长。双音节的重音根据轻重格式而变,“重”位音节才延长韵腹,“中”位音节不再延长,“轻”位音节仍稍短。如“默哀”为中重格式,“默”不延长,“哀”要延长韵腹 a。这一段,前两句的并列性重音与后一句的递进性重音比非重音都显得更慢,非重音就要稍快些,重音就突出了。

如:“森林爷爷的脚伸在很深很深的泥土里,任凭风魔王怎么摇,他还是稳稳地站着。”

这两个重音都是表现森林爷爷坚定刚强的,重音的稳重、舒缓,更衬托出风魔王

“蚍蜉撼大树,可笑不自量”。第一个“很深”要比第二个“很深”慢些,这样重叠有助于突出强调性重音的程度。“还是”类似第一个“很深”,要突出这个递进性重音。非重音均稍快。

在反义性重音的突出上,也常用快中显慢法,音节尤其要着意延长。

如:“侵略者口口声声说希望和平”。

“珠江三角洲怎么会在广西呢?”

这两句中的“和平”“广西”都是反义性重音。为了表明否定的态度,要延长重音音节。“和平”为重中格式,主要延长“和”这个音节,而且一定要沿着阳平调势延长,甚至有一种夸张调值的感觉,“平”字可不必延长。“广西”为重中格式,但这句隐含着“广东”的对比意味,所以这里变为中重格式,着意否定“西”字。“广”为上声,在这里变为前半上,似低去声,沿此稍长;“西”为阴平,沿阴平调势延长,加上此句为反问句,句尾要向上扬一些,“呢”快收。如果“广西”改为“山东”,则与“广东”隐含对比,“山”字要沿调势延长,“东”“呢”快收。由此可以看出,突出反义性重音,既有重音词义上的核心音节问题,也有词的轻重格式的重位音节问题,但以词义为主,为此可以改变轻重格式。任何时候都不要在非核心音节和非重位音节上延长声音,否则,反义性重音的表达就不鲜明、不准确了。

突出反义性重音,也要混合着加强、提高声音的因素,对此,不要废置不顾。但一定要与非反义性重音划清界限,着意显示其反义性。非反义性重音的突出,特别是延长音节时,万不可稍过,一过长,就进入反义性重音的表达了。

四、实中转虚法

朗读任何作品都以实声为主,很少用虚声。所谓实声即响亮实在的声音,虚声是指声轻气多的声音,而不是指完全的气音。朗读中不应该用气音,有气无声,是朗读者吐字如珠的语言功力不足的表现,听者也会感到不清晰。

突出重音,应该以实声为主,但在有些语句中也可用虚声突出重音,这里必须强调说明:

第一,思想感情、意境烘托要求用虚声;

第二,非重音用实声或较实的声音。

没有这两点,实中转虚法就会成为对声音的卖弄。

如:“我忍着笑,轻轻走过去。”

“轻轻”是不愿被人发觉,使人颇生风趣的感觉,如果声音高、重,就兴味索然了。

如“月光照进窗子来,茅屋里的一切好像披上了银纱,显得格外清幽。”

“银纱”和“格外清幽”都要用虚声才好烘托出月光下的静谧的气氛,为了突出这两个重音，“披上了”和“显得”的声音就可稍实一些，这也是实中转虚法。

如：“烈火在他身上烧了半个多钟头才渐渐地熄灭，这个伟大的战士，直到最后一息，也没挪动一寸地方，没发出一声呻吟。”

这一段要表达出对邱少云烈士的悲悼之情。“半个多钟头”，要感受到其中每一秒钟的烧灼痛楚，内心如焚，字字如泣。“一寸”“一声”，更注重“一”的突出，极力显示烈士的坚毅，钦佩之情要求声虚而稍长。“这个伟大的战士，直到最后一息”“也没挪动”“没发出”都可以用实声，实实在在地由衷赞颂。

这一类悲壮的段子，朗读时往往只注意强烈颂扬的一面，而忽视深沉体味的一面，所以容易自始至终用大声、高声，如果运用一点儿实中转虚的方法，不但不会削弱内心感受，反而给人以感人肺腑的深切震动。

在作品中，轻巧的动作、静寂的环境、深沉的情思、内心的感奋等等，都可以适当运用实中转虚的方法突出重音。不过，切不可只注重于虚与实的区分，不顾语流地向前推进。因为在虚与实之间还有大范围、多层次的半实半虚的情况。

五、连中有停法

运用停顿突出重音是一个常用的重要方法，几乎每个主要重音的突出都离不开它。在重音前，或者在重音后，或者在重音前后安排或长或短的停顿，会使重音的分量加重，给人留下更深的印象。

如：“花生做的食品都吃完了，父亲的话却深深地▲印在我的心上。”

“一会儿，斜塔周围的人止不住惊讶地呼喊起来，因为大家看见的跟伽利略说的一样，两个铁球▲同时着了地。”

“再见了，亲人！我的心▲永远▲跟你们在一起。”

这几句都在重音前、后安排了停顿。运用连中有停法突出重音，一般也同时把重音或加重些，或提高些，或延长些，即使只用停顿，重音也会显得突出，不过在朗读中不宜多用。

语词的连接是大量的，每句都有，从而造成语言的流动。停顿的安置使语言链条井然有序，使作品的大厦鳞次栉比。在语言的流动中，在重音前后留出声音的某种空隙，朗读者可作短暂的酝酿，听者也可能产生某种新鲜的感觉，或有“怎样”的悬念，或有“这样”的深思，从而造成“欲言先止”“言而又止”的心理过程和感情波澜。这样的停顿因为有声音上的诸种变异，有重音突起的支撑，所以语句的内在联系、词语之间的各种关系不会中断，不会散乱，反而更显得挺拔坚实，有立体感。

连中有停法的运用不可简单化，也不可到处乱用。如果所有的重音均以这个方法为主去突出，就会极为单调。有时，主要重音采取这个方法突出，那么，包括次要重音的内在的前后词语就要尽可能多连少停,才能产生应有的效果。如果各个词语之间都有大大小小的停顿,到重音前后再设置停顿,当然就不会明显,也不会新鲜了。

以上所述五种方法,是互相联系的,在朗读中很少单用,而且由此派生出一些其他的方法,如与这五种相对应的方法:强中变弱法、高中见低法、慢中加快法、虚中转实法、停中有连法。这些方法要尽量地用到每篇作品的朗读中去,使每个重音的突出都鲜明、贴切、自然、畅达。

第四节　语句重音的主次把握

重音有主要重音、次要重音,非重音也有它们比较中的主次之分。这种不同的主次关系怎样表达出来呢?怎样从声音上显示多层次的主次关系呢?

我们认为,重音是一句(有时可以是一个小层次、一段)之主,它要统领各个词或词组循序渐进,显露语句目的。由于有声语言的链条一环扣一环,不可能根据主次排列,即不大可能永远是主在前,次随后,因而就更需要通过语词序列在声音上显示主次了,或者说在朗读中,不能靠“先入为主”的办法,而只有在声音上造成主次感。因此,朗读者对作品语句的主次感受和把握是很重要的。怎样在声音上造成听觉上的主次感,是很复杂的。这里,我们仅从声音的角度,简单地加以具体说明。

所谓把握主次,包括两方面的内容:一方面,一篇作品中,一段、一句中,都有重音和非重音各自的主次层次;另一方面,就某个重音看,又有它具体的分寸。我们试举例解释。

如,“有这么一个传说:古时候,天上有十个太阳,晒得地面上寸草不生。”

从重音的主次说,“十”为主要重音,“寸草不生”为次要重音。“十”作为主要重音,不一定以提高、加重声音为主,可以用快中显慢法,以延长音节为主,恰当地延长“十”这个音节,表现太阳之多,热度极高,万物受害,不能忍受的心境。但不能过长,沿阳平调势过分延长就造成“十个是假的”这种反义性重音了。次要重音“寸草不生”,“寸”与“生”要重些,“寸”字更突出些,四个字也都要稍稍延长一些,但整体上,突出的程度绝对不能超过主要重音“十”。这两个重音虽属递进性重音,但“十”作为带有强调性重音色彩的主要重音统领全句,它给人造成的印象要深,不能因“寸草不生”的突出而被冲淡,反而应该由“寸草不生”的突出而得到补充、加强,产生更鲜明的形象感受。

从重音的分寸说,“十”是“过多”的感受,不能同“两个太阳”中的“两”一样的分量,应该比“两”的分量重。但是,终究是“十个”,而不是一百个,所以不能无止境地夸大，不能强调得过分。当然，比“两个”分量重，是主要方面，不要因为不是“一百个”而显得分量过轻，不够突出。“寸草不生”，尤其是“寸”字，是“晒得厉害，干得厉害”的感受，但不要夸张过分。这分寸的把握必须恰到好处，“过犹不及”，过分会使人感到虚假、做作；而不及，又使人觉得平淡、干瘪。

再从非重音的主次说，必须防止为了突出重音而把非重音都压到一个水平上，都那么低、弱、短，形成毫无主次、缺少层次的“一抹平”的声音形式。应该指出，非重音的主次层次，是突出重音的重要条件。在一定意义上说，非重音的主次层次更难于准确、恰当地表达。这一定意义，指的是非重音的主次层次被重音所限制，不许超越重音。非重音的主次之所以能安排恰当，主要是靠理解、感受的细腻、精密；非重音的主次，在较快的语流中有所显示，主要凭借语言功力，不能事先一一设计停当；非重音的主次，在声音的显示上不像突出重音那样有几种方法可以着意遵循。然而现在，重视重音的表达已被人们所认识、接受，而如何重视非重音的表达似乎还处于不自觉的、被动的阶段，这是应该引起朗读者高度注意的问题。

仍以上段为例。“有这么一个传说”，“这”和“传说”比较主要，“传说”更主要些。“古时候”，“古”较主要。“天上有”，“天上”重要些，“有”次要些。“十个太阳”，“十”是全句主要重音，“太阳”较“个”重要。“晒得地面上”，“地面”为主要词，“上”次要，“晒得”稍显重要，“晒”又比“得”重。这就是主次层次。这样说明也许觉得琐细、零乱，但从中可以得知，非重音词语也要仔细分析，并获得感受上的多层次差异。朗读时，要使每一个词组、词或音节都处于恰当的主次位置上，既不因其次要而完全一律削弱，又不因重要而同样强调。这种多层次的主次差异的形成，不应也不可能属于随意性安排，它不仅要符合语意的要求，也要顺应态度、感情色彩等的变化。

语句重音与非重音的多层次主次差异同词或词组的轻重格式有密切关系。每个词或词组都有其轻重格式的原型，一般情况下，要尊重这原型，不应该随意改变。这原型中，重位音节是中流砥柱，它体现主次关系的层次，中位音节或轻位音节一般不变。只有在语句重音要求改变轻重格式原型的时候，重、中、轻的位置才会变更，发生易位现象。

如：“你看，那七颗星，连起来像一把勺子，叫北斗星。”

“勺子”为重轻格式，作为比喻性重音，轻重格式没有变更的必要，只是“勺”字更重了些，也长了些，与之相联系，“子”字也重了些，由于“子”作为轻声，已经失去了上声声调，不再延长音节才是。

“北斗星”的轻重格式原型是中中重。有人说是中轻重格式，不妥，“斗”并未失去上声声调，在这个词里变成了前半上，调值近似˩21。上文已知“七颗星”，语意已明确限制在“星”的范围里了，“北斗星”的轻重格式原型因处于重音位置便必须变更了，“星”必须由重位音节变为中位音节，“北斗”的中重格式原型得到恢复，“北斗星”便成为中重中格式了。

我们再看下面的句子：

“离它们不远的那颗星，叫北极星。”

“北极星”的轻重格式原型也是中中重，这里，除了与“北斗星”变更格式的原因相同之外，还因为它与“北斗星”同为并列性重音，必须突出相异音节，所以“北极星”的轻重格式变为中重中。与此同时，并列性重音中的重见音节“北”和“星”相对削弱，不必再加以强调。这一切，正是语意中主次关系的要求。

词和词组的轻重格式都有原型，也都可能有变型。在朗读中，它们的原型较为稳定，只有主次关系发生变化的时候，原型不能显示语意中主次关系的层次时，才有可能产生变型。变型因语意而异，不那么稳定。在朗读中，即使每个音节的声、韵、调都很正确，只要轻重格式错了，不但影响语意的清晰，还会影响普通话的纯正程度。纠正方言，以及外国人学汉语，只解决音节的声、韵、调正确还不行，词或词组的轻重格式问题常常是更为困难的关口。

关于重音的运用技巧，我们谈了以上这些最基本的内容。在重音位置的确定和具体表达方法上，不应该希求简单、现成的公式，作为语言艺术再创作的朗读，更是同具体的思想感情运动、具体的词语序列紧密相连的，它的主次关系的声音形式千变万化，是没有捷径可走的。

知识梳理

在朗读时需要强调或突出的词或词组，甚至某个音节，叫作重音。重音经常在语句范围内起作用，因此，我们说的重音指的是语句重音。认识重音时要明确：第一，重音的存在单位是语句，一般以单句、复句为限。也就是说，要在独立、完整的意思中确定重音。第二，重音不能望文生义，绝不是“加重声音”的简称。

常见的重音位置有十种：(1)并列性重音。并列语句中，词组和词因之而有并列性。并列成分是相辅相成的有机并列，而最主要的并列成分便形成了并列性重音。(2)对比性重音。运用对比突出语言目的，或加强形象，或明确观点，或渲染气氛，或显露曲折，或直陈态度，或深化感情。(3)呼应性重音。在作品中，上文有呼，下文有应，呼应之中，主次分明，目的显露，悬念、伏笔亦得以冰释。(4)递进性重音。内容层层发展，句子的关系步步递进，体现递进关系的重音。(5)转折性重音，反映了语言链条的发展有某种多向性的特点。(6)强调性重音。作品中某些语句，为了区别程度、廓清范围，对那些具有极力强调色彩的词或词组要给以突出，即强调性重音。(7)比喻性重音。在朗读中要突出那些比喻词语，使被比喻的事物鲜明活脱，生动可感。

(8)拟声性重音。拟声是指对声音的模拟,如许多象声词。象声词作为拟声性重音,必须在全句中起着“传神”的作用。(9)肯定性重音。表示对人、事、物等肯定的判断,强调它们被肯定的性质,这些词要作为肯定性重音。(10)反义性重音。作品的褒贬,不一定与词语的一般意义吻合,为了突出它们的相反含义,就把它们作为重音,即反义性重音。

重音的表达方法不能简单地理解为只是加重声音,这里从语句的整体把握上,特别是主次联系上阐述,归纳出五种主要表达方法:弱中加强法、低中见高法、快中显慢法、实中转虚法、连中有停法。与这五种相对应的方法则是:强中变弱法、高中见低法、慢中加快法、虚中转实法、停中有连法等。这些方法要尽量地用到每篇作品的朗读中去,使每个重音的突出都鲜明、贴切、自然、畅达。

在把握语句重音的主次时,要区分主要重音、次要重音,主要非重音、次要非重音,因为一方面,一篇作品中,一段、一句中,都有重音和非重音各自的主次层次;另一方面,就某个重音看,又有它具体的分寸。

第十三章

语　气

第一节　语气的概念
第二节　语气的色彩
第三节　语气的分量
第四节　语调　语势
第五节　读而不板　说而不演

作品是以句子为基本单位的，不论单句、复句，简单句、复杂句，短句、长句，都包含着具体的思想感情。朗读作品，也是以句子为基本单位的，通过有声语言把句子的思想感情准确地表达出来。就朗读的语句来说，既有内在的思想感情的色彩和分量，又有外在的高低、强弱、快慢、虚实的声音形式。综合这两方面，我们称之为“语气”。

在朗读学中，语气占有极为重要的位置，我们甚至可以说，朗读学实质上是“语气学”。

第十三章 语气

- 语气的概念
  - 思想感情的具体性问题
  - 声音形式的语句性问题
  - 要求：形神兼备，纵横捭阖
- 语气的色彩
  - 爱的感情 气徐声柔 —— 口腔松宽 气息深长
  - 憎的感情 气足声硬 —— 口腔紧窄 气息猛塞
  - 悲的感情 气沉声缓 —— 口腔如负重 气息如尽竭
  - 喜的感情 气满声高 —— 口腔似千里轻舟 气息似不绝清流
  - 惧的感情 气提声凝 —— 口腔像冰封 气息像倒流
  - 欲的感情 气多声放 —— 口腔积极敞开 气息力求畅达
  - 急的感情 气短声促 —— 口腔似弓弦 飞箭流星，气息如穿梭 经纬速成
  - 冷的感情 气少声平 —— 口腔松懒 气息微弱
  - 怒的感情 气粗声重 —— 口腔如鼓 气息如椽
  - 疑的感情 气细声黏 —— 口腔欲松还紧 气息欲连还断
- 语气的分量
  - 重度分量 —— 主要语句、核心语句、关键语句
  - 中度分量 —— 比较重要的语句
  - 轻度分量 —— 次要的语句
  - 没有绝对值，在比较中显露
- 语调 语势
  - 语调 —— 反映声音形式的运动过程，具有复杂性、曲折性
  - 语势 —— 有声语言中语句的发展或行进的趋向和态势
    - 波峰类
    - 波谷类
    - 起潮类
    - 落潮类
    - 半起类
- 读而不板 说而不演
  - 读而不板
    - 句首忌同一起点
    - 句腰忌同一波形
    - 句尾忌同一落点
  - 说而不演 —— 把作品变为自己要说的话

作品是以句子为基本单位的,不论单句、复句,简单句、复杂句,短句、长句,都包含着具体的思想感情。朗读作品,也是以句子为基本单位的,通过有声语言把句子的思想感情准确地表达出来。就朗读的语句来说,既有内在的思想感情的色彩和分量,又有外在的高低、强弱、快慢、虚实的声音形式。综合这两方面,我们称之为"语气"。

古汉语和外语中对于语句的声音形式的研究,像朗读学本身一样,还没有取得较为突出的成果,仍在语音学的"语调"概念上兜圈子。我们总觉得不满足,总觉得不那么符合朗读的语言实际。那种仅从句尾标点符号上或"语气词"上研究的结论似乎是一种"外围战"似的,未能攻入堡垒内部去,对于朗读的指导作用,对于解决语气问题,虽然有一定启发,但总觉得帮助不大。

我们认为,朗读学中的语气问题,不等同于生活语言,不等同于话剧、电影中的角色语言,也不等同于朗诵语言、播音语言,因为它们在内容上、形式上都各有区别。而朗读,在任务、性质、场合、听者方面也有自己的特点。我们想从艺术语言的共性中发现一些朗读语气的个性,或者说,从朗读中概括一些语气方面的规律。

第一节 语气的概念

对于语气的解说,对于"语气"这个词的实际运用,存在着比较混乱的情况。特别是"语气""语调""口气"甚至加上"声调"的混用,造成概念上的模糊,使初学者无所适从。这里,我们主要从朗读的实际出发,阐述语气的概念和作用。在这个过程中可能旁涉一些有关问题,但不作专门论证,从研究看,也许有人认为是以偏概全,对初学者说,却可以比较集中于对语气的了解。

在把文字语言转化为有声语言的过程中,朗读者由作品内容激发起来的思想感情自始至终处于运动状态,朗读这一句,就要有这一句具体的思想感情,就要有与此句文字词语序列完全一致的声音词语序列。它既是全篇主题和朗读目的的落实,又是"这一句"特有的思想感情的表露。因此,我们认为,语气包含两大方面的问题,即思想感情的具体性问题,还有声音形式的语句性问题。可以说,语气是朗读中语句的"神"与"形"的结合体。这个结合体从纵向说,是作品贯穿线的结节点,是语言链条的一环;从横向说,是朗读走向深化的路口,是感受及于听众的门窗。因此,语气向我们提出的要求是：形神兼备，纵横捭阖。事实上，语气概念的外延很广，它包括语法范畴的“式”，语音范畴的“调”，也包括逻辑范畴的“因果”“条件”“归纳”“演绎”等的“理”，修辞范畴的“比”“代”“黏”等的“采”，更包括发声范畴的“声”“气”“共鸣”等的“色”，当然也必定包括感受、态度、体验、感动等的“情”。语气正是把“式”“调”“理”“采”“色”“情”熔于一炉，融为一体。在朗读学中，语气占有极为重要的位置，由此可见一斑。在这个意义上，我们甚至可以说，朗读学实质上是“语气学”。

语气的具体思想感情、具体的声音形式，是在这样的前提下存在的：作品中的每一句话都是全篇完整组织中细小而独立的有机组成部分，朗读者必须在了解和驾驭全篇作品的基础上才会有语气的具体感受和准确把握。失去了这个基础，语句只是孤立的个体，就成了断线的风筝，飘如飞蓬，难于捉摸。为此，我们应该了解“语言环境”的概念。在朗读中，语言环境主要指“这一句”的上下文。上文是怎样写下来的？下文又是怎样写下去的？“这一句”在上下文中处于什么位置？它对上文如何“承”？对下文如何“启”？上下文又为“这一句”提供了什么样的条件和因素？为“这一句”造成了什么样的时空限制和心境？在语流中，“这一句”在什么样的趋向、态势上显露出来？这就是语言环境的具体含义。文势、文气、文风、文采也应该包括在内。总之，语言环境是生长语气之树的土壤，是催动语气之舟的风帆。

我们从字面上可以看到，“语气”一词，由“语”和“气”合成。把“语”和“气”结合在一起，用来表达语气的内涵，是很恰当的。“语”，指有声语言，指通过声音表现出来的语句；“气”，指朗读时支撑有声语言的气息状态，指具有声音和气息合成形式的语句流露出来的气韵。这当中，不但有语意，而且有情思；不但动于衷，而且流于外；不但音随意转，气随情动，而且因情用气，以情带声；不但以气托声，而且以声、气传情。语气，使神与形珠联璧合，充满生命的活力。我们在日常生活中、文学作品中、新闻通讯中，常常听到和看到对语气的描述：“亲切的语气”“愤激的语气”“肯定的语气”“沉痛的语气”，等等。这些描述，既有说者的思想感情及其气息声音的表达，又有听者的具体感受及其对气息声音（或文字）内容的判别。当听者指出说者“语气不对”的时候，应该分别或同时包含三个方面的意思：

一是，用词不当，句法欠妥；

二是，态度不对，感情失真；

三是，声音不合，气息失调。

这三方面，在有声语言中互相制约，相辅相成。其中尤以声音气息状态为重要环节。

在朗读中，声音气息状态和表露有极为重要的意义。它关系到思想感情能否表达出来；它关系到朗读目的能不能顺利实现；它关系到朗读者是否得心应口，乐在其中；它关系到听者是否心从耳顺，愿意接受。所以，语气所具有的具体的声音气息状态便成为运用语气这一技巧的关键。我们之所以不同意语气这个概念被语法范畴束缚，不同意用语调囊括这一切，不同意用标点符号、用语气词分辨不同的语气，甚至据以表达不同的语气，正是基于这种种原因。

第二节　语气的色彩

作品的思想感情诉诸辞章文采，朗读的思想感情诉诸声音气息。在朗读中，总的色彩体现在基调中，具体色彩体现在语气中。

语气的色彩并非朗读者随心所欲的涂抹，它是语句内在的具体思想感情的积极运动的显露，这种显露当然就在声音气息的变化上。

爱的感情一般是“气徐声柔”的，憎的感情一般是“气足声硬”的。“气徐声柔”的语气色彩造成温和感，口腔松宽，气息深长。“气足声硬”的语气色彩造成挤压感，口腔紧窄，气息猛塞（猛塞，即流动猛，多阻塞）。

悲的感情一般是“气沉声缓”的，喜的感情一般是“气满声高”的。“气沉声缓”的语气色彩造成迟滞感，口腔如负重；气息如尽竭。“气满声高”的语气色彩造成跳跃感，口腔似千里轻舟，气息似不绝清流。

惧的感情一般是“气提声凝”的，欲的感情一般是“气多声放”的。“气提声凝”的语气色彩造成紧缩感，口腔像冰封，气息像倒流。“气多声放”的语气色彩造成伸张感，口腔积极敞开，气息力求畅达。

急的感情一般是“气短声促”的，冷的感情一般是“气少声平”的。“气短声促”的语气色彩造成紧迫感，口腔似弓弦，飞箭流星；气息如穿梭，经纬速成。“气少声平”的语气色彩造成冷寂感，口腔松懒，气息微弱。

怒的感情一般是“气粗声重”的，疑的感情一般是“气细声黏”的。“气粗声重”的语气色彩造成震动感，口腔如鼓，气息如椽。“气细声黏”的语气色彩造成踟蹰感，口腔欲松还紧，气息欲连还断。

所有这些，在朗读中绝不是孤立的，经常是交错结合、结伴同行的。因此，语气的色彩永远不会单一。不过，在综合中却有主次之分，主要的感情造成语气的主要色彩，这种主次又不是截然分离、各不相干的，它们有重叠、有交叠，在综合中形成色彩缤纷的语气。但是，对于主要感情在语句中的分野，朗读者尤其要直接感受到，鲜明地表达出来。

这里谈的是感情色彩问题，至于个性色彩，如作者风格、朗读者的表达特色等，则又另当别论。

第三节 语气的分量

尽管具体的思想感情在不同语句中有不同变化，尽管每一句话都有语气的色彩，但所有语句都处于一条完整的贯穿线中，都为作品的主题和朗读的目的服务，因此，作品中的每一句话都有自己的具体位置和作用。主要语句即重点语句，位置突出，作用重要，在朗读中必须给予足够的分量。这是目的落实到语句上必然产生的表达需要。由于语句的主次关系不同，自然就产生了分量的轻重区别。

尽管每一个语句都有自己的词语系列、结构方式，尽管每一个语句所蕴涵着的内容、感情都要求鲜明地表达，但各个语句必须因语言环境不同而具有自己的个性特征，因文字语言的依据不同而产生贴切表达的期待。因此，就各个语句自身看，也有分量问题。

对于分量的把握，至少应从以上两个方面去认识。在朗读中，以个性分量为基础，以主次分量为主导，个性分量要服从主次分量的要求。句子在全篇贯穿线中的作用越大，分量就越重。在这方面，朗读同作品是一致的。当然也有不一致的情况，要么是朗读者对作品的挖掘欠深入，要么是朗读者对作品的瑕疵看得清。在瑕不掩瑜的作品中（这当然是选择朗读材料时要考虑的），朗读者有权利抑瑕扬瑜，恰当地变更作品某些语句的分量。这也是朗读者表明态度，对作品进行再创作的要求。

关于语气分量的把握，直接同态度分寸发生密切关系。在语言表达上，有它的“度”。这个“度”细微地显示着分量的轻重，同样含有多层次的差别，为了简明地解释它，我们只以三度为标尺，即重度、中度、轻度。

重度分量，只要求下限，不要求上限，用较长的停顿、较突出的重音和较鲜明的色彩显示出来。作品中的主要语句、核心语句、关键语句都属于重度。语句的个性分量受此影响，也相应地增加，以符合重度需要。

中度分量，用稍长的停顿、稍突出的重音和稍鲜明的色彩显示出来，上下限都有要求。作品中比较重要的语句属于中度分量。语句的个性分量一般不变。

轻度分量，用较短的停顿、较清楚的重音和较淡薄的色彩显示出来。只要求上限，不要求下限。作品中次要的语句属于轻度分量。语句的个性分量受此影响，相应地削弱，以符合轻度的需要。

这里，所谓上限，就是加重分量的限制；所谓下限，就是削弱分量的限制。重度，要求加重分量，不应削弱，所以要求下限，不要求上限；中度，既不要太重，也不要太削弱，所以上下限都有要求；而轻度，要求削弱，不应加重，所以要求上限，不要求下限。

重度分量在朗读过程中起着纲目的作用。它体现着目的、愿望、基调。重度、中度、轻度没有绝对值，只有相对意义，在比较中显露。

语气的分量存在着“过”与“不及”的问题，这就需要对文字作品细心体味，多方掂量，因作品、因对象、因时因地、恰如其分地表达出来。

感受的深浅对语气的分量有直接的作用。浅薄的感受只能造成软弱无力的语气，根本谈不上什么分量，尤其是重度分量的语气就更无法表现出来。

第四节 语调 语势

语气的色彩、语气的分量，在有声语言中都具有社会性，都是可感的。但是，语句的声音形式应该有自己完整的运动过程。我们认为，语调就应该反映出这个运动过程。

普通话的语调是个极为复杂的问题，朗读文字作品的语调更是一个不易说清楚的技巧问题。但是，有一点不能含糊，那就是，语调不是字调，更不是一个框框，语调同语句的词语序列，特别是同具体思想感情不应该有什么现成的、一成不变的公式。语气的丰富多彩决定了它的声音形式——语调的千变万化。如果硬要把丰富多彩的语气纳入某种简单、刻板的语调公式之中，那就无异于削足适履。

我们不反对给语调归类，但无论如何不应该规定某种感情、某种语句必须用某类语调。这在朗读中是非常有害的，初学者尤其要注意这个问题。否则，我们的朗读就会走到机械、单调的斜路上去。

目前，语调一般分为四类：平直调、昂上调（上扬调）、弯曲调、降抑调（下降调）。这样的分法本无可厚非，在使用上也有简单明了的好处，可是，如果把语调和具体的思想感情机械地挂上钩，诸如：凡表示疑问、愤怒、惊异、命令、号召等的句子大都用昂上调，表示肯定、感叹、请求大都用降抑调……这样一来，四类语调就像公式那样，似乎可以立竿见影地表达各种感情了。这是大有商榷之必要的。

这里，我们不打算详细地说明我们的认识，因为有些问题涉及更广泛的领域，不适于在此阐述。我们只简略地说明对于朗读语调的一些基本看法：

第一，任何作品中的语句，在朗读的有声语言中都是曲折的。因此，曲折性是语调的根本特征。这不但是作品语句所蕴含的具体思想感情的要求，也是普通话韵律的要求。

第二，语句的整体声音形式根本不同于字调。虽然音节的四个声调（包括轻声、变调）对一句话的语调有一定的影响，但不能因为音节有四个声调的变化就推而广之把它套在语调上，甚至把语调看作音节四声的扩大。一个声调，有它的调值，调值主要表现在音高上;也有它的调势,调势有平直(高平)55、上升35、弯曲214、下降51之分。而语调,却是由众多的音节(这是大量的,单字句、独词语极少见)连缀而成的,不仅同音高有关,同音强、音长也有关,更同音色有关。就说音高吧,既不是或扬或抑或平或曲所能概括的,又不是简单的直线所能表示的。

第三,陈述句、疑问句、祈使句、感叹句和标点符号,只是文字语言范围内的术语,用于朗读,不免失之于褊狭,极易丧失有声语言的多样性和丰富性。即使如"啊"的极为简单的表情性,也很明显存在着千差万别的情况,难以用它的四声代替全部。萧伯纳正确地指出:"文学艺术,不管它在语法上如何精确,也不能把语调表达出来,因为说一个'是'字有五十种方法,说一个'不是'有五百种方法,可是写下来的只有一个字。"①那些含有众多词或词组的句子呢?不是会有更多的样式么?欧阳予倩先生也曾正确地指出:"'念到逗号的时候,最后一个音节就必须上扬,要让这个高音在空中悬置一会。'中国话就不一定这样,因为四声的关系,还有语调的运用,不能够硬搬外国话的规律,即使念到问号的最后一个音节,中国话有时上扬,有时也可以平或降。"②这些都充分说明语句声音形式的复杂多样和无比丰富。

第四,从理论概括上看,语调概念必须是有声语言的全局性抽象。任何部分抽象都不能冒充全局性抽象。"四种语调"说,在进行一般性的解说之后,总要补充说明还有例外。事实上,那例外却并非少数。我们在给语调分类的时候,一定要考虑到这些,以便尽可能反映出朗读的客观实际。在朗读的客观实际中找一千个例子作为自己论点的论据并不困难,如果因而遗弃了另外九千个例子,无论如何也不能说这个论点具有全局性抽象的意义。

第五,语调的研究应该指导实践。朗读中的语调解释应该有利于朗读者掌握这个技巧,否则,所谓全局性的抽象、包罗万象的抽象也会陷于纸上谈兵。"四种语调"说往往给初学者造成平淡、呆板的朗读效果,甚至使朗读者感到茫然,就是因为过于拘泥于调式,过于直接地与单一感情、单一句式、单一语气词、单一标点符号挂钩,而忽视了语句的复杂性、语调的曲折性和语言表达的诸多特殊性。

第六,我们认为要研究普通话的语调,必须结合民族传统与语言特点,必须从客观实际出发。说"语调,不只汉语有,各国、各民族的语言都有,而且区别变化大致相同"是不够准确的。持这种主张的同志自己不是认为"疑问句的语调一般是上扬"的吗?英语的疑问句还有上扬与下降两种分别呢,普通话的疑问句更是远不止这两种;斯坦尼斯拉夫斯基也谈过法语和俄语的不同点;日语语调还带有某种阶梯式的特点呢。朗读语调把具有民族语言特点的作品(古今中外的汉字书文)形之于声,总要表现出鲜明的民族语言本色,并区别于其他民族语言,怎么能与其他民族语言相同呢?普通话

① 克涅别尔.演员创作中的语言[M].芮鹤九,译.北京:中国电影出版社,1958:79.

② 欧阳予倩.一得余抄[M].北京:作家出版社,1959:151.

与粤、闽等方言区别都很大,何况不同民族呢?“区别变化大致相同”的论点不是有些武断么?

第七,朗读,把文字语言转变为有声语言,不能不考虑文字语言的固有特点。不论书面语还是口语,不管是文言文还是白话文,不拘于本民族语还是翻译语,都应该是言简意赅的。鲁迅说:“文章一定比口语简洁,然而明了,有些不同,并非文章的坏处。”①正说明文字语言是在生活语言的基础上有一个洗练、精确的加工过程。朗读文字语言,对语调的要求更高、更多,而不是更简单、更笼统。

第八,朗读的语调难于用文字全面描述,即使排除了作品风格、朗读风格、个人语感等特殊性,仅就其共同性来看,也是多种多样的。正如周殿福先生明确指出的:“语调的研究是语音研究各方面的总和。”②如果在语调的研究中不考虑声调、轻重格式、高低强弱快慢、停连、重音等的综合变化,那么难免会顾此失彼,也不易得到语调的完整形态。

以上八点,还是很不全面、很不深刻的,但目的只有一个,即希望说明语调的复杂性,在朗读中切不可简单从事。

这里,我们准备着重探讨语调的曲折性。

语调的曲折性是由语气的色彩和分量决定的,它是朗读中语气的完整声音形式的主要规律。曲折性是直接性的对立物,它是立体的、多面的,不是单向的、平面的(更不是直线的)。在这一点上,我们所说的语调与“四种语调”说所主张的“语调”有明显的不同。我们认为,根本没有平直调,昂上和降抑的语调也绝非只是“前低后高”“前高后低”的样式。而所谓弯曲调,与我们所说的语调的曲折性规律更是不可等同。因此,我们不打算使用“四种语调”的具体表述,这样也许更利于朗读。

为了叙述的方便,我们将要使用“语势”这一概念。“语势”在朗读中应该有自己的含义,就是指有声语言中语句的发展或行进的趋向和态势。它对于语调的曲折性规律是一个具有重要作用的图示性概念,它对于语气的色彩和分量是一个具有整体结合作用的总括性概念,而在朗读中,它是具有把握驾驭作用的流动性概念。它可以暴露语句声音形式的途程和幅度,它可以显现语句词语系列的内在联系及语句之间的起承转合的关系,它可以造就具体感受的音声化类型,它可以引导声音容纳一定时空范围的情感性变迁。这样,就使语气超出结果性辨析,进入了原因性生发,对朗读者运用这一技巧开辟了一块用武之地。

有声语言在发展或进行中的趋向和态势形成语流,截其一段,每个语句在语流中也保有自己发展或行进的趋向和态势,这便是语势的具体性。不同的语句有不同的语气,当然就会有不同的语势。但是,无论如何不能说,某个语句只能是这个语势,甚至

---

① 鲁迅.且介亭杂文·答曹聚仁先生[M]//鲁迅.鲁迅全集　第6卷.北京:人民文学出版社,1958:60.

② 周殿福.艺术语言发声基础[M].北京:中国社会科学出版社,1980:308.

说某类语句只能有某种语势，我们也不会把某种具体感情同某种语势直接挂钩。我们将尽量克服形而上学的认识，以求得朗读时舍弃框套，得心应口。

语调的曲折性是通过声音的高低、强弱、长短、音色综合表现的。语句中的每一个词或词组都有这些表现，并沿着词语序列发展或进行，形成语句整体的趋向、态势，而这中间语句重音的位置和表达样式便有举足轻重的作用，居于语势重心的地位。

重音是语句目的的落脚点，又是语气色彩和分量的集中点。因此，重音处于句中词语序列的哪个位置、声音形式如何，对全句的影响极大。语势便理所当然地为重音所控纵，重音之前，齐心向重音行进，重音之后，协力为重音收束。这样，语调的曲折性也就同词语序列的多层次主次关系不无关联了。

语调的曲折性规律造成的语势，必须从语句的句首、句腰和句尾加以考察。我们从朗读的整个声音形式看，可以将其比喻为一条河流，波浪滚滚，奔腾向前。这条语流中，有波峰，也有波谷，峰谷相间；有旋涡，也有浪花，曲折回环。于是，我们从语句单位看，语势也是如此，不过简单、短小得多罢了。而一般作品中的语句，在朗读中，语势都可以在两个波峰、一个波谷内找到，并适应着具体语气的需要。在此，我们还要求助于“模糊图形”。这图形对高低、强弱、虚实的声音形式稍有一些表现力，语流的快慢速度也许能从走向的陡斜情况上窥见一二；但对音色变化、口腔状态变化等，便无能为力了。而且，又不可能不分巨细地加以描写，只是显其大略罢了，所以我们叫它“模糊图形”。基本的模糊图形如下：

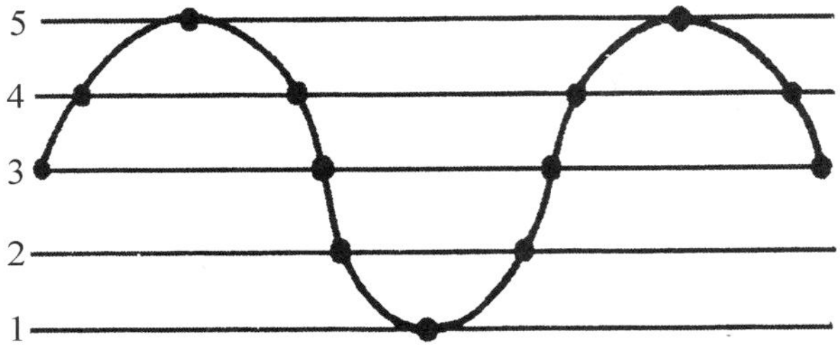

使用这种模糊图形，还要辅以几种标记：

幅度：波峰最高点到波谷最低点之间分为五度，用 1、2、3、4、5 来标记，3 度为中线，用以表示声音的高低变化幅度。语势的高低变化远比这五度细微，这里，也是某种大体情况，既无绝对音高问题，异于音乐中的五线谱，也不表示其他语势和本句语势的相对音高。本句语势中的 3 度，可能与上句的 1 度或下句的 5 度属于相同音高。

强弱：波形线的粗和细，表示声音的强弱的变化，一般不予标示，只有特殊情况才在图形上表现出来，而粗和细的细微差异也无法具体标记。声音强弱一般与幅度相吻合，从 1 到 5，意味着从弱到强。

停连：在语势上，停顿处仍使用相应的停顿符号或必要的连接符号：▲、∧、⩓、⌣。

音色：在模糊图形中，音色方面只能显示声音的虚实变化。用实线——表实声，用虚线------表虚声，即半实半虚声。

尾音：语势终止，句尾的情况是相当重要的，既要表明是如何收住的，又要表明本句是如何向下句延续的。我们用四种标记：

 表示一般收尾。

 表示渐弱缓收。

 表示渐强突收。

 表示气多虚收。

语节：语势行进的快慢，很难像乐句那样有一定节拍。如果生硬地划出节拍，按此朗读，与唱歌区别不大，会形成“唱调”，我们不取。在模糊图形中，我们只在相当于某个节拍处，标以向上的或向下的箭头，一般标在本节拍重度音节上。语势图形上这种箭头越多，说明节拍越多。一个箭头标记相当于一拍，这一拍中所容纳的词愈多，语流当然就会呈现速度加快的态势。

在具体语句的表达上，模糊图形并不那么规则，虽然大体符合基本图形的某一截断线，但还有些更细小的波峰波谷，沿着大的波峰波谷的趋向行进。

如：“从前，有个人▲种了一棵葫芦。”

本句是“欲”类感情，亲切的态度，“气多声放”的色彩，中度分量。

模糊图形为：

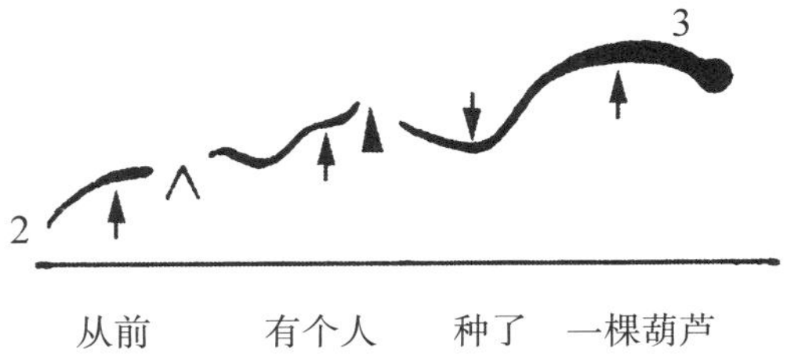

这个图形的语势，近似 2 度起，3 度收。它的曲折性是显而易见的。如果只在 2 度线上起伏，不向波峰行进，本句重点不易鲜明，对后文的内容也会引动不足。

如：“深秋的清晨是寒冷的，周总理▲却送来了春天的温暖。”

本句是“爱”类感情，崇敬的态度，“气徐声柔”的色彩，重度分量。“周总理”为主要重音，总括全文。“深秋”与“春天”为对比性次要重音，又重在“春天”。

模糊图形为：

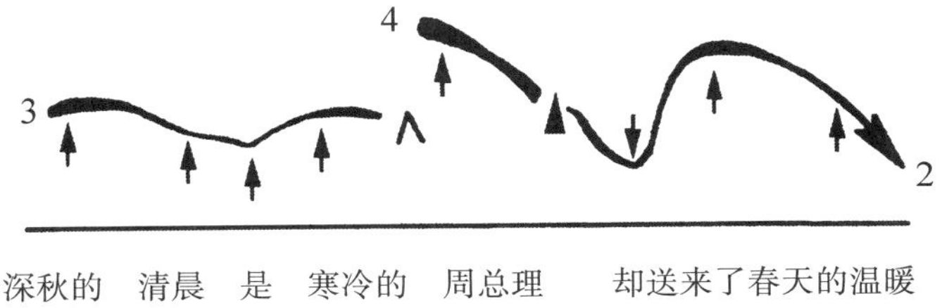

这一句属转折复句,有两个分句,第一个分句近似3度起,2度收;第二个分句近似4度起,2度收。收尾渐弱而缓,结束感强。

如:“漓江的水真静啊,静得让你感觉不到它在流动……”

本句为“喜”类感情,亲切的态度,“气满声高”的色彩,重度分量。“静”为主要重音,与下文的“清”“绿”为并列性重音。因“喜”而着意感受“静”,故声音要轻,起伏要小。“感觉不到”为强调性重音。

模糊图形为:

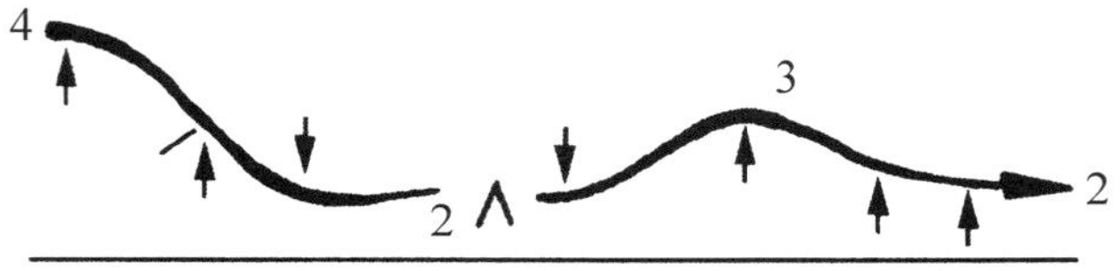

漓江的水真　静啊　　　　静得让你感觉不到它在流动

此句语势高起,但波峰小,波谷深,4度起,2度收,主要重音位于波谷。这一句不但要注意自身的语势,还要注意与后两句并列关系的联系与区别,以及这三句并列之后的下句的承接。这便是语句在语流中的趋向与态势。

从以上三个例句中,我们可以明显地看到,语势都是呈波浪式行进的,绝不是直线式的;而每一句的语势均不相同,不能仅从句式、标点等方面去表述,也不能用简单的概念表示。语气的生命力于此而方显活跃。

但是,语调的曲折性规律是否就无法通过语势变化“言传”了呢?也不尽然。我们承认了语流的曲折行进,承认了语势对具体语气色彩和分量的依存,同时,又反对单从文字结合上去框套,也反对语势与某种情感的单向挂钩,那么,就可以给语势归类了,这种归类并不需墨守,却有利于驾驭。

我们试把语势分为五类,并简单说明一下。

第一类:波峰类

全句语势如波峰,句首在波腰,句腰在波峰顶端,句尾又到波腰。波峰不一定只是一个,但有一个最高;波腰不一定在哪一个具体位置,但并不在波峰。波峰和波腰度数不定,但仍符合基本图形。一般情况下,重音位于波峰顶端。

如:“老班长,你怎么不吃啊?”

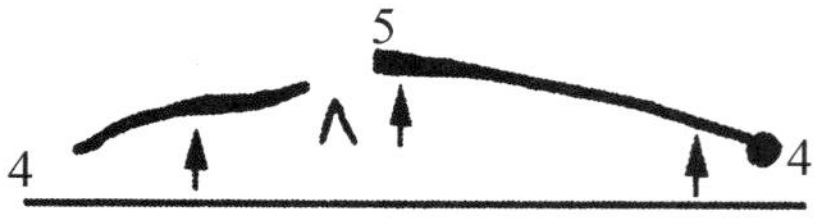

老班长　你怎么不吃啊

如:“不,我全知道了。”

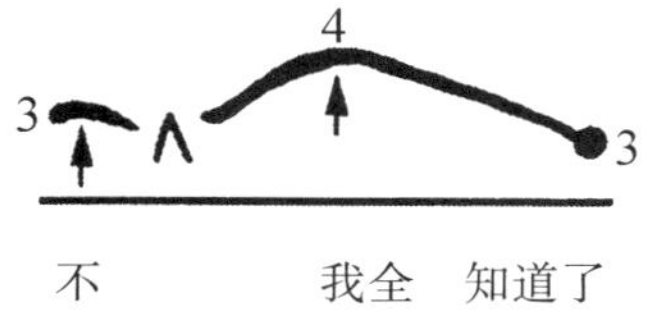

第二类:波谷类

语势如波谷,波谷底端可以是1度、2度,也可以是3度、4度。重音或分别在句首、句尾,或在句腰。在句腰时,重音的重度音节为上声,或表达上要求低弱、徐缓。

如:“总之,我们要拿来。”

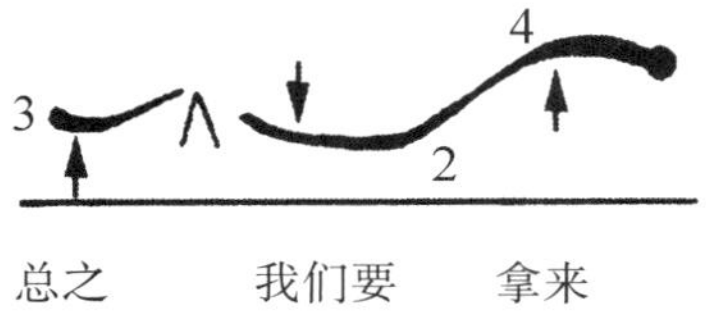

如:“这是我的誓言!”

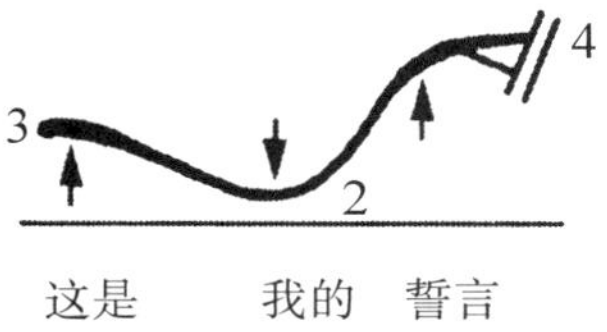

如:“怎样保卫每一寸土地呢?”

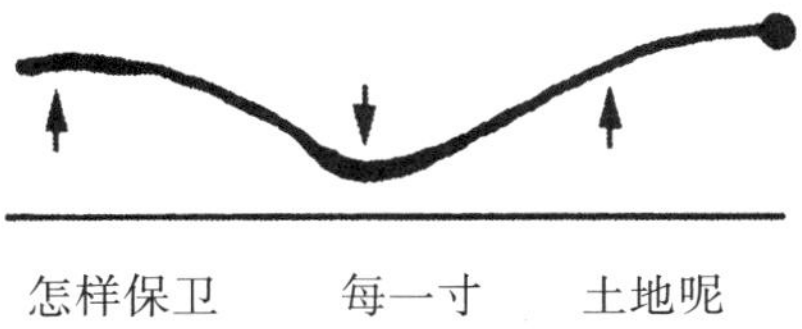

波谷类语势在朗读语流中比较少见,但是,遇到可以采用这类语势的句子,如果改为波峰类,就显得牵强,也显得少变化,这里还包含着某种韵律美的问题。

第三类:起潮类

我们用起潮时海水层层没岸来比喻一种语势,语调的曲折犹如“逐浪高”,也可以用步步登山来比喻。

起潮类语势绝不是字字高、词词高,我们可以把一个句子的词语系列分为几步,在图形中显示出一步比一步趋向顶峰。

如:“……可是,它又那么勇猛,不要说见着小虫和老鼠,就是遇上蛇也敢斗一斗。”

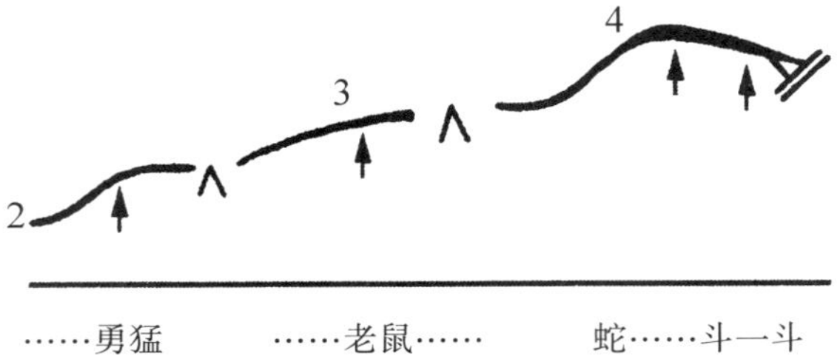

这一句,“勇猛”为转折性重音,是第一步,“小虫和老鼠”为第二步,“蛇”为强调性重音,为第三步。

如:“独有这一件小事,却总是浮现在我眼前,有时反更分明,教我惭愧,催我自新,并且增长我的勇气和希望。”

对这种较长的句子更要从语势上去考察,看看可以分几步,一步一步如何行进。不要匆匆地远远一望就纳入某种框框。这一句可分为六步,除“教我惭愧”需稍向下行之外,都属于步步高之类,到“勇气和希望”达到最高峰。

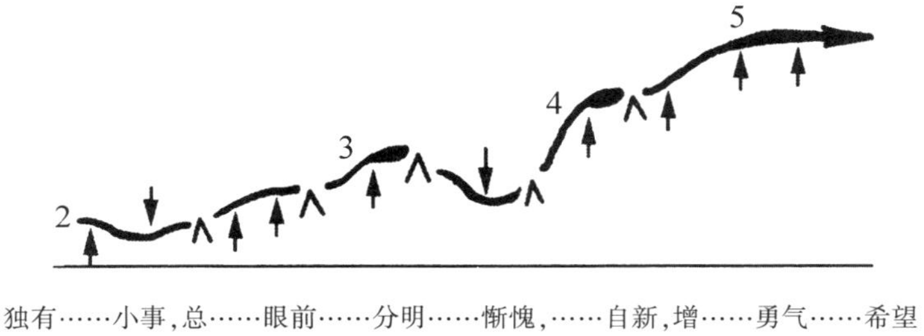

第四类:落潮类

语势逐步下行,犹如落潮时水位愈益下落,也可以用下山来比喻。

落潮类语势,重点不一定在句首。下行趋势绝非字字下行、词词下行,而仍是曲折的。

我们也把一句话的词语系列分为几步。

如:“天渐渐暗下来,北风刮得更紧了,我们默默地离开了天安门广场。”

这一句可以分为三步,“暗”“更紧”“默默”为递进性重音。

模糊图形为:

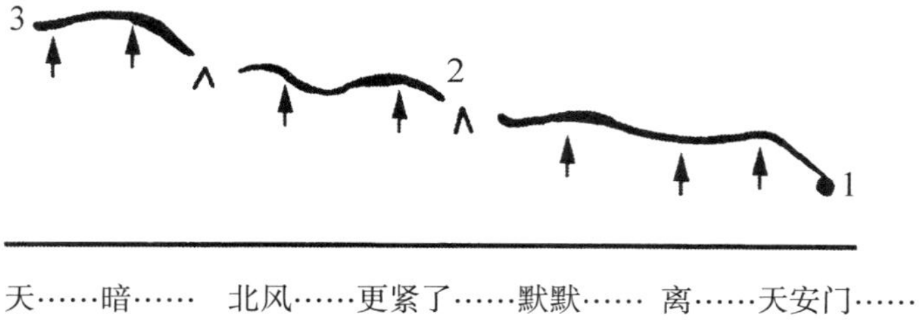

如:“我在这繁响的拥抱中,也懒散而且舒适,从白天以至初夜的疑虑,全给祝福的空气一扫而空了,只觉得天地圣众歆享了牲醴和香烟,都醉醺醺的在空中蹒跚,预备给鲁镇的人们以无限的幸福。”

这句话,作为《祝福》的结尾句,充满了深沉的愤懑和冷峻的戟刺。可分为四步,全部重音均为反义性重音。其中语势和变化极为丰富,我们更不可忽视那行进的曲折性。

简化模糊图形为:

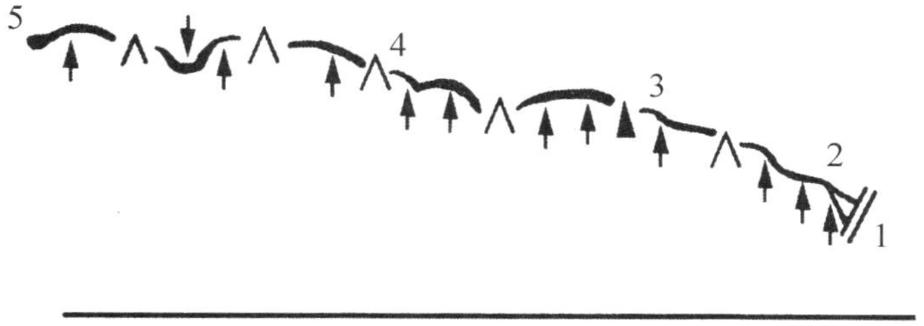

……繁响……懒散……舒适　……一扫而空……醉醺醺　……幸福

无论是起潮类或落潮类,与“昂上调”或“降抑调”均有本质不同。它们肯定是曲折的,这是一。它们或给人以昂扬感,或给人以沉静感,并非单一感情色彩同单一声音形式的联结,它们的内部仍是波浪式的,感情色彩与声音形式都是多样性的,这是二。不同的朗读者都可能有自己个性化的语势,这里的模糊图形不过为初学者提供一个比较直观的样式,并不是说只有这一种语势,更不是说唯此最好,这是三。

第五类:半起类

有相当一部分语句,在语势中途便停止行进,似欲行又止,似空悬不坠,似引而不发,但那行进的趋向已经显露,全句的态势已经成就,这种情况本为起潮类,由于只到半腰,未真正到达顶端,所以是半起。从语法上说,完整句、不完整句都有;从句式上说,也包含某些疑问句、感叹句等;从口腔看,由灵动到忽然停滞,竟如电影放映中出现的滞留镜头(蒙太奇手法之一);从气息看,由波动到忽然屏住,气存而不送;从语势看,犹如全句的一半,那另一半却隐蔽着。

很明显,这一类语势与前四类不同。前四类,语法关系完整,口腔和气息自然收送,句尾丝毫没有被截断的感觉。这一类,语法也有很完整的,但气未送完,声音已断,心理和生理上的“等待”清晰可感。

如:“先生,您找谁?”

“谁”字声停气存,等待回答。但由于感情不同、对象不同、语言环境不同,说话人的身份不同等,语势并不固定,可能有多种。但是,不管哪种语势,造成什么样语气,却都应该是一种半起的形态。

模糊图形为:

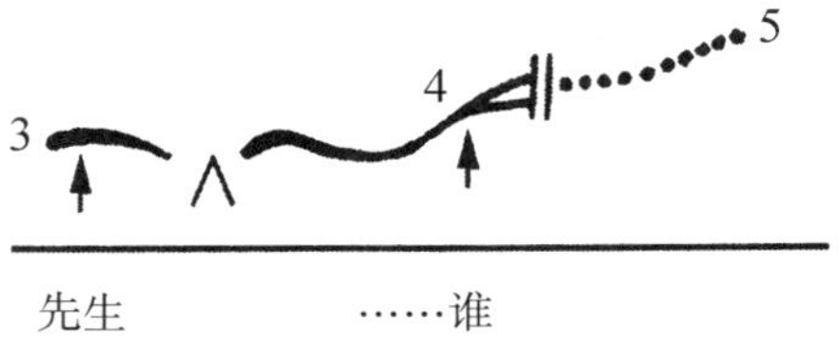

如:“他不咬人么?”“有胡叉呢。……”

问句为半起类语势,似向波峰顶端行进。答句为波峰类语势。

模糊图形为:

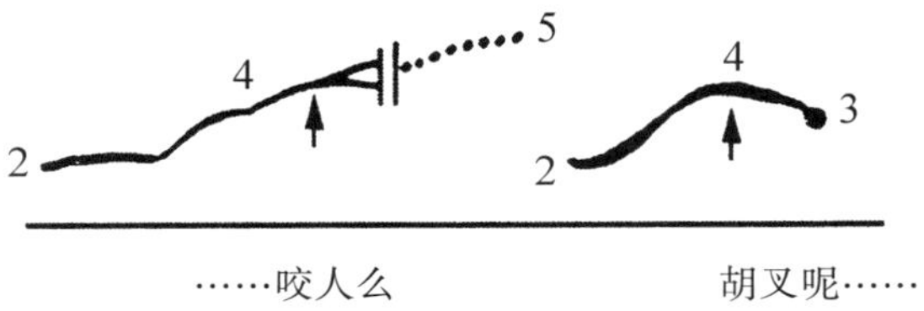

问句半起,声停气存;答句完整,声收气放。无论说话的人还是听话的人,都从中得到一定的满足。

如:“老班长,你怎么……”

这种不完整句的半起态势尤其明显。这类句子在朗读中很容易被读成完整句,好像声停字尽,后面并无省略号。尽管听者从字词上能判断出此句未完,但朗读语气不贴切,只好自己去思索了。为了把未完的意思表现出来,定要明确省略的大意,最好用文字词语把它补足。这里,主要力求掌握语势半起的技巧。

模糊图形为:

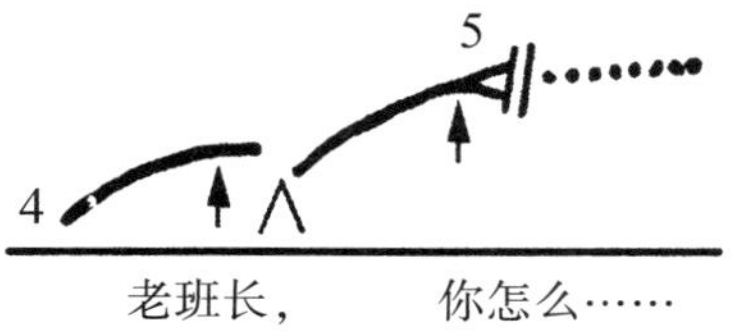

如:“我——,我——”

这两个“我”,表示想说而不好说,想说又说不出的语气,语势也是半起类。第一个“我”稍起,第二个“我”再起,后面的话刚要出口,又咽下去了,所以有“张口结舌”的意味。

模糊图形为:

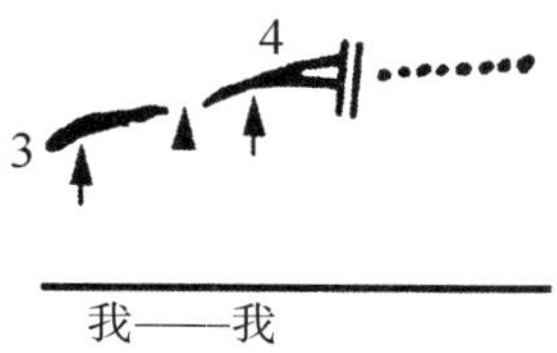

半起类语势的尾音总是短促的，声音突然收住，造成近似“竟无语凝噎”的状态。由于吸入的气息并未用完，不像其他语势那样声音停止稍屏息便立即吸气，而是声音停止稍屏息便立即吐气，声提气存的状态于是恢复为开始发语的状态，向下句行进。因此，声停后吐气是半起类语势的常规表现。

半起类语势可以表现未完成句，但不能认为所有未完成句都必须用半起类语势表达。有些半句话还可以用其他类语势表达，要看语气的具体色彩和分量、具体的作品、具体的心境。

如：“我——，我——”

孤立地看这个句子，无从知道怎样表达它。必须考察它处在怎样的语言环境中，明确它包含着的语意和具体思想感情。由于它具有多种可能的含意，语势是不应该完全相同的。这个句子，或是痛苦已极，泣不成声；或是愤怒万分，语噎气塞；或是冷漠敷衍，不屑一顾；或是强烈祈求，心急语促……语势各异。但无论怎样表达，都要保持它半句话、没说完的语气，与“我。”“我——唉！”等区别开来。

我们把语势分为这五类，目的只是为适应初学者入门的需要，并非公式，更不是刻板的框套，它有很多变通的余地。我们考虑到：

其一，“语无定势”，这在有声语言中是极普遍的现象，应该引起朗读者的重视。就语气讲，有色彩的万紫千红，有分量的千差万别，有声音的波澜起伏，有口腔的松紧开合，有气息的多少疾徐，这些都随着具体作品、具体语言环境、具体词语序列、具体词语色调、具体朗读者的不同而呈现有声语言的独特性。在这个意义上，我们说“语无定势”。我们对基本语势的分类，虽以较为明确、较为典型的语句为例，但并不意味着这一句只有这一种语势是正确的。细微的变化，不必说了，就整体上看，语调的曲折性没有一成不变的格式。如起潮类同落潮类之间、波峰类和波谷类之间、半起类同落潮类之间，等等，都有某些交叉、重叠、接近、变通的可能性。这不但不妨碍语气的准确表达和语势的具体把握，而且还为朗读者结合自己的理解和独特感受来运用恰当的语势表达语气，开辟了更为广阔的道路。

其二，语势只是语气的局部表现。语气的表达是有其“感觉阈限”的，语势也受此影响。有声语言的进程不可能根据某种“理念”的模式强行推进，而必然受朗读者的智力、能力、感受力、表现力、道德情操、审美趣味等的制约，语气的表达可以说是这诸方面的综合体现。一个语句，在一定的语言环境中形之于声，总有它表达的最大范围。朗读者心目中这个表达的最大范围越精细，朗读水平就越高。“四种语调”说，却把这个最大范围限制在一个窄胡同里，“未敢翻身已碰头”，当然在朗读中容易刻板。大量的叙述句、大量的句号，如果一律用“平直调”，怎么能生动感人呢？这便是明证。

其三，语势反映朗读者由具体作品引发的具体思想感情的运动状态。从一个句子看，有句首、句腰、句尾的问题，即从起句到收句的声音形式问题。语气的多层次，当然不只是词语数量多形成的,还应该有词语质量上的细,这一点尤为重要。像“他。”“谁?”“好!”“对!”这样的情况当然有,但很少见。大量的文字语言中,还是以长句、复句为多,这也是文字语言的特点。因此,只分句首、句腰、句尾还嫌粗疏,精细的研究应该再进入词组(短语、意群)的单位,直到进入音节这类语言结构的最小单位中去。因此,高明的朗读者在朗读的准备过程和进行过程中,总是去具体把握各个音节、词或词组之间的联系、过渡和发展趋向,而且,从中显露出具体思想感情的细微波澜,不会“明察秋毫,不见舆薪”“捡了芝麻,丢了西瓜”的。

其四,不能孤立地研究语句的声音形式,因为这样的研究必然忽视词、句承上启下的本位性和延续性,而导致“直线性”,失去“立体性”。我们主张从全篇、全段、全句有声语言的发展趋势、行进态势上去把握,有利于在思想感情运动状态的基础上,从整体性与具体性的结合上,从形象感受和逻辑感受的统一上,去认识和表现语调的曲折性和波浪式的特点。这正是“意识流”同“声音流”的辩证统一(“意识流”在这里专指思想感情的运动,并非文学创作手法),正是内容和形式、本质和现象、共性和个性的辩证统一及其在朗读中的实现。只凭借语法、句式、标点符号、修辞……确定语调的做法,把某种感情同某种语调单向挂钩,不利于综观全文、全局,不利于求本溯源。

其五,在有声语言的运用中,最忌追求现成的公式,因为它是可感的声音形象,因为它是细微的情理再现。“逢逗号必扬”“逢问句必扬”,等等,似乎可以作为公式,好像中国象棋的“边马必亡”一样,其实,那“必”字是大可怀疑的。就说“问句”吧,是否都“上扬”呢?“你家还有什么人?”“刚才他吃过东西吗?”,这不是可用以波峰类语势表达吗?“你怎么认得他?”“又出了什么事啦?”不是可以用落潮类语势表达吗?这类问句之所以使人感觉在问,不过是语尾短促,声停气存,状态稍提不懈,口腔稍开不闭造成的,与声音上扬、下抑关系并不那么直接。即使这样说,也不能认为这就是绝对的,因为语势会在不同情况下发生种种变化。任何创作、再创作,都只有原则而没有公式。创作的公式化,只表明创作者思想的僵化。语调的模式化,把语句情采同声音高度画等号,正压抑着语气的蓬勃生机。

其六,“语调”与“语势”虽有区别,也有联系,二者在研究或使用中可以长期并存,也可以互相替代,这并不是实质性问题。对语调或语势怎样表述、描写,也应该允许百花齐放。我们是希望从朗读学的角度,探寻语调、语势的一些规律性的东西,譬如投石问路,尽管是管窥蠡测之见,对发展这方面的研究也许不是没有一点作用的吧?

第五节　读而不板　说而不演

朗读,是朗读者对文字语言进行音声化的再创作。其中,语气是否恰当、贴切,直接关系朗读的成败、朗读水平的高低。朗读的语气应该做到“读而不板，说而不演”。

读，必须严格按照作品的文字词语序列进行，不可增字、减字、改字、颠倒字。要字字清晰，声声入耳，声韵调正确，词或词组的轻重格式恰当，音变符合规律，句子结构分明。这些要求，朗读者必须重视，否则，就不能说达到了朗读的起码标准。

这些要求是为更好地表达作品的思想感情服务的，仅仅停留在这个标准上，是远远不够的。特别是失去了语气的要求，朗读就会变得呆板、平淡，成为简单地出声念字。

怎样才能读而不板呢？除了思想感情方面的因素之外，语势的变化是不容忽视的。所谓平板，从声音形式的角度看，往往是语势变化单调、雷同造成的。句首起点同一、句腰波形单一、句尾落点同一，这就是语势平板的具体表现。这在一些中小学生的朗读中是常见的。要克服平板，就要突出语气的具体性，显示语势的多样性。

一、句首忌同一起点

几个句子相连，句首起点不宜同一。同一，即音强、音高、音长、音色都相差无几，不但使语意不鲜明，语气不具体，转换不积极，语言链条中断，而且容易形成某种固定腔调，声音上显得单调。

如：“①白荷花▲在这些大圆盘之间冒出来。②有的∧才展开两三片花瓣。③有的∧花瓣全都展开了，露出嫩黄色的小莲蓬。④有的∧还是花骨朵儿，看起来▲饱胀得马上要破裂似的。”

这里的四个句子，按“四种语调”说，都是“平直调”。如果四个句首都一样，必然平板，容易失去各个句首的特点，对全句的引动极为不利。我们应该根据各句的特点，使它们各自的语势错落有致。能不能使四个句首起点不一呢？可以这样安排：

①为领起句，句首有重音，起点较高较重较慢，感情色彩为喜爱而亲切，气流匀柔，口腔宽松。

②③④为并列句，最容易起点同一，都以“有的”开头，更有同一起句的可能。我们要注意“有的”这个主语应被重音带动，重音不同，句首就会显出差异。②表示才展开两三片花瓣，可以稍低稍轻稍快；③表示全都展开了花瓣，怒放的意味较浓，句首应高些起动，推向“全都”这个强调性重音；④表示含苞欲放，有一种蕴积的力量，就可以低些、稍重些。

从四句的起点有高低轻重等区别上，用模糊图形表示为：

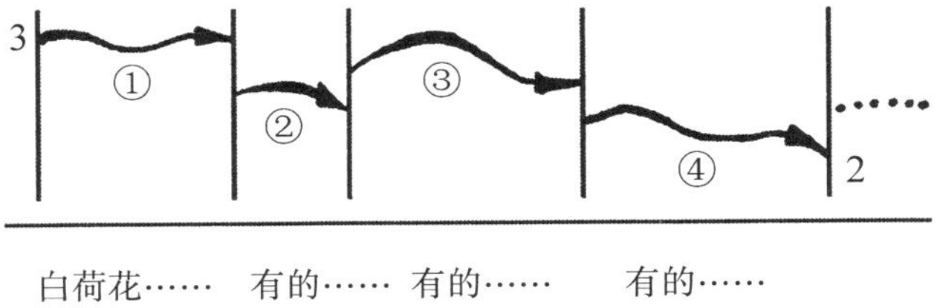

当然,句首起点与全句语气的色彩、分量关系极大,不要舍本逐末,为区别而区别。不过,句首有了区别,更有利于语气的运用。

二、句腰忌同一波形

句腰在各个语句中均有区别,本来易于变化,但往往幅度不够,距离拉不开,而朗读者自我感觉却往往良好,听者当然要从声音上判别,这就产生了矛盾。我们不应该以自我感觉良好为准,而应以声音变化程度是否给听者以明显刺激为准。在处于同一波形的语势部位时,尤其要避免雷同。否则,语气的色彩、分量,细微的思想感情的运动,便都被这雷同的语势抹杀了。

如,“骆驼说:‘长得高多好啊。’羊说:‘不对,长得矮才好呢。’”

两个动物的对话,重音都在句腰,前后词语近似,语势区别不易拉开距离。我们从语句内容考虑,既要表现两个动物极力自夸和非常肯定的这种心境,又要从“高”和“矮”的不同感受上找到差别,并通过声音表达出来。句首起点一“高”一“低”,句腰也就顺势而显起伏。骆驼的坚毅、羊的温顺,也要通过“高”字的有力、“矮”字的缓慢表现出来。“高”为阴平,“矮”为前半上,调势、调值不同,也有利于句腰波形的变化。这样,我们可以找到模糊图形:

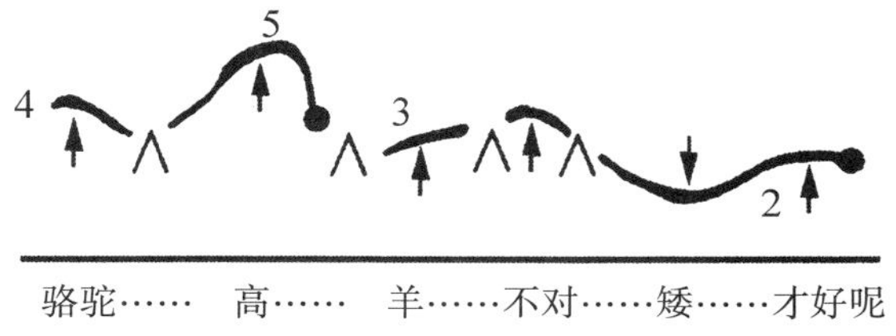

如:“清早出发的时候,天气晴朗暖和,没想到∧中午▲突然刮起了暴风,下起了大雪,气温急剧下降。”

全句是转折性的,语势比较明显。但句腰的“刮起了暴风,下起了大雪”,在朗读时容易雷同。我们应获得的感受是:暴风猛烈上卷,大雪从天而降。语势也可以由此得到区别的某种依据。

模糊图形是:

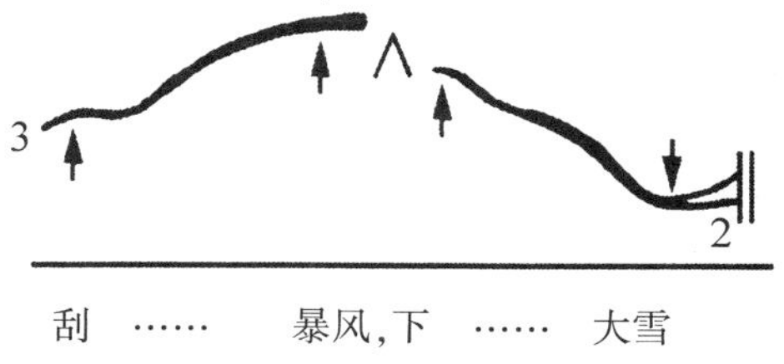

“暴风”为中重格式,“风”为阴平,从声音上可借以表现大风飞卷横吹的情状。“下”是去声,有由空飘降的意味,“雪”顺“大”的去声调势下落,上声发全调,也带有下落飘扬的情状。但风来临是坏事,使人们、羊群受到威胁,所以不能带有欣赏的趣味,而饱含着焦急的心情,声音都偏重,句尾强收。

由此可见,句腰的波形,包括两句之间和句内短语之间,都要注意区别,主要抓不同的感受,在此基础上抓语势的变化。

三、句尾忌同一落点

句尾是全句的归宿,又是下句的起句基点。它不但要承接句首、句腰顺势而下的语流,而且要推波助澜,造成完美、圆满的收结,甚至还要披荆斩棘,为下一句、下一段的表达创造条件,使语流畅达,而不致受阻。因此,不论余音袅袅,还是戛然而止,都要使全句善始之后得以善终,切不可功败垂成。重视句尾音节是对的,句尾在显露具体思想感情、表达神情意态上很重要,但是,不能把句尾只看成声音高低的变化,特别是不能仅凭句尾定语调,否则就是以偏概全。因此,我们主张在说明句尾不同的音高时,必须同时说明它的音强、音长、音色的状况。

所谓句尾,不一定是句子最末一个音节,也可能是句子最末的两个、三个以至四个音节。如:“……不吃?”“……成了路。”是最末一个音节为句尾。“……前进!”“……明白。”是最末两个音节为句尾。“……好了吗?”“……复杂性。”是最末三个音节为句尾。“……跳下去了。”“……走过来了吗!”句尾包括的音节就更多些。这里,要看词组或词的轻重格式,以重度音节为准。

如:“①月亮升起来。②院子里凉爽得很,干净得很。③白天破好的苇眉子湿润润的,正好编席。④女人坐在小院当中,手指上缠绞着柔滑修长的苇眉子。⑤苇眉子又薄又细,在她怀里跳跃着。”

这一段对荷花淀秋天月夜编席的描写,充满了诗情画意。当这样的妇女的灵巧的手拿起枪支,投入抗日战争的烈火中,成长为英勇的斗士的时候,这月色、这花香、这小院、这苇席,不更增添了她们杀敌的勇气么?朗读这一段,怎能抑制对家乡美景和编席劳动的深情挚爱?

从句尾情况看,五句句尾分述如下:

①升起来:重轻轻格式。“升”为波峰类语势顶端,为表现清朗的月色、静寂的气氛,声音徐缓、轻柔,带着一点上升的动感。“起来”二字显得轻快些,落点较高。

②干净得很:重中轻中格式。由天上到地下的感受延续到句尾,神清气爽,低而轻,语势下行,“得很”仍要轻快,但落点稍低,有一种下落的感受。

③编席:中重格式。欣喜的心境、热切的愿望、起潮类语势,至此仍上行,因此落点

稍高,柔而不重。

④苇眉子:中重轻格式。细腻灵巧,神情专注。承前三句,由远景至近景。轻松舒展的语气,到此借“眉”字阳平声调带动“子”字上行,落点稍低,但没有下落感。

⑤跳跃着:重中轻格式。这一句更显得轻快,动作纯熟,声音要富有跳跃感。句尾顺着平静轻松语流加快些速度,音节短促,唇舌稍加喷弹力,落点仍较高。

根据这五句句尾情况,模糊图形是:

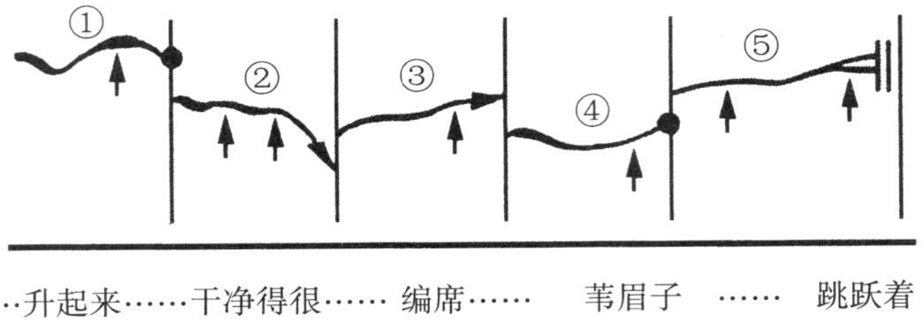

这里,要特别注意①③⑤这三句的表达,“升起来”“编席”“跳跃着”,不同的色彩、不同的落点,使语势灵活多样,语气也更为新鲜准确。这三句,从感受到状态,区别都较为明显,也可以起到带动②④句的作用。

如:“①好个‘友邦人士’!②日本帝国主义的兵队强占了辽吉,炮轰机关,他们不惊诧;③阻断铁路,追炸客车,捕禁官吏,枪毙人民,他们不惊诧;④中国国民党统治下的连年内战,空前水灾,卖儿救穷,砍头示众,秘密杀戮,电刑逼供,他们也不惊诧。⑤在学生的请愿中有一点纷扰,他们就惊诧了!”

这一段历数“友邦人士”对日本帝国主义的纵容、对国民党的包庇,并同对爱国学生的态度进行强烈对比。文气之足、文势之顺、递进之坚实、转折之有力,分明造成一种“出离愤怒”的冷峻感和“针砭时弊”的凌厉感。如果句句同一语势,句尾同一落点,则精妙尽失,平板之状可见。

这五句语势句尾情况简述如下:

①“好个”作为反义性重音,必须沿“好”的调势延长。这里的“好”实际调值为↓21,即前半上,“个”作为轻声,位于上声全调调尾音高之上,近于5度,“哥”音。“友邦人士”以“友”为较主要音节,仍似前半上声调,“邦”为阴平。这一句的模糊图形是:

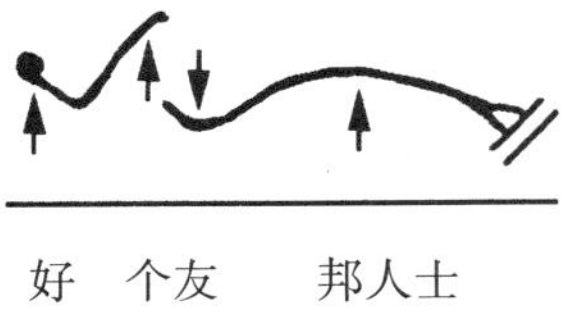

“好个”与“友邦”不可同音高、同音强,“友邦”要低些、弱些、快些。这一句呈落潮类语势。

②不惊诧:波峰类语势句尾,落点较低。

③不惊诧:波峰类语势句尾,承上句递进,落点稍高稍重。

④也不惊诧:波峰类语势句尾,承上两句递进,落点又高些、重些。“也”为重音,却为前半上,靠音长突出,“不惊诧”比上两个的“气粗声重”的色彩要更浓些,达到第三步高峰那样的程度。

⑤就惊诧了:波谷类语势句尾。前三个“惊诧”是正面意思,要用肯定性重音。这一个“惊诧”是反面意思,要用反义性重音,显出轻蔑而鄙薄,顺“就”字去声调势下行,音节延长以“惊”为主,送气托出“诧了”,收尾要干净。

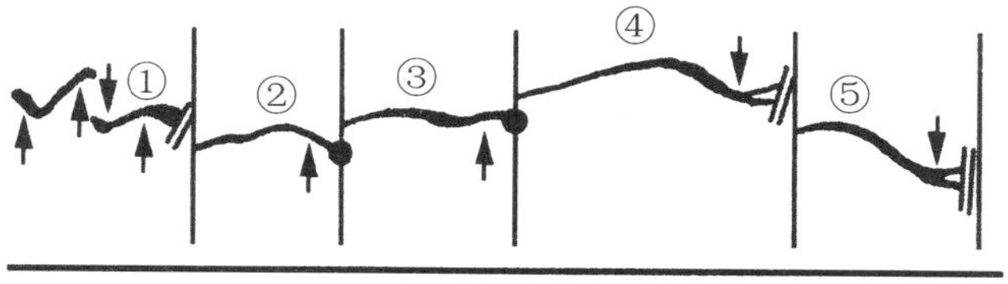

好个“友邦人士”!……不惊诧……不惊诧 …… 也不惊诧……就惊诧了

总之,读而不板,要处理好句首、句腰、句尾的参差不齐的变化,在语句的连接和比较中适当加大幅度、拉开距离,显出思想感情的具体运动。

那么,什么是“说而不演”呢?

朗读必须把作品变为自己要说的话。一方面,指理解、消化作品的内容和形式,根据作品的文字语言转化为有声语言;另一方面,朗读时的有声语言要有思维过程,要有心理变化,就像是自己的思维过程、心理变化所产生、所铸造的语言。要变为朗读者自己要说的和说出的话,不是生吞活剥、照本宣科、无情无意、有字无句的“字话”,不是与己无关、有口无心的“死话”,更不能简单地念字出声。朗读作品的过程是“说话”的过程,但这同每个人日常的说话即生活语言是很不相同的,这二者之间有高低、文野、粗细、纯杂之分。朗读语言要有艺术性,但不能把艺术性同表演性混为一谈。表演也有艺术性,但表演要求在有声语言上有所夸张,要渲染气氛,朗读是不能照此办理的。朗读的知识性、转述性、严肃性、质朴性,必须区别于表演的文娱性、趣味性、角色性、华美性。当前,有的同志有意无意地贬低了朗读的作用,以为朗读只有走上表演的道路才算进入了高级阶段,才会生动感人。这个愿望是好的,却或多或少抹杀了朗读的特点,很值得注意。许多中小学语文教师已经从切身体会中觉察到,应该坚持朗读的创作特点,不能追求表演。在课堂教学中,在学术交流中,表演的效果远不及朗读那样使人专注于作品内容,远不及朗读那样使人专心于语言体味。这正如在文娱晚会、舞台演出中朗读的效果远不及惟妙惟肖的表演是一样的道理。宣读领导人的讲话,不是扮演领导人的具体形象和音容笑貌;朗读科学论文,精彩处也能博得掌声,但根本不同于单口相声的演出。

这里不妨用一个简单例句来加以比较。

“刘胡兰屹立在刑场中间，像钢铁的巨人。”

生活语言中：叙述自然，显得变化不大。

表演语言中：夸张渲染，显得变化很大。

朗读语言中：顺畅清晰，显得变化适中。

我们在朗读时，一般选用这样的语势：

总的语势如起潮类，分两步起。“屹立”为第一步，辅之以“在刑场中间”，表现刘胡兰临危不惧、视死如归的精神面貌，岿然不动、钢浇铁铸的坚定神态。“巨人”为第二步，辅之以“钢铁的”，表现刘胡兰刚强无畏、坚贞不屈的品质，忠心赤胆、大义凛然的德行。

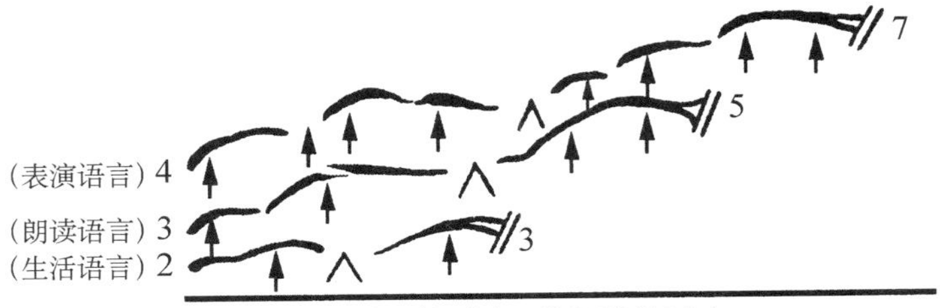

刘胡兰屹立在刑场中间，像钢铁的巨人。

从这三种语势相比较的模糊图形中我们可以看到，朗读的语势介于生活语言语势与表演语言语势之间。生活语言语势起伏不大，表演语言语势起伏很大，朗读的语势较适中。当然，不能以此为据，说一切语句都如此而毫无例外。事实上，有时生活语言语势起伏很大，而表演语言语势起伏却很小，对此不能绝对化。我们也没有丝毫抑此扬彼的意思，因为三种语势各有其功能，不同的材料、不同的场合、不同的语言环境，三种语势各有其长，各有其短，都不可或缺。真正的表演艺术语言（排除哗众取宠、虚假做作的所谓“艺术语言”）也是各有其风格、特色的差异的，豪放与婉约就有明显的不同，我们这里不过举其一端，以利比较。

这种比较虽然简单，也许片面，但我们从中可以体会到朗读语气“读而不板，说而不演”并不玄奥，而熟练掌握也不容易。我们应坚持朗读的正确创作途径，发扬特色，克服不足，向着高质量的目标前进。

知识梳理

就朗读的语句来说，既有内在的思想感情的色彩和分量，又有外在的高低、强弱、快慢、虚实的声音形式。综合这两方面，我们称之为“语气”。语气包含两大方面的问题，即思想感情的具体性问题，还有声音形式的语句性问题。语气向我们提出的要求是:形神兼备,纵横捭阖。

语气的色彩:爱的感情,气徐声柔,口腔松宽,气息深长;憎的感情,气足声硬,口腔紧窄,气息猛塞;悲的感情,气沉声缓,口腔如负重,气息如尽竭;喜的感情,气满声高,口腔似千里轻舟,气息似不绝清流;惧的感情,气提声凝,口腔像冰封,气息像倒流;欲的感情,气多声放,口腔积极敞开,气息力求畅达;急的感情,气短声促,口腔似弓弦,飞箭流星,气息如穿梭,经纬速成;冷的感情,气少声平,口腔松懒,气息微弱;怒的感情,气粗声重,口腔如鼓,气息如椽;疑的感情,气细声黏,口腔欲松还紧,气息欲连还断。

语气的分量简单分为重度分量、中度分量、轻度分量。作品中的主要语句、核心语句、关键语句属于重度分量;作品中比较重要的语句属于中度分量;作品中次要的语句属于轻度分量。重度分量在朗读过程中起着纲目的作用,它体现着目的、愿望、基调。重度、中度、轻度没有绝对值,只有相对意义,在比较中显露。

语调反映了声音形式的运动过程,具有复杂性、曲折性。复杂性是说语调千变万化,无比丰富;曲折性是由语气的色彩和分量决定的,它是朗读中语气的完整声音形式的主要规律,也是语调的根本特征。

语势是指有声语言中语句的发展或行进的趋向和态势,分为波峰类、波谷类、起潮类、落潮类、半起类。但我们必须强调,"语无定势",语势只是语气的局部表现,反映朗读者由具体作品引发的具体思想感情的运动状态。我们不能孤立地研究语句的声音形式,在有声语言的运用中,最忌追求现成的公式,"语调"与"语势"虽有区别,也有联系。

读而不板,即句首忌同一起点,句腰忌同一波形,句尾忌同一落点。说而不演即朗读必须把作品变为自己要说的话。一方面,指理解、消化作品的内容和形式,根据作品的文字语言转化为有声语言;另一方面,朗读时的有声语言要有思维过程,要有心理变化,就像是自己的思维过程、心理变化所产生、所铸造的语言。

第十四章

节　奏

第一节　节奏的概念
第二节　节奏与速度
第三节　节奏的类型
第四节　节奏的转换方法
第五节　节奏与基调
第六节　停连、重音、语气、节奏之间的关系

由一定的思想感情的波澜起伏所造成的，在朗读全篇作品过程中所显示的，抑扬顿挫、轻重缓急的声音形式的回环往复，就是节奏。

节奏是整体性、全局性的表现，被目的、主题所统率，被愿望、基调所制约。只有立足于全篇，朗读中那高低、强弱、快慢、顿挫、转换等，才能够处于相互映照、前后对比的整体配置中，不致南辕北辙或散落流失。

第十四章 节奏

- 节奏的概念
  - 节奏的成因
  - 节奏的声音形式
  - 立足于作品的全篇和整体
  - 全篇声音形式的回环往复
  - 由一定的思想感情的波澜起伏所造成的，在朗读全篇作品过程中所显示的，抑扬顿挫、轻重缓急的声音形式的回环往复
- 节奏与速度
  - 语节：词的疏密度
    - 词的密度越大，一定时间里容纳的词语越多
    - 语节是作品全篇语流速度的具体表现。节奏在缓疾变化上的回环往复，就是通过语节中词的疏密度显现出来的
- 节奏的类型
  - 轻快型
  - 凝重型
  - 低沉型
  - 高亢型
  - 舒缓型
  - 紧张型
- 节奏的转换方法
  - 欲扬先抑，欲抑先扬
  - 欲快先慢，欲慢先快
  - 欲轻先重，欲重先轻（包括虚实转换）
- 节奏与基调
  - 基调统指思想感情运动状态形成的色彩和分量
  - 节奏专指回环往复的声音形式的表现
  - 二者互相依存，又各显其不同的功能
- 停连、重音、语气、节奏之间的关系
  - 语气是朗读内容、结构、主题、背景、目的、态度、感情、色彩、分量、主次、基调等的落脚点、结节点、汇聚点、发光点
  - 停连，解决词、词组、句子、段落、层次之间的疏密关系，使语意完整清晰，感情隐现得体
  - 重音，解决句子、段落中的主次问题，使语言目的明确，重点突出
  - 节奏可以在回环往复的转换中，使语气更添光彩
  - 语气是技巧的核心，但四者密不可分

我们在了解了停连、重音和语气的朗读技巧之后，还有一个问题要注意，那便是节奏在朗读中的运用。

“节奏”这个词古已有之，《礼记·乐记》所谓“文采节奏，声之饰也”，《王制篇》所谓“刚柔轻重迟速异齐”，都是指音声节奏。但那时多指音乐，像“使其曲直繁瘠廉肉节奏足以感动人之善心而已矣”，是体现“先王立乐之方”的，至于“譬诸音乐，典度虽均，节奏同检”，就更明显了。至今，“节奏”用在音乐上还是很普遍的，用以说明“音乐中交替出现的有规律的强弱、长短的现象”（《现代汉语词典》）。

其实，“节奏”作为世间一切事物运动的有规律的一种现象，不仅存在于音乐中，戏剧、诗歌、朗读、说话……都有节奏问题，甚至那些没有音响的事物也有节奏。

我们这里所说的节奏，属于朗读学的范畴，有其特定的内涵。

第一节　节奏的概念

对于节奏存在着许多不同的理解。因此，我们打算首先澄清对节奏的认识，然后再进一步讨论什么是节奏的问题。

有人说，节奏就是速度。所谓速度，在有声语言中属于音长的问题，也有停顿数目多少和停顿时间长短的问题。这无疑是表达中的重要问题，也是形成节奏的重要组成部分。但是，以速度代替节奏，甚至等同于节奏，却是片面的。因为节奏还会有其他重要内容，不只是速度。有人举例说，读“大象”时就慢，读“猴子”时就快，这两个词的节奏就有区别。我们认为这个说法不够确切。很明显，在朗读这两个词时，那区别还表现在声音的高低、强弱和音色上，而且是属于语气的范畴。把语气说成节奏，不但看窄了节奏本身，也抹杀了语气的存在意义。既然如此，只说“句子的节奏”“文章的节奏”就可以了，这样简化术语、统一概念，不是更好吗？为什么还要有“语气”“语调”“语势”等多种概念的区分和使用呢？何况，“大象”和“猴子”在不同的语言环境中会有不同的表达，在句子中会有不同位置，还要受具体思想感情支配呢！在理论上，概念的模糊、术语的乱用，只能导致实践上的无所适从，不知所终。

有人说，节奏就是抑扬。所谓抑扬，在有声语言中属于音高的问题，同速度一样，也只是节奏的重要组成部分，不可以部分代整体。

有人说，节奏是一连串的声音，具有一定的高低和时间的间歇。这个说法，涉及了音高、音长、停顿，用“一定的”加以限制，好像是全面了。但我们觉得，这个说法仍嫌不足，还是没有解决节奏构成的实质问题。

那么，节奏的实质究竟是什么呢？我们认为，必须对它做一全面的探索。

第一，节奏的成因，在于思想感情的运动状态。没有运动着的思想感情，不可能产生有声语言的节奏。“诗人感物，联类不穷，流连万象之际，沈吟视听之区；写气图貌，既随物以宛转；属采附声，亦与心而徘徊。”（刘勰《文心雕龙·物色》）“随物以宛转”“与心而徘徊”，道出了节奏的重要根据。《文心雕龙》中有关的论述还有很值得我们重视的。“气由感动，声随气发，盈亏消长，莫知其极。形既有万品之繁，斯感有万端之异。感有万端之异，斯音有万态之殊。”（马宗霍《音韵学通论》）更明确地指出了“万品之繁”“万端之异”同“万态之殊”的联系。节奏失去了这个根本，形同槁木，虽有曲折，却无生命。我们不认为那种单纯追求声音大起大伏而没有感情的朗读叫作“有节奏变化”，就是这个原因。

第二，节奏的声音形式：“音有万态之殊”，只说明了声音形式的多样性，没有解决节奏的质的规定性。曹丕《典论·论文》里“节奏同检”的意思，指音调缓急的度数为节，更端为奏，法度为检，也不是十分准确，不过可借以发挥，纳入朗读的轨道。郭沫若论节奏的文章中涉及节奏声音形式的有好几处，能给我们很多有益的启示。例如，他把音响的节奏分为两大类，即沉静的节奏和鼓舞的节奏。他指出：“先扬后抑的节奏，便沉静我们。先抑后扬的节奏便鼓舞我们。这是一定的公例。”①他以钟声和涛声、泰戈尔的诗和惠特曼的诗为例加以说明。

那么，怎样的声音形式才会造成节奏，并给人以节奏感呢？

火车在铁轨上行进，发出了连续的“咣当、咣当”的声音；瀑布从山顶上倾泻，发出了连续的“哗啦、哗啦”的声音……这是单调的节奏。单调节奏的朗读，像老和尚念经，会使听者厌倦。歌曲、器乐、戏剧……声音不但悦耳，而且动人，这是优美的节奏。优美的节奏在朗读中运用，给人以美感享受，这正是我们应该努力达到的最佳境界。

优美的节奏在朗读中的具体表现到底包含哪些基本方面呢？怎样表述节奏的概念才会更确切些呢？

一是，节奏必须包含抑扬顿挫。不仅有高低变化，还要有停连、转换的变化。

二是，节奏必须包含轻重缓急。不仅有声音的力度，还要有声音的速度，更要有力度、速度的承续、主从、分合与对比。

三是，节奏必须包含声音行进、语言流动中的回环往复的特点。这恰是节奏的核心，体现了节奏的质的规定性。节奏犹如群山的绵延起伏、江河的浪涌波翻，没有峰谷

① 郭沫若.沫若文集　第10卷[M].北京：人民文学出版社，1959：229.

的循环、交替,没有前后的序列、呼应,就谈不上节奏。单调的节奏也是这样,火车的一声“咣当”,瀑布的一声“哗啦”,形不成节奏。有时听其一声,便能判断,那是被经验、联想补足了之后才形成的。而朗读的节奏是由作品的多语句、多层次的推进形成的。

在朗读中,如何表现出回环往复呢?简单说,是作品语句、小层次、段落、层次、部分在语流中呈现的相似语势、相似语气和相似转换造成了回环往复的形态。相似语势、相似语气,是指语势类别、语气色彩和语气分量的相近似,不是句句相似,而是重点句的相似,非重点句可以不同甚至相反。相似转换,是指语句之间、小层次之间、段落之间、层次之间或部分之间,有某些大体差不多的转换,像扬转抑、抑转扬、快转慢、慢转快等,像明转暗、暗转明、实转虚、虚转实等,像突转、渐转、大转、小转等。这也不是说处处相似,也要根据具体文势,但总会有相似转换的回环往复。这样,既保证了朗读中时时处处有变化,又会有某种相似态势的回环往复的呈现。

第三,立足于作品的全篇和整体,是节奏的基本要求。只有局部的节奏感,会失于零乱、限于枝枝节节。节奏首先注意层次、段落的区别和联系,并落实于语气的衔接和转换。因此,节奏是整体性、全局性的表现,被目的、主题所统率,被愿望、基调所制约。只有立足于全篇,朗读中那高低、强弱、快慢、顿挫、转换等,才能够处于相互映照、前后对比的整体配置中,不致南辕北辙或散落流失。哪一处(层、段、小层次)要扬,是稍扬还是更扬,哪一处要抑,是稍抑还是再抑,诸如此类,不可不思,不可不辨。于是,无动于衷的平板、心猿意马的紊乱、情不自禁的僵持、随心所欲的做作,都会在一定程度上受到阻碍,并被整体配置引渡到神与貌合的和谐运动中去。

第四,全篇声音形式的回环往复,要求峰谷相间、前后呼应,不论全篇作品有多少层、多少段,至少要有一波峰、一波谷,多则不限。波峰波谷虽然是由一个个语势承续而成的,却远比语势的峰谷来得宏观。所谓“起伏跌宕”“纵横捭阖”“气势磅礴”“一气呵成”等,就包括整体节奏感。至于峰谷数量、结构样式,因作品的起承转合不同和文势不同而显出差异。这个问题,正是我们研究的重点。

由此,我们是不是可以这样表述朗读中节奏的概念呢:由一定的思想感情的波澜起伏所造成的,在朗读全篇作品过程中所显示的,抑扬顿挫、轻重缓急的声音形式的回环往复,就是节奏。

在节奏的概念上,有人主张分内部节奏和外部节奏,认为“动于衷”的起伏是内部节奏,“形于外”的变化是外部节奏。之所以这样区分,是为了明确内外节奏统一与不统一两种情况。从朗读的角度看,没有必要进行这种区分。因为任何时候、任何作品中,思想感情的波澜起伏和有声语言的抑扬顿挫、轻重缓急的回环往复都应该是统一的,而不应该有背离的情况。就说内心紧张而故作镇静的朗读吧,如果回环往复的声音形式中只表现出镇静,丝毫不流露出控制着的紧张,使听者感觉不到是故作镇静,那么,这种朗读是不高明的。因此,所谓内外部节奏的不统一,恰恰应该是回环往复声音形式的和谐统一的表现，而不应该是表里不一、情声相悖。我们在朗读中，只应着意把握贴切和谐，不必注重内部节奏、外部节奏的区分。

第二节　节奏与速度

“意识流”如电光石火，“思接千载，视通万里”，正是人类高级神经活动的一个显著特点。但它只要附着于物质外壳，或诉诸文字、色彩，或诉诸声音、金石，就必然被局限。朗读是一种时间范围的语言艺术，它失去了空间，却赢得了时间，它必须扬己之长，充分利用时间，在时间流逝中显露自己的价值，发挥自己的作用。

“语言流”要由己达人，除了延续性之外，还有隐含性。朗读时，既要明晰，又要畅达。因此，词语序列就同时间发生了密切的关系，在一定的时间里，容纳一定数量的词语，就构成语言的速度。这所谓一定的时间，当然有客观的绝对时值，朗读者对朗读某一作品需要多少时间，也应心中有数。但是，这并不十分重要，听的人也不会用分秒去计算朗读的字数。朗读者也不必先计算字数，再按照分秒进行朗读。重要的是朗读者对语言速度的把握。思想感情的运动状态是语言速度的根本，如兴奋的感情往往使语流加快，悲痛的感情常常使语流变慢，等等。但是，快慢程度如何，朗读者不可不管。它关乎“由衷”与否，也关乎能否“达人”。

怎样具体把握语流速度呢？朗读者应该具有“时间感受”的阈限。这个时间感受表现在句中词或词组之间的停连上，就作品全篇说，表现在层次、段落、小层次本身以及它们相互之间的停顿、转换上，并且进一步表现为整体配置上，重点之处语流速度的回环往复。

这种句子与句子、词组与词组、词与词之间的语流速度，又主要表现在音节的长短上。朗读中的节奏，正是由音节长短造成的语流速度在全篇中的回环往复同其他因素结合而成的。

语流速度既然不能用分秒表示，那怎样才能说明它呢？由于语言流是一种不定音程、不定节拍的声音行进，我们不便于用乐谱描述，更何况它并非固定时值，必须在前后对比中去显露呢！

为了使初学者能够在一定范围和一定程度上把握语流行进的速度，我们特提出“词的疏密度”这个说法。

词的疏密度，是指在一定时间里所容纳的词的数量，特别是实词的数量。这当然是一种相对意义上的说法，不要以绝对时值对待。同时，也不要以乐曲中的节拍对待，因为，如果把它理解为节拍，朗读极容易向吟唱靠拢，甚至形成一种固定腔调。

为了表示词的疏密度，我们在语势模糊图形中已采用了向上或向下的箭头符号作标记，箭头符号越少，表示词的密度越大，即在一定时间里容纳的词越多。但在专门研究的时候，又嫌过于模糊，因此，我们想以划分语节来显示词的疏密度。语节有点像节拍，但比节拍灵活得多。语节号，用一条竖线标记，也还是一个轮廓性的东西，它不要求十分明确、十分准确的界限，而主要靠时间感受阈限来具体把握，在语流中也不允许中断，中断就成停顿了。语节号前面的音节可以在需要延长时超过这标记，不要求到此一定收住。这可以反映出语节与节拍的差别，也可以避免造成唱歌的节拍感。不过，语节内部的相对速度，就不便过细区分了，由朗读者依据作品的具体情理，在具体感受中善自为之。当然，就是语节划分，也会因朗读者具体把握不同而有所变化，这里，它仅表示时间感受的阈限，丝毫没有“必须如此”强求一律的性质。

还要说明，一个语节与另一个语节，或相邻，或远隔，并不要求同一绝对时值，大体近似即可。而停顿，一般不包括在语节之内，语节的竖线符号也不一定在词与词之间，它有时可以打破词的完整结合，而划在词的内部。这都是因为我们是以音节的长短为最小单位的缘故。

我们试举一个短句为例。

“他喜欢唱歌。”可以有几种划分：

①|他喜欢唱歌|

②他喜欢|唱歌|

③|他~|喜欢|唱歌|

④|他喜|欢唱歌|

⑤|他|喜|欢|唱|歌|

这几种划分，可以帮助我们认识到：同样字数的句子，甚至是同一个句子，因为语言目的、语言环境、具体思想感情的不同，语气和节奏所要求的速度也就不同。①为一个语节，语流相当快，词的疏密度相当紧凑；⑤为一个字一个语节，语流相当慢，词的疏密度相当宽松。值得注意的是④，语节竖线标在“喜”与“欢”之间，表示“喜”字延长，“欢唱歌”三字较快。这是重音的一种表达方法，快中显慢法。“喜欢”一词为重轻格式，“喜”字声调为前半上，延长后，调值近似“211”，“欢”仍在全上声调的尾部高点上，轻声调值近于“4”。这种语节划分不会造成混乱，而是在提醒朗读者：“喜欢”这个词，是重音，出于语气的需要，突出重位音节“喜”字，音节延长的结果造成了语节这种划分的样式，而不可能把“他喜”作为一个词，“欢唱歌”作为一个词来划分。

我们再看同一篇作品中不同段落的语节划分情况。要求语节的时值相近。

①王若飞|整了整|衣领，迎着|深秋的|晚风，望着|周围的|山峦。他|挺直|身子，从容地说：“用不着考虑了，开枪吧！”

②王若飞|忽地转过身来，面对着敌人，敌人吓得|后退了几步。王若飞|轻蔑地

说：“你们这套把戏，对共产党人是|没有用的！”

很明显，①语流较慢，②语流较快。同一个“王若飞”这三个字，在①中，与“整了整”“衣领”，都是一个一个语节，就显得慢些，在②中，与“忽地转过身来”同样作为一个语节，就显得快些。可见，在语节时值相对稳定的情况下，词疏则慢，词密则快；与词疏语节相并列，则显慢，与词密语节相并列，则显快。

我们不可能把所有作品体裁、所有语句类型的语节情况罗列出来，不过，语言流动的进程已经比较明显地从语节划分中表现出来了。

综上所述，我们认为：

第一，语节一般以词或词组为单位，但重视音节的长短。每一语节中，不应太疏，如一个音节竟占两个语节；也不应太密，如十个音节才占一个语节。这里似乎有一个范围，即一个音节以上，八个音节以下。如果音节数目多，就要考虑另划一个语节。朗读中掌握这个范围很重要，使语流保持在适中的速度上，平稳变化而不抻，顺畅起伏而不促。

第二，一个语节里，只要有两个音节或两个词，就会有轻重格式或主次关系。尤其是主次关系，这个语节中的词在全句中也许只是轻度分量，也要加以区别。实词在语节中成为主体，有时虚词也可以占一个语节，如：“是|吗？”

第三，语节跟停顿有联系，但并非没有区别。不应只是在停顿或可以停顿的地方才划分语节，虽然停顿时一定意味着语节的划分，停顿符号或标点符号不必同语节划分竖线符号同一处使用。凡有标点并且可以停顿处我们不再做语节标记，就是这个意思。而即使是一个单纯词，语节竖线符号也可以把它拦腰截断，如：“这是|玻|璃的。”这也显示出语节的特点。语节是语言行进中速度的路标，而不是歇脚的凉亭。如把语节作为声音流动的中止，势必导致呆板、生涩。

第四，语节显示了语流速度中词的疏密度，却完全不会影响语势的变化方向。语节是在语势的模糊图形中沿语言流动的趋势显示的。但是，语节显露语势的快慢。语节划分得多，语势的曲线必是较长的；语节划分得少，语势的曲线便会是较短的。这一点，从生活语言、朗读语言、表演语言的语势比较图形中可以明显地看出来。

第五，正是由于以上的原因，语节同节奏便成为局部与整体的不可分割的关系了。诗经、楚辞、乐府、唐诗、宋词、元曲，反映了文学发展的变迁、体裁的多样化，从节奏看，不也有各自的特点么？诗行与语节、长短与押韵，真是丰富而奇伟。节奏的鲜明，既表现在句式长短上，还表现在语节的多少上。语节的千姿百态，更使节奏生动、独特。

第六，语节的划分还可以区别说话、朗读、朗诵、表演、歌唱。朗读要求比较规整，其他都必须有更多、更大的速度变化。比如拖腔（一个音节或字腹，跨越两个甚至更多的语节），在朗读中就罕见，而表演、歌唱中就经常使用。

总之,语节是作品全篇语流速度的具体表现,节奏在缓疾变化上的回环往复,就是通过语节中词的疏密度显现出来的。

第三节　节奏的类型

从一个句子的语节划分中看不出节奏,因为这个句子本身不存在回环往复的问题。但是,全篇作品朗读的节奏又不能离开语节的划分。这是由于整体是个体的汇聚,全篇是由部分组成的。

节奏因作品、朗读者思想感情的运动状态不同而呈现不同的回环往复。它的特点、个性,必须由作品的整体表现出来,在表现过程中,又必须把握局部的变化。我们需要的是由个别到一般,又由一般到个别的多次反复认识,除此之外,任何简单、表面的认识都会招致不良影响。

在节奏的把握上,我们应该注意两点:

第一,多数性。全篇作品中,主要语句是怎样的语势(包括语节)? 主要语句的语势在语流中形成多数相似语势的原型,造成回环往复,节奏因之得到具体显露。

第二,转换性。句与句、段与段、层与层之间是怎样承续的? 由上文是怎样转换到下文的? 这相似转换造成了回环往复,节奏因之得到整体显露。

全篇作品的相似语势、相似语气和相似转换,也可以称为基本语势、基本语气和基本转换,其他语势、语气、转换,或与之相辅相成,或与之相反相成,它们就构成了节奏的类型,造成了具体变化。

从作品的基调和初学朗读的需要出发,我们对节奏的类型进行了轮廓性、概括性的区分,以便于较为自觉地运用节奏。根据节奏的基本特点、基本表现形式,我们把节奏分为六种类型。这六种类型及其各自的典型性,简述如下:

一、轻快型

多扬少抑,多轻少重,语节少而词的密度大。基本语气、基本转换,都偏于轻快,重点句、段更为明显。

如:《春天来了》《荷花淀》《黎明的通知》《口技》等。

二、凝重型

语势较平稳,音强而着力,多抑少扬,语节多而词疏。基本语气、基本转换都显得凝重，重点句、段更为明显。

如：《藤野先生》《最后一课》《西里西亚纺织工人》《岳阳楼记》等。

三、低沉型

语势多为落潮类，句尾落点多显沉重，音节多长，声音偏暗。基本语气、基本转换，都带有沉缓的感受，重点句、段尤甚。

如：《小白花》《卖火柴的小女孩》《一月的哀思》《五人墓碑记》等。

四、高亢型

语势多为起潮类，峰峰紧连，扬而更扬，势不可遏。基本语气、基本转换都趋于高昂或爽朗。重点句、段更为突出。

如：《白杨礼赞》《海燕》《三门峡——梳妆台》《滕王阁序》等。

五、舒缓型

语势多扬而少坠，声较高而不着力，语节内较疏但不多顿，气长而声清。基本语气、基本转换都较为舒展，重点句、段更为明显。

如：《秋色赋》《雪》《青纱帐——甘蔗林》《送东阳马生序》等。

六、紧张型

多扬少抑，多重少轻，语节内密度大，气较促，音较短。基本语气、基本转换都较为急促、紧张。重点句、段更为突出。

如：《董存瑞炸碉堡》《最后一次的讲演》《武松打虎》《回延安》《童区寄传》等。

以上列举的节奏类型，显然还不够丰富，事实上，哪一篇作品的朗读都不会如此简单。这些节奏类型，并不是说每一句话都要符合它，也不是说每一基本语气、基本转换都雷同，恰恰相反，每一种节奏类型都是全局性、整体性的概括。

例如《卖火柴的小女孩》，尽管几次出现火焰幻觉的欣喜，但欣喜中的凄苦是明白点染了的。其基本语气多是痛苦而愤懑的倾泻、落潮类沉重的语势、缓慢低暗的色调，在回环往复中呈现出低沉型的节奏。那幻觉中的“幸福”感，在某种程度上带有轻快的语气，愈加强化了低沉的性质。这正如《荷花淀》的轻快型节奏中，有时却带有紧张的语气，《武松打虎》的紧张型节奏中，有的语句以舒缓的语势表达，《秋色赋》的舒缓型节奏中，又有一些高亢的语势，《最后一次的讲演》的紧张型节奏中不乏轻蔑的语气一样，我们既可以看到六种节奏类型的互相渗透、相互映衬，又可以看到重点句、段形成的某种节奏类型分明的特点，而不会与另一节奏类型混淆。这一切，都丰富了朗读中节奏的变化。

认识了节奏的六种类型，并不等于把握住了节奏。运用节奏，当然要熟能生巧，但在朗读作品时，笼统和单一也是容易出现的毛病，而这是运用节奏的大忌。艾克曼在与歌德谈话时说过，我们乐意避免刚才听到过的声音。这一点完全符合音响节奏的规律。“转换声音”，既是客观外界的一种自然法则，也是人类社会语言发展的必然现象。在单调节奏的长时间刺激下，一方面，人的大脑会对这种刺激产生抑制，直至麻木；另一方面，也会对刺激中极偶然、极细微的变异感觉敏锐，反应强烈。有经验的人能从列车行进声中听出某个机件失常，从钟表运转声中听出某个环节异样，就有这方面的原因。在课堂秩序不好、人声鼎沸的当口，高明的教师并不高声训斥，反而找准空隙低声设问；在锣鼓震天的轰响中，忽然进入洞箫的轻柔乐句……这马上吸引了人们的注意，喧哗立止，情绪突变。节奏变化的魅力由此可见。

朗读中运用节奏，不是从概念出发，不是只定类型，而必须从具体作品、具体层次、具体思想感情的运动状态入手。

我们试举一例：

①小俞已经意识到事情的不妙，她和道静两个同时哭了。夜是这样黑暗、阴沉，似乎要起暴风雨。多么难挨的漫漫长夜呵！

②夜半时分，铁门开了。林红被卫兵用一扇门抬了出去。临出门，她在门板上向两个难友伸出手来，虽然握不到她们的手，却频频热情地说：

“告别啦，小妹妹们！好好保重！”

③门板刚刚抬出囚房，一阵急雨似的声音猛然激荡在黑暗的监狱的屋顶，激荡在整个监狱的夜空：

“打倒反动的国民党！”

“中国共产党万岁！”

“共产主义是不可战胜的！”

“同志们，为我们报仇呀！”

声音开始是林红一个人的，以后变成几个人的，再以后变成几十个、几百个人的了。这口号声越来越洪大，越壮烈，越激昂，好像整个宇宙都充满了这高亢的呼声。①

在选入中学语文课本时，篇名为《坚强的战士》，表现了林红的坚毅、刚强、正气浩然。这里节录了结尾的部分。《坚强的战士》属于凝重型节奏，具体到结尾部分，①低

① 节选自《青春之歌》第2部第20章。

沉些;②凝重;③逐渐高亢。三段中,②为全篇回环往复的基本语气、基本转换的显露重点,但并非句句凝重。“她在门板上向两个难友伸出手来”和“好好保重”成为这一部分的核心,也是基本语气的典型,更是凝重节奏的重要体现。受凝重节奏的制约,①的低沉并不死寂,“似乎要起暴风雨”,正表现了“于无声处听惊雷”的心境,低沉中便有某些刚劲。③的高亢并不爽朗,带着某些悲壮。这一切,使林红从容就义显得格外令人景仰、怀念。如果失去了凝重节奏的特点,有声语言便会成为拼凑起来的句段,低沉便流于压抑,高亢也杂入轻飘,凝重就被散乱而无回环往复的语句所湮没。一般来说,不到朗读材料的结尾,就不能得到节奏的完整态势,究竟属于何种类型,也就不应贸然认定了。

我们试看下例:

①“反动派暗杀李先生的消息传出以后,大家听了都悲愤痛恨。我心里想,这些无耻的东西,不知他们是怎么想法,他们的心理是什么状态,他们的心怎样长的!(捶击桌子)②其实很简单,他们这样疯狂地来制造恐怖,正是他们自己在慌啊!在害怕啊!所以他们制造恐怖,其实是他们自己在恐怖啊!特务们,你们想想,你们还有几天?你们完了,快完了!③你们以为打伤几个,杀死几个,就可以了事,就可以把人民吓倒了吗?其实广大的人民是打不尽的,杀不完的!要是这样可以的话,世界上早没有人了。”

《最后一次的讲演》是紧张型节奏,以表达闻一多先生义愤填膺,仗义执言,对人民满腔热忱,对敌人嗤之以鼻的强烈爱憎。朗读时,很容易句句用力、字字用力,而这样做的效果肯定是“费力不讨好”的。我们要找到重度语句,也要找到轻度语句;找到基本语气与基本转换;找到紧张型节奏的典型句与其他型节奏的渗入句。像这一段①由低沉转为紧张型节奏,“他们的心怎样长的”是典型句;②舒缓些,极度蔑视敌人,但应是悲愤中的蔑视,是舒缓型渗入句,带有紧张型的意味;③紧张型节奏的典型,“吓倒了吗”为第一步,“打不尽的,杀不完的”为第二步,末句又稍缓。以上这三个小层次都属于紧张型节奏,与全篇的紧张型一致。其中不同的色彩、不同的转换,不仅没有削弱整体节奏感,反而更丰富了它。

有不同类型节奏,就有不同的典型句,其基本语势、基本语气和基本转换,在全篇的多次呈现,就造成了这个类型中特有的抑扬顿挫、轻重缓疾的回环往复。而那些渗入句,也带有这一类型的个性因素,受这个类型特点的约束。可以说,典型句(包括基本语势、基本语气、基本转换)是支持节奏类型的骨架,典型句也许有时为数不多,但其作用并不减小。渗入句也许为数甚多,却一定要维系典型句支持的节奏类型,不应起干扰和破坏作用。

第四节　节奏的转换方法

我们了解了节奏的类型和必须变化的道理，还应该进一步掌握节奏的转换方法。

关于节奏的转换方法，当然要在节奏类型的基础上运用。如果一篇作品的朗读，节奏转换的方法灵活多样，而全篇却不知道是哪种节奏类型，那将会事倍功半。

节奏转换的方法，不外有四个角度，即抑与扬、快与慢、轻与重、虚与实。每一个角度又有两个方面，或以这一面为主求另一面的变化，或以那一面为主求这一面的变化。由此，又引申为八种方法。这八种方法互相交叉、相互作用，形成具体作品各具特色的节奏转换。

在我们对节奏转换的方法进行具体讨论的时候，仍然不能对作品的全篇加以剖析，还是得以选段为单位举例说明。当然我们也要顾及全篇节奏类型，及其与上下文的前后承继关联，故一般说来，节选也可以说明问题。

一、欲扬先抑，欲抑先扬

声音的高低变化，形成峰谷相间的起伏关系。内容的主要部分必须以较浓的色彩、较重的分量表达出来。明确了主要部分，还要认真考虑次要部分如何表达，怎样为主要部分铺垫和陪衬。这主与次之间，有时用抑扬显示它们的区别和联系。如果主要部分要扬，次要部分就要抑，反之亦是。意即，如果下一层、下一段、下一个小层次、下一个句子要扬，那么，这一层、这一段、这一个小层次、这一个句子就先抑，反之亦是。这种抑扬之间有上行、下行的转换，所以它是节奏的一种转换方法。

如："①我躺着，听船底潺潺的水声，知道我在走我的路。②我想：我竟与闰土隔绝到这地步了，③但我们的后辈还是一气，宏儿不是正在想念水生么。④我希望他们不再像我，又大家隔膜起来……⑤然而我又不愿意他们因为要一气，都如我的辛苦展转而生活，⑥也不愿意他们都如闰土的辛苦麻木而生活，⑦也不愿意都如别人的辛苦恣睢而生活。⑧他们应该有新的生活，为我们所未经生活过的。"

《故乡》的节奏，应属凝重型，它表达了一种深沉、博大的心境，对新生活充满了信念与热望。全篇朗读要形成凝重型节奏的多层转换：从开头到对童年回忆，由抑到稍扬；杨二嫂出场到同闰土见面，由稍扬到更抑；对新一代、新生活的祈望，是扬。

上选例段，是结尾扬的部分中较为重要的段落。特别是③和⑧，构成了这一段主要色彩。为了造成③和⑧更好地扬，依据内容的具体情况，①稍扬，②再抑，③稍抑，④

稍抑，⑤⑥⑦虽有区别，有小的抑扬变化，总的看是再抑，⑧更扬。

《故乡》全篇节奏，主要靠抑的回环往复，而这一段，虽然有抑，却要以扬为主。这扬，是主体部分抑的必然趋势，而不是对主体的违反，因此，这既有本身的特点，又没有失去同主体部分的联系。它本身是扬的回环往复，其中，仍然有抑相辅。在朗读中，既不能“各管一段”，也不能笼统单一，这就是所谓“分而不散，统而不死”的意思。

如：“①她又擦了一根。②火柴燃起来了，发出亮光来了。③亮光落在墙上，那儿忽然变得像薄纱那么透明，她可以一直看到屋里。④桌上铺着雪白的台布，摆着精致的盘子和碗，肚子里填满了苹果和梅子的烤鹅正冒着香气。⑤更妙的是这只鹅从盘子里跳下来，背上插着刀和叉，蹒跚地在地板上走着，一直向这个穷苦的小女孩走来。⑥这时候，火柴灭了，她面前只有一堵又厚又冷的墙。”

《卖火柴的小女孩》是一篇优秀的朗读材料。它充满了对穷苦无依、命运悲惨的小女孩的深切同情，鲜明地揭示出贫富悬殊世界黑暗的一角。“冷”和“饿”是小女孩不可解脱的困境，像一根火柴要驱走严冬暗夜是根本不可能的一样，小女孩要脱离穷苦，也只能在幻想中进入“天堂”——在大年夜因冻饿而死。作者巧妙地利用了实境与虚境的对比，表达了自己的悲哀和同情。但那悲哀中的一股怨气、同情中的一股怒火，犹如地下运行的岩浆，透过地表，使人听到了沉音钝响。这便形成了这篇作品的低沉型节奏。全篇以抑为主，欲抑先扬，回环往复，对比深刻。

我们所举的例段，用幻境中的烤鹅香味与现实中的饥肠辘辘对比，“可望”似真切分明，但“不可及”，于是倍觉现实的冷酷。为了突现幻境破灭的强烈感受，作者反而采取了夸张幻境的手法，那烤鹅从盘子里跳下，向小女孩走来，几乎伸手可取了。在节奏的运用上，朗读者要造成“幻境破灭”的“反差”，就可以由扬转抑，即欲抑先扬。从②开始渐扬，⑤更扬，⑥突然最抑，“只有一堵又厚又冷的墙”，又转入低沉型节奏的典型句，造成了又一个回环。

在此，我们从抑扬的角度看转换方法，在朗读实践中也可以这样体会和运用。但这其中并非如此简单，在抑扬的同时，必然还有轻重、词的疏密度、口腔、气息的多种变化，这已如前述，不可忽视。

二、欲快先慢，欲慢先快

快慢问题，在比较中表现为语节中词的相对疏密程度，语节中词疏则慢，词密则快。同样，少停紧接就快，多停缓接就慢。

在朗读中，有时抑扬变化不太大，而快慢变化较为显著，甚至以快慢变化为主。这种情况下，快慢的回环往复也是节奏的一种转换形态。

如：“①果然，过了一会儿，在那里就出现了太阳的一小半，②红是红得很，却没有光亮。③这太阳像负着什么重担似的，慢慢儿，一步一步地，努力向上面升起来，④到了最后，终于冲破了云霞，完全跳出了海面。⑤那颜色真红得可爱。⑥一刹那间，这深红的东西，忽然发出夺目的光亮，⑦射得人眼睛发痛，同时附近的云也添了光彩。”

《海上的日出》描写细腻而生动，似人，似心，静中含动，目内含情。但它主要不是从高低变化中表现的，而主要是从时快时慢的运动中来描述的。这篇作品的节奏属轻快型。

上文“便目不转睛地望着那里”是一种静态。本段开始，①是渐动，比上文稍快；②要慢，暗红无光的感受；③更慢，负重感；④要快，跳动感；⑤转慢；⑥转快，“一刹那”的感受；⑦要稍慢，光线强而漫开的感受。

我们再从语节的角度看看这快慢变化，仅以③④为例：

这太阳|像负着|什么重担|似的，慢慢儿，一步|一步地，努力|向上面|升起来，到了最后，终于冲破了|云霞，完全|跳出了海面。

本段中，①④⑥是典型语句，为了使④⑥明显地轻快起来，就要注意在具体感受中使②③⑤慢一些，这就是一种欲快先慢的方法。

欲慢先快的方法比欲快先慢的方法更为常见。因为一般重点句、一般重音都要比次要词句读得慢些，重点层次和段落也往往较慢，这里就不再细说了。

三、欲轻先重，欲重先轻

轻重变化，可以包括虚实变化。因为实声中有轻重之分，轻到一定限度就会转为半实半虚的声音。由轻转重、由实转虚等，能够形成轻重相间、虚实相间的回环往复，造成节奏感。

《谁是最可爱的人》凝聚着浓重的爱国主义、国际主义深情，应属于凝重型节奏。全篇重点写了三个故事。第一个故事，壮烈；第二个故事，急切；第三个故事，诚挚。开头、结尾，每个故事的收束，都显得凝重。从结尾段看，表现为虚实相间。

如：“朋友，你是否意识到∧你是在▲幸福之中呢？……可是，从朝鲜归来的人，会知道∧你▲正生活在幸福中。”

这两句是结尾前半部分的重点，是凝重型节奏的典型句。“幸福”和“正”都用半实半虚的声音表达肯定的幸福感，而前面的词语都用实声，以显示这两句的色彩和分量，正是欲轻先重、欲虚先实的转换方法。

欲重先轻的表达方法也是一般常用的方法，这里不再多说。欲实先虚的方法极少用，也不再举例。

以上谈的这些方法，在朗读实际中同样是交错、重叠使用的。在朗读中只有综合使用它们，才能使节奏更为灵活多样，使朗读更具艺术魅力。但是，究竟怎样综合使用呢？我们就从一小段例子的朗读情况看一看：

①武松心里想道：②“我就把这只死大虫▲拖下冈去。”③就血泊里用双手来提，∧④哪里提得动！⑤原来，武松使尽了气力，⑥手脚都酥软了。

《武松打虎》是紧张型节奏。武松打死大虫之后，仍然壮心不已。①要平缓些，②要积极些，③要高亢些，④要沉重些，⑤要松弛些，⑥要低弱些。

仔细分解一下：

①武松打死大虫后豪情满怀，还要把事情做得更圆满些，心里是松快地想，朗读时声音偏低、快而轻。

②语势波峰类，突出重音“拖”，信心足，声音较高、慢而重，收尾干净。

③语势起潮类，“就血泊里”有伸手向下的感受，“用双手”如在抓住老虎，“来提”有用力向上提的感受。这三步，要步步上行。“提”字高而短，尾音如物重憋气状送出。

④语势落潮类，气徐出，字字渐松，有无可奈何、力不从心之感。

⑤回味似的赞扬，语势稍上行，“尽”字处于矮波峰顶端，舒缓些。

⑥语势再落，“酥软”声音低缓，气支撑而不收敛。如果敛气收声，就会造成悲哀感，赞扬的色彩会立即消失。

这一段，以上行语势为主，②③⑤为典型句。紧而后松，实而后虚，快而后慢，扬而后抑，形成回环往复的紧张型节奏，转换显得丰满而不单一。这样，既增强了“奋力打虎”的真实感，令人信服，又表现了武松的侠义赤诚，令人赞叹。

所有这些分解，都应该推及全篇，运用多种转换方法，以增强有声语言的节奏感，那回环往复也便可以得之于心，出之于口了。

第五节　节奏与基调

基调作为全篇作品总的思想感情的色彩和分量，作为理解与表达的和谐统一，必须通过节奏更好地显露出来。节奏的类型与转换方法，当然应该符合基调的统一和变化。同时，节奏的情状如何，又会反过来给基调以重大影响。

基调，在朗读的准备、酝酿中已露端倪，节奏只有在朗读进行中才从构思阶段脱胎出来，成为可感的有声语言的现实。而这种现实，恰恰证明着作品朗读基调的存在与作用。如说“基调高了”，并不是说朗读基调只指声音高低，也不是朗读头一两句的“起调”影响了全篇朗读，而是说全篇作品朗读过程中“高音”的回环往复过多，起潮类语势过多等。说“基调悲了”，既可以指朗读者思想感情方面的偏颇，又可以指节奏类型的不准确，如轻快型、舒缓型的节奏中，过多地出现了低沉型的渗入句等。

基调和节奏虽然都要通过语气来实现，特别是重点语句的语气来实现，但是侧重点和角度不同。

绘画和建筑虽然是空间艺术，也有基调和节奏的问题，那是静态中含有动态的缘故，那是艺术家独特感受的体现。不同的配色、不同的角度、不同的层次，多属于基调问题，而不同的构图、不同的容量、不同的时空、不同的动态，又多属于节奏的问题。北京的天安门与巴黎的埃菲尔铁塔，达·芬奇的《蒙娜·丽莎》与列宾的《意外归来》，基调和节奏都有很大的不同。

基调统指思想感情运动状态形成的色彩和分量，节奏专指回环往复的声音形式的表现，在朗读中二者互相依存，又各显其不同的功能。基调的总和性和节奏的技巧性终究不可混同，也是不可相互替代的。

为了更好地说明节奏与基调的密切关系，这里不妨稍微涉及一下“筋肉感觉”的问题。

朱光潜先生在他的《形象思维：从认识角度和实践角度来看》(《美学拾穗集》)一文里，从美学的角度说明了“筋肉感觉”，他说：“筋肉感觉起作用最大的是音乐、舞蹈和诗歌之类‘时间艺术’。这一类艺术都离不开节奏，而节奏感主要是一种筋肉感或运动感。”他在举了三首诗之后又说：“读这类作品，如果不从筋肉感觉上体会到其中形象的意味，就很难说对作品懂透了。历来在诗文上下功夫的人都要讲究高声朗读，其原因也正是要加强抑扬顿挫所产生的筋肉感觉，从而加深诗文意味体会。”这一番话是很有道理的。我们先从朗读的角度给以补充：

第一，所谓筋肉感觉，属于运动觉，我们朗读理论中称之为筋肉运动感受，必须同其他感觉相互感应，达到综合感受，进入整体感受，不能孤立地去认识和把握它。

第二，所谓筋肉感觉，理所当然地同思想感情的运动状态相联系、相吻合。同一种运动觉，如伸手，因思想感情的运动状态不同，具体感受就不一样，伸手救人，紧张而急切，而伸手嬉水，则轻松而欢快。因此，必须获得具体感受才能准确把握筋肉感觉。

第三，声音的抑扬顿挫，尤其是语流速度，对筋肉感觉的依赖性很大。这中间，除了胸、膈、肋、腹、唇、舌、腭、喉等肌肉群的运动感觉，还应包括耳鼓整体基底膜的振动感觉。这些，自我体味，供人品味，都不可或缺。

第四，对筋肉感觉的强化、弱化、转化，因人而异。不同类型的人、不同修养的人，会有不同的筋肉感觉，对同一筋肉感觉也会发生不同效果。

第五，朗读，主要应引起听者相应的筋肉感觉，不可满足于自我的筋肉感觉，否则，就会大大降低朗读的社会作用和美学价值。

但是，这一段话对我们研究朗读的节奏却有所裨益，特别是在做了上述补充之后。基调的统一与变化、基调的色彩和分量，应该在朗读者身上产生某种筋肉感觉，进而调动具体的思想感情，强化其运动过程，以造成有声语言的节奏，并给听者以回环往复的感受。从这个意义上说，所谓节奏也可以理解为“松”与“紧”的不同范围、不同程度的交替变换过程。“文武之道，一张一弛”，从朗读角度看节奏之道，也是一张一弛。我们所划分的节奏类型，“轻快型”“高亢型”“紧张型”是“张”，“低沉型”“舒缓型”“凝重型”是“弛”。而节奏的转换方式，“抑”“轻”“慢”近于“弛”，“高”“重”“快”近于“张”。

那么，声音形式与筋肉松紧是不是完全一致的呢？从戏剧表演上看，有一些不一致的典型例子。但在朗读中，一切唯有借助声音形式加以表现，一切都要使人“听”出来，那声音形式与筋肉感觉是不应分道扬镳、完全割裂的。我们所说的“松”与“紧”，是筋肉感觉与声音形式的共同概括，内外结合，互为表里。至于从声音形式里能觉察到多少内心活动的松紧变化，是溢于言表，还是蛛丝马迹，不过是吻合程度的不同；是隐含于本句，还是蕴蓄于前后，不过是体现的范围不同，无论如何，那喜怒哀乐也应该形之于声，而不可能毫无信息。

筋肉感觉，“一张一弛”，虽然是一种技巧，却永远附着于思想感情的运动状态；它不过是内心整体活动、运动中的一个方面，而不是一切，那种只注意“松”与“紧”的声音形式，忽略、轻视内心活动的理论与实践都是错误的。做作的所谓筋肉感觉，就如同“强扭的瓜不甜”那样，徒有其表，毫无甘美之味。

这“一张一弛”究竟怎样构成反映基调的节奏呢？

我们知道，基调的色彩和分量不是抽象的、模糊的，它必须通过朗读中的语气来恰切地表现。它要显示作品的个性，区别于别的作品的基调。但它本身，对每一个语气来说是共性，每一个语气都受它的制约，任何语气都不应脱离基调，而每一语气又有其个性色彩和分量，这才造成了基调的统一和变化。

语气怎样在自身和相互衔接中体现基调呢？就要靠节奏，靠基本语气、基本语势和基本转换的回环往复，这回环往复便是全篇基调的集中反映。一篇作品，当朗读者一张口朗读，就会逐步展现它的基调。随着节奏的形成和成型，基调便走向明朗化和确定化，走向了理解和表达的和谐统一。这其中，张弛有致的多样转换起着相当重要的作用。我们试以《月光曲》为例，给以简单说明。

《月光曲》有十个段落，除第一段是回叙性的开头以外，其余九个段落都是循着时间顺序、事件进程叙述的。它的基调是深挚亲切、轻柔舒展的，节奏属舒缓型。

《月光曲》以贝多芬的爱怜为精髓，盲姑娘的敬佩为血脉，月夜弹奏为体态。朗读者必须获得这独特的形象感受才能把握基调。这独特的形象感受是贝多芬创作《月光曲》的土壤和源泉，是有声语言的依据和动力。

贝多芬的心境，在本篇中以“爱穷人”为主要色彩；盲姑娘酷爱他的作品，更使他受到了鼓舞。像贝多芬“走近茅屋”“推开门，轻轻地走了进去”“弹起盲姑娘刚才弹的那首曲子来”“他问盲姑娘:‘您爱听吗?我再给您弹一首吧’”以及第八段,都是直接表露贝多芬心境的地方。盲姑娘是那样向往听到贝多芬亲自弹奏的乐曲,在如此穷困的家境中仍执着追求,一往情深,并十分体贴哥哥的苦衷,多么纯洁、善良!

月光,有两种,现实中的月光,使茅屋里的一切好像披上了银纱;想象中的月光,伴随着大海、大风和巨浪。这是第一层。盲姑娘的神情,由哥哥的眼睛看出,仿佛也看到了月光照耀下的波涛汹涌的大海,这是第二层。第三层是贝多芬的心境,由前两层,由乐曲触发起来的哥哥和盲姑娘的心境映衬出来。于是,贝多芬的名曲《月光曲》诞生了。这里,“月光”有多么深邃的意境啊!

这里,不但有语气、语势和转换的具体制约,而且有回环往复的贯穿,不但有基调的综合体现,更有节奏的声音流动。

试看:

一阵风|把蜡烛|吹灭了。∧月光|照进|窗子来,茅屋里的|一切|好像|披上了|银纱,显得|格外|清幽。贝多芬|望了望|站在他身旁的|穷|兄妹俩,借着|清幽的|月光,按起|琴|键来。

这里那舒缓、深挚的语气,在全篇朗读中时隐时现,句尾的轻柔徐缓,自然下行,构成了基本语气、基本语势,以及抑转扬、实转虚的基本转换。由此,回环往复的舒缓节奏得以成型,基调的总色彩、总分量也就整体显露出来了。

从以上的简单说明可以看出,全篇里那种息息相通的幸福感、宁静感,那松弛的筋肉感觉,是朗读者应该主要体会的。但同时也存在着较为紧张的筋肉感觉,如琴声忽停、殷切盼望、询问让座、激动、风浪、奔回客店等处,都有张弛的转换、变化。这样,一张一弛相映成趣,节奏显出了婀娜多姿,基调便也展现得丰富多彩。

至此,基调、语气、节奏便在内外统一、情声并茂中浑然融为一体了。

第六节 停连、重音、语气、节奏之间的关系

朗读中经常使用的四种技巧,并不是各自孤立地执行自己的职责的。各司其职并不适用于它们之间的关系。它们的关系如人之口耳鼻身,如屋之柁柱门窗,我们必须面对人这个整体、屋这个整体去观察、去运用。我们要研究它们之间的关系,当然要以明确它们各自的区别为基础。我们之所以分头叙述,一一说明,原因也在于它们有各自的特点。但是,在有声语言的流动中,它们却是“和声”。谁如果在朗读时把有意注意用在分辨、判断这四种技巧的区别上,就像篮球赛中运动员专注于分辨、判断每一举手投足的标准上,那结果肯定是不美妙的。这四种技巧只有出神入化,变为朗读者熟

练的习惯,甚至进入“下意识”,才能克服“身在异乡为异客”的窘态,而达到“心有灵犀一点通”的佳境。

表达思想感情,是四种技巧的共同任务,每一种技巧也都要围绕着这个中心起作用。停连的序列性、重音的明确性、语气的具体性、节奏的回环性,都在不同方面满足着思想感情对有声语言的需要。这其中,语气应是技巧的核心、关键。可以说,我们是朗读学中的语气中心论者。

以语气为中心,充分重视语气的功能,并不是排斥、抹杀停连、重音和节奏的意义、作用和价值,而是为了突出朗读的特点,使四种技巧更有力地发挥作用。我们所谓的四种技巧的关系,集中到一点,就是语气中心论。

不管是什么题材、体裁的作品,都是句子连缀成篇的。具体的意思,要通过句子传达;具体的感情,也要通过句子显现。句子,在朗读中,是最基本的、最独特的单位,不同的句子由不同的词汇、不同的语法序列、不同的声音形式熔铸而成,不同的语言环境、不同的地位、不同的作用、不同的思想感情、不同的气息和声音状态,产生了不同的语气。每个句子,包括词汇、语法结构都相同的句子,也会各具特色,色彩、分量、语节、语势、语调都有或大或小的差异。如果每个句子的语气都是比较准确的,那么,全篇作品肯定会得到基本体现。

我们所说的语气,既然不是孤立的、单一的,那么,当我们说语气的时候,也就同时在说“这一句”的个性以及“这一句”所处的语言环境。失去了上下文的联系,“这一句”飘忽不定,是怎样的语气也就茫然了。因此,说语气准确,除了指本句准确,也指对上承接准确,对下延续准确。换句话说,语言本质和语言链条,必定造成语气的具体性,所谓具体的语气,既是它自身,又是承上启下的环节。

在这个意义上,我们说,语气是朗读内容、结构、主题、背景、目的、态度、感情、色彩、分量、主次、基调等的落脚点、结节点、汇聚点、发光点。

那么,怎样理解停连、重音、节奏的作用呢?

停连,解决词、词组、句子、段落、层次之间的疏密关系,使语意完整清晰,感情隐现得体。但是,只有语气准确、贴切,停连的位置和时间才会有生命的活力;而停连的错误也会造成语气的不当。

重音,解决句子、段落中的主次问题,使语言目的明确,重点突出。但是,只有在语气的带动下,重音才会更凝聚地、更深层地表意传神;而重音不准确,表达方法不恰当,也会造成语气的模糊。

至于节奏,那具体的回环往复不依靠语气,当然就要黯然失色、空泛笼统了。而节奏又可以在回环往复的转换中,使语气更添光彩。

我们可以说,语气可以支配停连、重音,也可以形成节奏的不同类型,同时,停连、重音、节奏的各自不同的变化,主要由语气来体现。语气需要它们,它们更需要语气。

有的同志主张朗读也要以节奏为中心。

节奏中心论,主要应归于戏剧理论的范畴。

戏剧,从剧本到舞台,都是以情节的矛盾冲突为主干,以塑造各种富有个性的人物为核心的。矛盾冲突过程中,既表现了时代、社会、家庭、个人生活的现实的典型性,又展示了不同人物的错综关系的复杂性,常常有开端、展开、高潮、结局等各种结构布局,必须有布景、道具、化妆、音响(乐曲、效果)等辅助手段。在戏剧铺陈中,少不了大幅度的张弛,把戏做足。在这种综合艺术的表现中,当然应该以节奏为中心,语气已成为对白的属性,与人物的行为等并列为从属于节奏的局部。有时,为了服从全局,服从情节推进的需要,语气甚至可以牺牲某种具体性的品格,而被节奏所左右。幕、场的转换,悬念的起止,细节的再现,人物的特征,听众的心理,导演的构思等,都必须以鲜明的节奏为中心,以矛盾、情绪等的张弛变化为回环。即使如此,人物台词的性格化特点也是不容忽视的。这台词,必须能揭示人物心理、性格,人物关系,事件逻辑等,语气就必须勇敢地承担自己的特殊任务,而不能总是被动地甘居隶属地位。以节奏为中心的戏剧,如果漠视人物个性化的语言,就会流于空泛,这在一些话剧、电影中是可以找到例证的。那种从开幕到闭幕人人大喊大叫的戏剧,至今成为笑柄,恐怕与重节奏而轻语气不是没有关系吧!至于诗歌,就其文体而论,可以说节奏是它的生命,也是明显的。不过,在朗读时,特别是在课堂朗读时,剧本、诗歌的朗读也仍然以语气为中心,同时兼顾人物特点、文体特点。

朗读,要准确表达思想感情,必须句句真切,句句贴切,不允许为了某种节奏的变化而牺牲语气的具体性,把语气变得模棱两可。为了语气的准确,节奏上受到某种制约,甚至由于不甚熟练而显得节奏有些平板,那也是应该允许的,对于初学者尤其如此。而那种任意夸大主观随意性,盲目地、无依据地变化节奏的朗读,往往华而不实。毫无疑问,这是朗读的大忌。

有人说,语气中心论是朗读陷于平板的理论根源。这是没有根据的。

首先,我们必须明确的是,朗读不是表演艺术,不能像扮演角色或当众朗诵那样要求“活灵活现”,生动渲染。

其次,什么是平板,我们认为无感情、无语气才是平板。如果认为朗读不符合表演的要求就谓之平板,那也许恰好证明是坚持了朗读的特点。

再次,我们主张语气中心论,着眼于语气的巨大作用,却并不否认节奏的重要性,也没有否认声音变化的必要性,相反,我们一再强调变化。语气的个性化,恰是变化的重点。只是我们的变化不那么夸张,起伏不那么悬殊。一句话,不装腔作势、不夸大其词罢了。

最后,朗读的庄重性不容忽视。任何以卖关子、抖包袱、找噱头、要掌声为目标、为满足的朗读,都是不可取的。朗读者不应游离于作品之外,抱有别的目的,只能置身于作品之中，准确表达，朴素无华。

当然，我们是在基础理论的层面谈论“语气中心”，并把节奏作为被语气引领的技巧之一。进入美学层面之后，我们会给节奏一个更为重要的位置——“语气中心”与“节奏重心”相辅相成，共同承担有声语言表达的两翼，从而增强美感。它们只有先后之别，而没有主次之分！因此，必须率先解决“语气中心”的理论和实践问题，然后再发挥节奏的重心作用，才能顺理成章。

让我们努力掌握朗读的四种技巧，得之于心，熟之于口，以自觉训练为基础，自如运用为目标，把我们的朗读水平进一步提高！

知识梳理

由一定的思想感情的波澜起伏所造成的，在朗读全篇作品过程中所显示的，抑扬顿挫、轻重缓急的声音形式的回环往复，就是节奏。

我们以划分语节来显示词的疏密度，词的密度越大，即在一定时间里容纳的词越多。语节是作品全篇语流速度的具体表现，节奏在缓疾变化上的回环往复，就是通过语节中词的疏密度显现出来的。常见的节奏有六种类型：(1)轻快型。多扬少抑，多轻少重，语节少而词的密度大。(2)凝重型。语势较平稳，音强而着力，多抑少扬，语节多而词疏。(3)低沉型。语势多为落潮类，句尾落点多显沉重，音节多长，声音偏暗。(4)高亢型。语势多为起潮类，峰峰紧连，扬而更扬，势不可遏。(5)舒缓型。语势多扬而少坠，声较高而不着力，语节内较疏但不多顿，气长而声清。(6)紧张型。多扬少抑，多重少轻，语节内密度大，气较促，音较短。

节奏的转换方法：欲扬先抑，欲抑先扬；欲快先慢，欲慢先快；欲轻先重，欲重先轻(包括虚实转换)。这几种方法互相交叉、相互作用，形成具体作品各具特色的节奏转换。

基调作为全篇作品总的思想感情的色彩和分量，作为理解与表达的和谐统一，必须通过节奏更好地显露出来。节奏的类型与转换方法，应该符合基调的统一和变化。同时，节奏的情状如何，又会反过来给基调以重大影响。

停连的序列性、重音的明确性、语气的具体性、节奏的回环性，都在不同方面满足着思想感情对有声语言的需要。这其中，语气应是技巧的核心、关键。语气是朗读内容、结构、主题、背景、目的、态度、感情、色彩、分量、主次、基调等的落脚点、结节点、汇聚点、发光点；停连，解决词、词组、句子、段落、层次之间的疏密关系，使语意完整清晰，感情隐现得体；重音，解决句子、段落中的主次问题，使语言目的明确，重点突出；节奏可以在回环往复的转换中，使语气更添光彩。我们必须从整体去观察、去运用停连、重音、语气和节奏。

第十五章

不同体裁作品的朗读

文字作品的体裁有多种，不同体裁的作品对朗读有不同要求。这里，我们只对几种主要体裁作品的朗读进行讨论。

第十五章 不同体裁作品的朗读

- 记叙文朗读
  - 线索清晰，立意具体
  - 表达细腻，点染得体
    - 叙述要舒展
    - 描写要实在
    - 人物要写意化
    - 声音要轻柔化
- 论说文朗读
  - 论点鲜明，论据有力
  - 态度明朗，感情含蓄
  - 语气肯定，重音坚实
  - 引语和括号内词语的读法
- 小说朗读
  - 抓住核心，深化感情
  - 抓住个性，塑造人物
  - 抓住基调，变化节奏
- 寓言朗读
  - 切忌“揠苗助长”
  - 切忌“守株待兔”
  - 切忌“买椟还珠”
- 诗歌朗读
  - 格律诗的朗读
  - 自由诗朗读
    - 深入意境，因境抒情
    - 把握节奏，重视诗味
  - 背诵
- 文言文朗读
  - 熟读原文，加强感受
  - 整体平缓，语词拓开
  - 语势复归，读而不说

第一节　记叙文朗读

记叙文，无论记人、叙事、写景、状物，总要给人以启迪。启迪是在清晰、真切的记叙中隐约流露的，很少说教。因此，朗读记叙文，要求因事明理，以事感人，具体细微，语气自然，节奏简朴。

一、线索清晰，立意具体

记叙文的朗读，首先要抓住作品的发展线索。线索不明，层次不清，记叙的主体犹如乌云遮月，朗读就会像一盘散沙。然后，还要看作品的立意，立意不明，难以省人，基调就容易模糊，全篇色彩、分量便会飘忽杂乱。

下面，我们分别说明。

1. 线索清晰

记叙文的线索有时表现在人、事、景、物的轴心作用上，有时以作者的思想感情为转移。它是作者的思路、作品的文气以及朗读者的逻辑感受在记叙文中的聚结。朗读者对记叙文线索的剖析和把握，有利于突出记叙文的特点，也有利于顺水推舟，当好听众的向导。

记叙文当然要有记叙的对象，但很多记叙文并不以记叙对象为线索。《谁是最可爱的人》中的中国人民志愿军、《白杨礼赞》中的白杨、《歌声》中的歌声、《荔枝蜜》中的蜜蜂，都可以说是作品的记叙对象，但他们并不一定就是记叙的线索。考察记叙文的线索，不应仅从文字表面着眼，而且还要特别关注作品结构的内在联系。以《荔枝蜜》为例，蜜蜂并不是这篇散文的线索，作者对蜜蜂感情的转变才是反映、体现作品各段内在联系的发展线索。这条线索并不直截，而是由远及近，由表及里，蜿蜒曲折，层层延续的。朗读者面对作品的线索，要在分析理解、具体感受之后，跳脱出来，综观全篇，以把握语流行进的方向为主，不可如入盘陀路，虽有路径，却走不到终点。这有些像军事指挥员掌握进军路线，又有些像插秧劳动中掌握秧苗株距直行。失去了方向，也就无所谓发展线索了。

出于朗读的需要,在明确了作品发展线索的方向之后,还应该注意把握各个曲折之间的转换。在《荔枝蜜》开始,有这样的话:“可是从此以后,每逢看见蜜蜂,感情上疙疙瘩瘩的,总不怎么舒服。”应该看到,这话是从“蜜蜂是画家的爱物,我却总不大喜欢”发展而来的,其间,却有“螫了一下”和“原谅它了”的曲折。这一段,记叙曲折,转换细微,又不失总的色彩,那“总不大喜欢”和“总不怎么舒服”在发展线索之中,不能被“可笑”“可怜”等冲淡、冲断。

从“总不怎么舒服”到“我不觉动了情,想去看看一向不大喜欢的蜜蜂”到“多可爱的小生灵啊”再到“梦见自己变成一只小蜜蜂”。大转换中套小转换,真是百转千回,不离主线。朗读者对此必须给以充分注意,突出记叙性,避免平直性。

2. 立意具体

记叙文的立意多不直陈,而是通过记人叙事向读者展现深思遐想的天地。高明的朗读者不会自始至终把立意着意强加给听者,而是沿着记叙的发展线索因势利导,使听者在耳不暇听中敞开心扉,在不知不觉中有所感触,接受作品深沉立意的滋润,由此得到的启迪往往更为深刻。朗读者不要只在抒情、明理的直露语句上下功夫,而应该透过人、事、物、景的具体变化,使作品的立意生发开去,深沉起来。那种忽视立意的具体性,专注于一些“点题句”的朗读,往往显得浅薄,不但因其带有某种强制性,而且因为“点题句”一旦失去了人、事、物、景的沃土,无论怎样雕琢它,也是缺乏生命力的。

《荔枝蜜》的立意新颖、深沉,但并不艰深。我们把它的立意简化为:“蜜蜂是渺小的,但它对人无所求,给人的却是极好的东西,它又是多么高尚啊!”

我们看到,这个立意是那样具体地渗透到每一段、每一句之中,不可分割,不可截取。朗读者如何具体地去感受立意,就成为极重要的了。

如:“原来是满野的荔枝树,一棵连一棵,每棵的叶子都密得不透缝。黑夜看去,可不就像小山似的!”

荔枝树之多,要像真的看到一样,力求获得“树多”的视觉感受。这是饱含着对荔枝喜爱的心情看和说的,不能冷眼旁观。由于荔枝树多,才有了荔枝蜜的酿造,也才有了作者的联想和深情。立意便显现其中了。

如:“热心肠的同志送给我两瓶。一开瓶子塞儿,就是那么一股甜香;调上半杯一喝,甜香里带着股清气,很有点鲜荔枝的味儿。”

荔枝蜜之甜,就像真的嗅到、尝到了一样。这是蜜蜂辛勤劳动奉献出来的“极好的东西”,因此,嗅觉感受、味觉感受越具体,越有利于立意的开拓、丰满和深沉。

当然,不是所有的叙述、描写都那样重要,与立意的关系都那么直接。对那些重要处、对那些立意直接显现的地方,朗读者的感受就更要具体、鲜明。对那些间接陪衬处、次要烘托处,可以酌情带过,不必着意具体感受,以免冲淡立意的主体。不过,这主次的把握不能过分，否则，就会显出生硬的刀切斧凿痕迹，也不利于突出记叙性。

对于直接揭示立意的语句，要“画龙点睛”。具体记叙是量的积累，积聚到一定程度，才能闪现思想的火花。揭示立意的语句是一种记叙的必然结果。但是，“画龙”与“点睛”却是一种辩证的关系，朗读者万不可轻视“龙身”的描绘，不然，即使“点睛”准确，全龙仍无飞腾之势，也会失败的。在记叙文的朗读中，要特别注意积聚之功，以造成“风满楼”之势，造成听者“山雨欲来”的深切感受。

另外，对那些直接揭示立意的语句的处置，要顺其自然，情深意挚，既不要突兀出现，也不要轻描淡写。那种对“点题句”的偏激认识会给记叙文的朗读带来危害，会破坏立意的深沉。以为“点题句”极为重要，一心想让听者留下深刻印象，便着意大大突出，这种认识必然导致响鼓重锤，反而使人觉得浅薄。当然，以为不必强调，只求自然，随随便便，不假思虑，脱口而出，也是不妥当的，并且会失去语气的色彩和分量。

二、表达细腻，点染得体

沿着作品的发展线索，显示作者的深沉立意，要靠丰富纯熟的朗读技巧细腻表达，人世沧桑、情态理义要点染得体。这是记叙文朗读的重要特征。

记叙文的语言，不管作者语言风格如何，记叙什么内容，总是细腻的。只有细腻地叙述和描写，才能具体地展示立意。朗读者对此要深入体味，准确表现。

为了在朗读记叙文时，表达细腻，点染得体，我们要特别注意以下几个问题。

1. 叙述要舒展

记叙文的大量篇幅是叙述，朗读时要注意把语句化开。根据发展线索、主次关系，“钉是钉，铆是铆”地朗读，不但可以显露情深意挚，而且有利于语气自然、畅达。如果不够舒展，就会出现紧紧巴巴的语流，仓促而平淡。特别要防止吃字、滚字、吐噜字等生活语言中的杂质出现。

2. 描写要实在

记叙文中的描写有重要的作用，它使人产生真切的联想，加强形象感受，从而深化立意。但是，朗读描写语句不宜夸张，不要给人以“极度”的感觉。朗读描写语句，必须把握生活图景的真实再现，实实在在地将其呈现在听者之前。不必承载朗读者主观局限性的外加物，不必由朗读者着意指出，要让听者获得实在的影像，自如地去体味。朗读描写语句，切忌故作多情，自我陶醉，也不要过多地使用长时间停顿、延长音节、拖长句尾等手法。

3. 人物要写意化

记叙文中常常有人物出现。对此，我们当然要分别对待，并具体把握中心人物如何突出，一般人物如何表现，“我”在什么位置。但是，无论是什么样的人物，都要写意化。在朗读记叙文时，人物的写意化，就是以人物的精神境界、思想深度为重点，也要照顾到人物的性格特征、年龄大小和人物之间的关系（包括与“我”的关系）。写意，对于表现人物来说，就是写“心”。一定不要模拟人物的音容笑貌、方言土语。那种压低声音、捏尖声音的模拟，只能给人以做作感。

特别是人物的对话，一定要为立意服务，不应该单纯考虑用什么样的音色说话。

如：“养蜂员老梁领我走进‘大厦’。叫他老梁，其实是个青年，举动挺稳重。”

这里，并不在“青年”“稳重”上展现立意，更不在“老梁”的称谓上做文章。这种印象式的介绍，无非使人感到老梁对工作负责、对人诚恳，因此，没有必要刻意强调、突出他的出场。否则，线索会断，立意会转，而老梁对蜜蜂的深情挚爱反会受到削弱。

如：“老梁赞叹似的轻轻说：‘你瞧这群小东西，多听话！’”

老梁的话，根本没有必要从声音上去着意修饰，只要把内心的挚爱和一种自豪表达出来就可以了。而这种感情色彩，渗透在老梁的全部话语中。

“我”是在受到老梁的介绍的感染，对蜜蜂愈益关心时发问的。一种好奇、欣喜之情在发问中流露出来，并形成同老梁的话语的明显区别。在朗读时，只要问话声音稍高，答话声音稍低，问话稍快，答话稍慢，显示出不同语气的色彩和分量，就能够在问答呼应中，把话题逼近立意的核心。

甚至像《雪浪花》中的老泰山，《秋色赋》中的同车老汉，《鞠躬尽瘁》中的焦裕禄，《奠基礼》中的毛主席、周总理，也要从作者的眼光中写意化，在舒展的叙述中传其神，在表现说话时察其心，朗读者只要在本色声音范围内变化语气就可以，不必改变本声，模拟人物的音调。那种追求人物说话音调的朗读走向了表演化，即使与毛主席、周总理的说话酷似，也不能称其为优秀的朗读，因为这种话语已经游离于作品整体感受之外了，扮演式的“朗读”，表面上似乎在“写实”，实际上却在客观效果上远离了真情实感，反更失真了。

4. 声音要轻柔化

记叙文的立意是自然显露的，听者是在因势利导中受到感染的，因此，从整体上看，高音大嗓和气粗声重的朗读，总觉不合文气。

所谓轻柔化，完全是为了表达细腻、点染得体，不能理解为从头到尾虚声虚气，更不能理解为松散懈怠。它的具体含义是：

（1）促膝谈心感：把自己的真实见闻和感受倾心相告，希望给人一点启发，不带任何强制性；

（2）小溪流水感：语句纳入发展线索之中，有如小溪流水，由己心达人心，息息相通，声柔语细，清澈明快，不必急如飞瀑，湍如急流；

（3）是非转换感：是非分明，色彩细密，不因轻柔化而含糊、模糊；

（4）强烈交流感：语言力求入耳、入心，引人入胜，不因轻柔化而止于“自我感觉良好”。

声音轻柔化，对语气、节奏的要求更高，在不露声色中给人以美感享受。即使如《长江三日》的气势、《望截流》的炽烈，也不必抑扬太露，尤其要避免固定腔调的袭扰。

上述要求，是在朗读的共同规律指导下，以记叙文的特点为基础概括出来的。由于记叙文可以分为通讯、散文、游记、回忆录等，所以各具体体裁还有不同，朗读时要加以区别。

第二节　论说文朗读

论说文要说明、论证某个道理、某个观点，所以论点、论据、论证是很重要的。只有把握住这些，才可以达到就事论理、以理服人的目的。论说文的朗读，必须透辟地把握作品内在的逻辑关系，把概念、判断、推理融会贯通，明确“有的放矢”的内涵、作用，并以切身的感受、鲜明的态度，直言不讳，用具有逻辑“钳力”的有声语言表达出来。

一、论点鲜明，论据有力

论说文的论点是文章的精华，是题旨的所在；而论据，是论点的支柱，是论证的依据。在论说文的朗读中，要像弯弓搭箭那样，论点如箭，坚实犀利，论据如弓，强韧有力，这比喻的确是有道理的。

不论是立论还是驳论，不论是中心论点还是分论点，一定要锋芒毕露，尖锐鲜明。那种隐晦曲折、自然含蓄的笔法，不应该成为朗读时闪烁其词、令人捉摸不定的理由。

论点之间、论点与论据之间严谨的逻辑关系，朗读者一定要具体感受到，不能只是清醒地认识到。逻辑关系的多样性，要求朗读者条分缕析，形成语言链条，以此显示逻辑关系，以此证明论点，以此解决“为什么这样说”和“怎样才能这样说”的问题。

在论说文提出问题、分析问题、解决问题的过程中，要特别加强逻辑感受，主要是领起、分述、转折、总括的感受。只有这样，才能具体把握语言链条，形成全篇有声语言的逻辑力量。

加强逻辑感受，不能只靠列出详细提纲，更不能陷入形式逻辑的过细解析中去，而要胸有成竹地、有条不紊地理解和感受“起、承、转、合”的脉络。从整体上说，每一篇论说文都有自己论证的基本脉络，像归纳、演绎、排列、递进、比较、正反等，不会是单一运用的，经常是结合起来形成的。论说文严谨的逻辑关系很难套用现成的公式，但是，只要抓住逻辑感受，总可以朗读出一定的论说色彩。

所谓论点鲜明，论据有力，就是要积极主动地去说服别人，这当中就有一个动作感的问题，即朗读在“动”中进行。论说本身就是一种动作性强的语言，要据理力辩，要以理服人，是不能恬淡闲适的。“动”就是逻辑感受的一种表现。这里，定向推进律的作用是不可忽视的，由开始的“盘马弯弓惜不发”到中间的“弓如满月”，到后来的“箭似流星”，都应该在“动”中、在推进中，浑然一体地完成，任何一处的分解动作，都会减弱论说的力量。

二、态度明朗，感情含蓄

在论说文的朗读中，态度必须鲜明，是非曲直要求直露；而感情，却要相当含蓄，不可急如飞瀑。这是论说文以理服人的特点决定的。

态度明朗，首先要解决两个问题：

一是语气不可犹豫、商量，而要肯定、果断。那种吞吞吐吐、模模糊糊的态度是要不得的。论说文要求直接表态，论证深思熟虑的观点、见解，而不是还没有打定主意，需要同别人商量，更不是向人征求意见，等待别人表态。

二是不可以势压人，而是从容、大度。那种唯我独尊、急不可耐的态度很容易引起听者的反感。论说文要求有理、有利、有节，容人思考，决不发号施令，强迫人家接受。朗读者即便是师长、权威，也不要妄自尊大，令人生畏。真理是朴素的，科学是老老实实的，应该站在这个高度上处理主观与客观、朗读者与听者的关系。

态度明朗，其次要讲究分寸、火候。由于是非本身的千差万别，肯定与否定的态度也就不会是一样分量的。朗读论说文，要善于细微区别分寸，不要凡肯定就一律十分肯定，凡否定就一律十分否定，如此就显得绝对化、一律化。

态度明朗，还要讲求转换。对谬误的抨击、对朋友的支持、对自己主张的坚持，是转换；亲切和严肃，也可以在一篇论说文中转换。当然从提倡到反驳，从说理到号召，也是转换。

感情，在论说文中也是重要的。那种主张客观介绍、道理自现的论点是不足取的。自先秦以来的论说文，都无一例外地表达了作者的态度和感情。理、工、医、农等专业的学术论文，至少也在研究对象和宣读对象上饱含着作者、朗读者的缕缕情思。

但是，论说文中的感情总是寓于理中，并不直抒胸臆。形象思维固然不可无，但抒发感情却不可太露太直。特别是论据中、事例中的内容，完全不像记叙文中的内容那样色彩纷呈，否则就要喧宾夺主。

我们说感情含蓄，意思是感情的运动控制在心里，在适当处流露。在态度上，看似平静客观，实则情理交融。有的论说文也出现激情横溢的语句，但那终究不是主体，何况论说文中抒情语句实属不多呢！

三、语气肯定，重音坚实

论点也好，论据也好，语气要肯定，语势一般多波峰类和落潮类。设问、反问、质问句，由于是明知故问，也不是飘忽不定的。虽然仍讲究句首、句腰、句尾的曲折，却不像记叙文那样轻柔舒展。书面语较多，论说的问题都较重要，朗读者的态度又较庄重，造成了许多句首高起、句尾下行而收束干净的语势，以显示判断的肯定。

有人说，朗读论说文要有气势，这话是不错的，只是不要单纯从表现上去追求，以致摆出一个架势，板起一副面孔，固定一种腔调，好像在教训听者。《文心雕龙》中有这样的话："文之任势，势有刚柔，不必壮言慷慨，乃称势也。"这也是朗读中应注意的问题，论说文的气势，必须依据作品蕴意，化入内心感受，纳入逻辑链条，形之于声，高屋建瓴。如是则气势自出，无须声粗语壮，故作揽日月、吞山河之姿态也。

论说文的重音，既是态度分寸的集中点，也是上下文逻辑感受的汇合点。因此，我们说重音是论说文朗读中的"眼睛"，顾盼之中，情理自明。

因为要直言其事，直论其理，语气肯定，稳如磐石，坚定不移，势不可遏，所以重音的表达方法要扎实、确切、不飘、不虚幻，在稳健的语流中呈现，一般不大使用加快、变轻、转虚的方法，最常用的是加重并延长音节。当然，那重度和长度要看语气的色彩和分量，不应雷同。有时，为了表示语气的深沉，还会同时使用低、重、长的方法表达重音。

重音的肯定性与反义性一定要十分准确，特别是延长音节表达时，稍不注意，就可能含语意不明，甚至变为反义性，给肯定性带上讽刺的意味。重音的主次关系也十分重要，主要重音的领属、次要重音的从属，不可混乱，不可含混。重音要起画龙点睛的作用，不宜多，不宜杂。

四、引语和括号内词语的读法

在论说文中，论点、论据、论证，经常引用别人的话，或为经典警语，或为名人名言，抑或是某种错误言论，这可统称为引语。对此，朗读时应该给以突出。一般情况下，引语要用平稳的语气、肯定或否定的态度表达出来。正面引语的表达，要郑重，较慢，分量要与上下文有所区别，引语前后要稍有停顿，犹如珍珠那样连缀在上下文的语言链条之中。反面引语的表达，要注意抓准反义性重音，较快，与上下文相关联，为反驳立下靶子。

但朗读中，无论是肯定还是否定，都不可孤立表达，突兀强调。当然，同上下文的区别也要在有声语言的对比中显露出来。

谈到引语，就不能不涉及括号内的词语，它一般是补充性、注释性的内容。我们既要把括号内的词语作为上下文的有机部分，同时又要显出它们之间的差别：或整体抬高，声音稍高些、稍强些；或整体压低，声音略低些、略弱些。此外，在把括号内的词语作为有机部分与上下文衔接起来之后，还要注意削弱括号本身的隔离作用，不必再着意显露括号的存在，更不可因显露括号而使上下文断线、脱节。

总之，一定要把引语和括号内词语融汇到论说文的内容中，既显示出它们同上下文的区别，又加强它们同上下文的内在联系，让它们在全篇的逻辑链条中发挥各自的作用。

第三节　小说朗读

小说，有情节、有人物，篇幅较长，需要多种技巧才能朗读好。除了细节描写之外，朗读者的主要精力应放在表现典型环境中的典型性格上。

朗读小说，必须明了情节的开端、发展、高潮、结局的多样性结构，必须着力于人物的心理、言行的特征性刻画，用“事”写人，借“境”明心。要从人物的特定环境中的特定言行，揭示出人物的精神面貌；从气氛的点染中，把握住全篇的基调、节奏；从人物的语言中，突出个性化的性格特征。要用主题红线贯穿人与事、言与行、心与境，不可单纯追求情节，“见物不见人”，也不可单纯追求生动，“见人不见心”。

如果朗读的是长、中、短篇小说的节选，一定要通读全篇，分析理解它，具体感受它，然后，充分认识和确切把握节选部分与全篇的关系——是全篇的哪个部分，居于什么位置，占什么分量，体现哪方面的主题思想，在什么意义上具有独立性？主要人物的思想发展到什么阶段？起点如何，走向怎样，人物的性格特征揭示到什么程度，将来的情况是什么样子？它是怎样安排人物的命运的？等等。如果只局限在节选部分上，情节、人物的来龙去脉都不清楚，那是很难朗读好的。

下面，就小说朗读中比较重要的几个问题分别加以说明。

一、抓住核心，深化感情

我们朗读小说，不是为了讲个故事，说个人物，也不是出于好奇，供人消遣。短篇小说也好，中、长篇小说或节选也好，总是围绕着一个核心，展开情节、刻画人物，给人以形象的感染，甚至是哲学的启发。这个核心，就是中心思想。抓不住核心，就会陷入一个个具体情节以至细节中去，也许生动，但不会深刻，特别是思想感情的运动，极易随波逐流，迷失方向，丢掉根本。

不是吗？《阿 Q 正传》的朗读，竟像充满了噱头的笑话，"哀其不幸，怒其不争"的核心被扭曲了。人们在笑过之后，难道不应该质问朗读者的哗众取宠吗？《最后一课》的朗读，竟给人以小弗朗士不谙世事、韩麦尔先生古怪可怜的印象，那对祖国的强烈的爱被湮没了。人们在听过之后，难道不应该质问朗读者的幼稚浅薄吗？……表面的现象蒙住了朗读者的眼睛，小说的核心当然就"魂不附体"了。让核心就范于"生动"，必定是"一叶障目，不见泰山"，正是小说朗读的大忌。

小说的艺术魅力是从"这一个"的典型性中生发起来的，由是达到引人入胜的。因此，对"这一个"的具体感受、强化爱憎，往往成为朗读小说时突现核心的重要标志。这种感受和爱憎不是几句话能概括得了、包容得下的，它需要再现情景过程中的体味，还需要"这一个"与其"近亲们"的比较。只有如此，那具体性和个别性才可能融入形象之中，使朗读者获得新颖的感受和深刻的爱憎。

感情的深化，促使朗读者把理智感渗入形象，并以符合生活逻辑的必然性把形象细腻丰满地展现出来。这样，也就必定能摒弃那些肤浅、狭隘的所谓"刻画"。至于那种不顾及作者、不顾及作品全篇、不顾及时代、社会的"深化感情"，也是不足取的；"见字生情""以声代情"根本不是感情的深化，不是显而易见的吗？有些小说朗读，仅满足于作品本身情节的生动、人物的丰满，而看轻朗读的再创作，这怎么能达到上乘呢？可见，深化感情是揭示小说核心的需要，是朗读再创作的需要，是听者在有声语言中寻求艺术真实的需要。

二、抓住个性，塑造人物

小说中的人物不同于记叙文中的人物，它要求人物的性格特征鲜明、集中，要求区别于其他人物的个性色彩。人物的性格特征，不是抽象的概念，而是具体描写、细腻地刻画出来的。个性色彩也不是表面的涂抹，而是环境烘托、心境展现的成果。因此，音容笑貌、言谈举止中，人物的性格、品质才可感、可知。小说作者塑造人物，是通过多个侧面、多个细节进行的，我们认识和把握人物也要从全局着眼，抓住诸多角度的总和，否则，人物形象就不会完整、深刻。

为了抓住个性、塑造人物，朗读者必须像故事影片的摄影师那样，根据导演（可比喻为小说作者）的分镜头剧本（可比喻为小说作品），运用仰角、俯角、远景、中景、近景、特写、全景等手法，在有声语言的流动中展现人物。即朗读者在朗读小说，但脑海里在放映电影，朗读者眼前的文字语言都化为形象的画面，于是他边想象画面、边朗读，而听者从有声语言中似乎也能看到那连续不断、场景变迁的活动的画面，人物形象就在“精、气、神、手、眼、身”的“六合”之中丰满起来，活跃起来。

为了抓住个性、塑造人物，朗读者必须从“外形”与“内心”两方面去把握：

外形方面，要察其细、观其变；内心方面，要觉其动、感其深。这样，就把“外形”与“内心”紧密结合起来，使人物形神兼备、栩栩如生了。

在朗读中，不容易表达的，是小说中人物的语言，即人物说的话。

人物的语言，是显示人物性格特征的重要窗口，各个人物都应有“自己的”语言。一个人物，特别是主要人物，他的语言还要随着性格的形成、发展而变化。不注意这一点，很容易形成人物语言的模式；注意了这一点，就能为人物语言的“言如其人”“如闻其声”提供充足的依据。

朗读人物的语言，不可与叙述、描写语言混同。叙述、描写语言犹如朗读者自己的话，从始至终语流汩汩，心理过程连贯，声音气息前后统一。而人物的语言插入其间，前后必须有明显的转换，改以另一种心理、另一种态度，用人物特有的语气表达。

要根据小说通篇对人物的介绍、描写，设计人物的基本语气，朗读到这个人物的语言，就以这种基本语气为原型，并以此时此地、此情此景为条件加以变化。

人物的语言前后，往往有人物说话情状的简短说明，这为我们表达人物的话提供了某种现场的依据。对人物说话情状的简短说明，朗读时不必直接赋予具体感受的内涵，只是说明式地带过，而把那具体感受的内涵化入人物语言中，使说明情状与人物语言和谐一致。

如：“‘哈！这模样了！胡子这么长！’一种尖利的怪声突然大叫起来。”

如果朗读者是男的，却硬要捏起声音去学杨二嫂的“尖利”，那是滑稽而荒唐的。即使是女声，也不必改变自己的本声去模拟那“尖利的怪声”和“大叫”。完全可以用自如声区中的高音部分、突变的语气加以表现。然后，用较为低缓、惊异的语气去朗读对这“大叫”的说明。

如：“‘这是——’她走近两步，放低了声音，极秘密似的切切地说，‘一个人死了之后，究竟有没有灵魂的？’”

这也不必模拟那似乎苍老暗哑的音色，而选用自如声区中那较低、较暗的声音，以迟滞、祈愿的语气表现就可以了。中间插入的说明，含着一种诧异、悚然的色彩，用稍高、稍强的声音，也就同人物的语言明显地区别开来了。

如:“‘我的朋友们啊,’他说‘我——我——’但是他哽住了。他说不下去了。”

这更不必用哽咽抽噎的语气朗读人物的话,因为人物那低沉、黏涩的悲愤色彩的语气,自然会同说明的语气相区分。

不同的人物、人物的不同心情、人物语言的发展和变化,都应通过有声语言展现出来。区别不同的人物,就要善于捕捉人物全貌的“主旋律”,也可以称为人物的“基调”。如此,人物的“这一个”和“那一个”,同一人物的此一时和彼一时,就可以在区别中互相映衬,在变化中体现个性。切不可只注意声音形式上的表面差别,一定要先“生产”心理因素,那作为“副产品”的声音形式也就在充分的内心依据启动下走向丰富、贴切、活脱、神似了。

不错,老人和小孩、教师和学生、剥削者和劳动者、英雄和叛徒……有着重大差别,但我们一定要从心理因素上去识别和感受,如果从远远一望的大概“形象”出发,缺乏内心依据地朗读人物的语言,那么每一篇小说中的人物都可以纳入某个框框,甚至可以不费力地套用,倒是很方便。不过,人物的个性特征就被简单的类别共性所替代。不同的人物、同一人物的不同环境和心境的个性特征,尤其要受“不可替换律”的支配,否则这篇小说中的老人同那篇小说中的老人,这篇小说中的坏人同那篇小说中的坏人,等等,必然是千篇一律、千人一面,彼此不分、混淆不清。这种朗读,就像机械化的“雕塑”,可以成批生产,无须苦心孤诣地一刀一凿了。

初学朗读者,可以暂且不理会作家作品的风格,也可以不必注意自己朗读的表达特色,但小说中人物的性格特征、个性色彩却绝对不能忽略,无论如何都必须深入挖掘、贴切表达。只要人物的语言使听者“言犹在耳”“掷地有声”,人物的形象便可以站立起来了。

小说的朗读仍然要保持朗读的特点,不应因虚构、夸张,去一一扮演小说中的人物。叙述、描写是朗读者,某一人物的语言好像另一个人出场,另一人物又像别人露面,这就必然破坏小说的完整性、贯穿性,朗读者也就变成了独角戏的演员,从根本上背离了朗读的目的和规律。除了给听者留下应接不暇、很会演戏的印象,或因“学得像”而博得一阵笑语欢声之外,是很难引导听者加深对作品的真切、深入体味的。

即使朗读几乎全是人物对话的戏剧作品,如果不是分别担任角色,只是由一个人朗读,也没有必要去忽哭忽笑、忽雅忽俗、忽老忽小、忽男忽女地扮演。它只需要朗读者在自己的表达上更多地注意由这一人物的话到另一人物的话的转换,显示出不同人物的心理发展变化线,并不着重在“惟妙惟肖”的扮演上。这是朗读与演戏的区别之一。

三、抓住基调,变化节奏

情节,作为小说的基本构成因素,饱蕴着有见地的作家的题旨、志趣。不论是顺叙、倒叙、插叙、补叙等结构方式，总有其情节发展的经纬。作家的题旨、志趣，应该在朗读的基调中体现；情节发展的经纬，应该通过变化的节奏显露。即如意识流一类的小说，也并非毫无题旨、杂乱无章。

在一定基调的范围内，小说的节奏要求适当加大幅度，使高低、快慢、强弱、虚实的变化显得更有对比的鲜明度，更有回环的运动感。

如《祝福》中首尾的爆竹声，《最后一课》开头的暖和、晴朗的天气……不要因基调和节奏的类型而过多地染上悲愤、深沉的色彩，恰恰相反，倒要带上欢快的成分。造成这样强烈的对比，才可动人心弦、感人肺腑。王夫之在《姜斋诗话》中说的“以乐景写哀，以哀景写乐，倍增其哀乐”，联系黛玉焚诗、宝钗出嫁的哀乐倍增，不是可以使我们更加理解这种对比的效用么？如果乐景被悲哀笼罩，哀景因欢乐失色，又怎样能够产生强烈的对比效果呢？当然，这种对气氛、情境的点染不能脱离基调，却也不能单一。

在小说朗读中，更需要大胆地运用“定向推进律”，向峰顶推进，向谷底推进，幅度要大些，千万不要有上下被夹板卡住的感觉。

如，《荷花淀》中有这样一段：

“①整个荷花淀全震荡起来，②她们想，陷在敌人的埋伏里了，一准要死了。③一齐翻身跳到水里去。④渐渐听清楚枪声只是向着外面，⑤她们才又扒着船帮露出头来。”

我们可以这样处理：①紧接上段，如突然听到枪声大作，“全震荡”要推上去，声音高而重、长。②心理判断，低而紧。③“一齐翻身”要再推起，紧而快，较急切，就像即将与敌人死拼那样。④急转，渐缓慢，但仍带些紧张。⑤“露出头来”，更缓，轻松起来。

由于适当加大了起伏疾徐度，那初战的紧张心情、那机敏的思索判断，不是较为明显地表现出来了么？

这其实正是艺术真实的要求，朗读不会因此而虚假做作。

但是，在朗读小说的过程中，也还是要防止走向虚假和做作。如有人所主张的，把小说朗读引进评书的轨迹，就很容易造成矫揉造作的感觉，因为朗读毕竟不是说评书。

这里，没有否定评书艺术、贬低评书语言特色的任何意思。评书艺术自宋代瓦肆文学兴盛便自成一格，长期保持着通俗、形象、浓烈、酣畅的魅力，至今不衰。无论细节描摹、大笔勾勒，还是人物夸张、语言渲染，都离不开情节的悬念化、人物的脸谱化。只有如此，才使得闲步书场的人流连忘返，并因“且听下回分解”而引人入胜。所以冯梦龙在《古今小说》序里说：“试令说话人当场描写，可喜可愕，可悲可涕，可歌可舞；再欲提刀，再欲下拜，再欲决脰，再欲捐金；怯者勇，淫者贞，薄者敦，顽钝者汗下。”我们剔除其中的封建道德的内涵，“说话人”的生动表达不是可见一斑吗？小说朗读的确可以借鉴。

但是,朗读却无论怎样也不应徒学其特有腔调、摹声绘色的手法。极简单的道理是,评书演员要选材,要改编,即使说《三打白骨精》也要先改词儿,因为严格按照原文,评书就"说"不起来。可见,连评书演员都说不起来的作品原文,朗读倒可以像说评书那样表达吗?何况不适合说评书的作品极多,而不适合朗读的作品却极少。这并不是说朗读与生动无缘,而是说,如果生动到失去了朗读的特点,那就是别一语言艺术门类的生动了。

第四节 寓言朗读

寓言,自古有之,或以此喻彼,或以物喻人,或以古喻今,或以小喻大,总有寓意蕴于内,必有形体、故事显于外。这就决定了我们的朗读任务:通过形体,揭示寓意。

寓言都较短小,在展现形体、故事上,只择其带有特征性的方面,而不以详尽取胜;那寓意却可以一点即破,甚或不点亦破。朗读时,如何把握形象体态、如何准确揭示寓意,就成了寓言朗读中的主要问题。

一、切忌"揠苗助长"

在寓言的朗读中,必须坚持实事求是,是怎样的寓意,就朗读它这寓意,是怎样的形体,就表现这形体。但在实际上,却有一种倾向,似乎寓意越深越好,形体越生动越好,因而不顾寓言作品的实际,努力拔高,甚而穿上现代化的服装,列入现实主义的正剧。这可以从理解和表达两方面看:

从理解上说,朗读者要从寓言本身出发,精细地研究作品,在感受作品提供的形象体态中生发出与内容相关联、相一致的道理来。

如《叶公好龙》,它并不难懂,那寓意也是明晰的:嘲笑那种徒爱其表、不爱其实的人。但有人却力图使这寓意"升华",解释为嘲笑高喊革命,实际上并不拥护革命的人,这就是一种"揠苗助长",硬要使这一流传久远的寓言穿上革命的外衣,不是十分可笑的吗?寓言朗读,不同于借用寓言去说明某一论点,我们的目的只是把寓言本身真切地传达给听者,把思考的余地留给听者,而不包含现实的特指性。这种特指性比寓意狭窄,实在是引用寓言的人赋予的,并不是寓言本身的局限性。

从表达上说,也要从寓言的具体内容出发,在它所具有的一般意义上给以表达,不应该增加过多超越寓意的含义,更不应该外加上朗读者的特定意向。

如《东郭先生》寓意也很清楚。但是有的朗读者在表达时,却把东郭先生的形象处理成像包庇坏人的反革命，以一种极为憎恶、极为厌弃的语气表现东郭先生，好像他与狼是同伙，这不是太过分了吗？这种偏激，直把寓言认作现实了，指责东郭先生："谁不知道狼要吃人啊！"可惜，据此类推，寓言的存在也就变成荒唐的了。这都是"揠苗助长"的结果。

二、切忌"守株待兔"

要通过形体表达寓意，就必须在准确揭示寓意的前提下，努力把握形象体态的丰富性，不可墨守成规、以偏概全。

有的朗读者，朗读寓言如木雕泥塑，似乎不敢驰骋自己的想象，以为一切都包含在文字上，于是字字认真、句句正规，等待听者自己去思索、去玩味，并认为唯其如此，才能自然明白寓意。这样认识和朗读语言活泼、形式多样的寓言，肯定是事倍功半的，必须改变才行。

文字描写的形象体态，不能因形之于声而模糊，那字字认真、句句正规，除了说明朗读者对寓言的认识不全面外，还说明朗读者语言功力不足。这样朗读寓言，形象体态的光彩必然减色，甚至黯然失色。朗读者的再创作也就只好以失败告终。这里，必须首先强调的是，寓言中那形象体态只有在朗读者的脑海里活跃起来，才有可能表现出来。其次，那有声语言中必须饱含形象感受，即人、动物、物体等的具体形态、拟人化特征、与外界的关系、目的和行为，诸如此类的感受。然后，在有声语言表达技巧上必须多样，刚猛、柔弱、凶残、善良、骄傲、卑下、固执、犹豫、贪婪、顽强、豪勇、怯懦、正直、委屈……都要能够表现出来。这些，怎么可以拘泥字句、缺乏活力为满足呢？

还有一种认识，也是限制寓言作品表达的。这种认识把寓言与论说文混同起来，主张就像朗读论说文那样去朗读寓言，把形象体态的一言一行都看作概念的推移，以为这样才能突出寓意，才能使一般寓言后面那揭示主旨的警句不同凡响。殊不知，好的寓言朗读，一定在形体上就饱含着寓意，甚至可以不等到朗读结尾，寓意便豁然明朗。词语的概念性，在寓言中总是伴随着形象性的，在概念的推移中，必定包容着形象体态的生聚交往、行走坐卧，而并不走进推理、证明的规格中去。因此，寓言朗读同论说文朗读是不能相提并论的。

我们说，寓言朗读是不能刻板的，也是不应说教的；如果不以丰富的形象体态揭示寓意，朗读便会走向笨拙、僵化的道路，那无异于"守株待兔"，满足于失去必然性的偶然性，停足于抹杀多向性的狭隘性，一厢情愿而终无所得。

三、切忌"买椟还珠"

寓言要通过形体，揭示寓意，我们就把寓意比喻为"珠"，而把形体比喻为"椟"。

朗读者应该把寓言中华美的"匣子"同晶莹的"珠子"一起完整地接受过来,并完整地奉献给听者。朗读者万不可"买椟还珠",或把珠子还给作者,自己欣赏匣子,或只把匣子塞给听众,使珠子流失。

形象体态上,一定要准确、生动。这是很重要的。由此来显露深刻的寓意,来证实或引出简朴的议论。

我们以《狼和小羊》为例,简单提示一下。

"狼∧来到小溪边,看见小羊▲正在那儿喝水。"

从一开头,就不应平铺直叙,对于人、动物、物、事件,一定要非常鲜明地交代出来。这是寓言朗读特别要注意的。《狼和小羊》的开头,交代两个动物,因为它们是这篇寓言的主角,所以要突出。全句速度要慢,重音要显示动物的本质特征。"狼"要带上一些凶狠残暴的味道,"小羊"要显露一些善良弱小的味道。其中当然染上了朗读者憎爱的色彩。

后面的情节、对话,都以此为基础,在鲜明的对比中,层层推进。小羊的理由越实在、充足,狼的贪婪的欲望便越强烈,到狼向小羊"扑去",暴虐者的本性也就昭然若揭了。如果朗读中表达不出狼和羊的区别,如把"小羊喊道"处理得也像狼那样高声大叫,使人听来,狼不像狼,羊不像羊,怎么能揭示"强权即真理"的深刻寓意呢?那伸张正义、鞭挞暴虐的朗读目的又怎么能达到呢?

还有不少寓言,插有议论,虽只三言两语,却富于哲理,有助于点明寓意。它既是以形象体态的准确、生动为基础的,又是内在思想感情的结晶。怎样朗读好它,关系到寓言的实际效果,不可轻视。首先,要把这类语句与对形体的描绘区别开来。如果描绘形体要生动活泼,叙述故事内容要具体清晰,那么,开头或结尾的议论就要严肃、郑重、从容、扎实,直接陈述,语重心长,发人深思。其次,开头或结尾的议论是"锦上添花",而不是"画蛇添足",因此,不要草率了结、匆忙带过。再次,议论要肯定、有力,"珠圆玉润",不应显得犹豫、轻飘。在开头,是一种申述感;在结尾,是一种归结感。最后,议论要点到为止,不可高亢张扬,而应比较平稳,否则,就会使听者感到"珠光宝气",华而不实。

总之,寓言中形象体态的描述犹如"椟",只是为了包蕴深刻寓意之"珠"。从效果上说,听者要"买珠",但那"椟"的完美,使"珠"也愈加光彩照人。如果只是使人眩于"椟"的艳丽,反觉"珠"的暗淡,听者"买椟还珠",那就是朗读者的失误了。在寓言的朗读中,还是要坚持形神兼备为好。

第五节　诗歌朗读

澎湃的激情、飞腾的想象、深邃的意境、和谐的韵律，这是诗歌的四大特征。但自古以来，诗歌的多样化，既有历史的烙印，又有现实的足迹，既有诗体的区别，又有诗风的分野。这里，我们不准备全面说明，只想择其大概，探讨一下诗歌朗读中的几个方面的问题。

一、格律诗的朗读

本来，诗的格律是有严格要求的，尽管有一点儿可以变通的余地，那限制真可谓"门禁森严"。不过，由于声、韵、调的历史变迁，由于朗读不是字音的复原，我们主张不必拘泥于诗的格律的严格要求，而应在一定程度上冲破某些限制。

为了朗读格律诗，我们结合格律诗的特点，探究一下它在形之于声时的基本样式。

1. 字数一定

格律诗，要求字数一定。最典型的莫过于五言、七言的绝句和律诗了。但像宋词、元曲，或根据词牌填词，或根据曲牌作曲，字数也是一定的。白话诗里也有，"豆腐块"诗即其中一例。因为必须根据一定的字数进行创作，所以不能称之为自由体。古诗、乐府、歌行等，由于一句之内的字数也是相对一样的，虽然句数可短可长，也不作为自由体看待。

由于字数一定，在朗读时就应该体现出这一点，使听者感觉到这一点，而不能超越它对停连的固定要求，不能打破它的格式。如句读，不能打乱重新安排，也就是说，文字语言中的标点符号同朗读时停顿的位置是一致的，不能显出字数似乎不一定的样子来。至于句中的停顿还是允许存在的，停顿的时间也完全可以变化。

2. 语节一定

我们这里说的语节，含有音步、节拍的意思。语节一定，在诗的格律要求上表现为各句中词的疏密度大体相近。不同的格律有不同的语节安排，我们试以五言诗和七言诗中的绝句为例，看看在朗读中怎样把握它们的语节。

如：春眠｜不觉晓｜
　　处处｜闻啼鸟｜

夜来|风雨声|
花落|知多少|

如:千山|鸟飞绝|
万径|人踪灭|
孤舟|蓑笠翁|
独钓|寒江雪|

有人主张五言诗为三个语节,作为吟诵是可以的;作为朗读,如果把第三、四个音节划为一个语节,而让第五个音节独立支持一个语节,会发生三个问题:其一,形成三、四音节与一、二音节等同,或形成三处拖腔,或三处均不拖,显得相当单调,五绝仅四句尚好一些,若五律、五古等句句如此,更觉呆板;其二,第五个音节独立支持一个语节,容易给人以隔断感,特别是"闻啼鸟""知多少"这类句子,把"啼鸟""多少"隔断,诗意不清,诗味也显不足;其三,分为三个语节之后,形成二、二、一的格式,前两个语节词的疏密度一样,后一个语节就一个音节,这就势必得把前两个语节加快些,后一个音节放慢些,这样朗读,使前两个音节不敢伸展,末一个音节必须延长,诗的意境、韵味便被削弱了。

我们认为,要重视诗句里五个音节的关联,从语法构造上分析它的各种排列。而在这方面,划分为两个语节就方便得多。一是减少拖腔,第一个语节可有延长音,第二个语节词密,后面却有停顿,既不急促,又不必太拖;二是增强韵味,在句腹上安排一个延长音,造成"二、三"的格式,可以更好地展现意境、体味诗情,不必待全句结束再去回味;三是立足全诗,即由于一句只两个语节,有利于对各个诗句具体而灵活的处理,克服表达上的呆板。

试看这两句:

黄山四千仞,
三十二莲峰。

划分为两个语节,应是:

黄山|四千仞|
三十|二莲峰|

根据语法关系,"三十二"是一个完整的数字,不应隔断,但在朗读中不因分属两个语节而语意不清。从文字上看,似乎真会发生这个问题,但我们的语节是形之于声的,在有声语言中,只要使它们处于完整的语势之中,稍加顿挫的变化,即可解决。何况语节和停顿并不是相同的概念呢。

模糊图形可以是这样的:

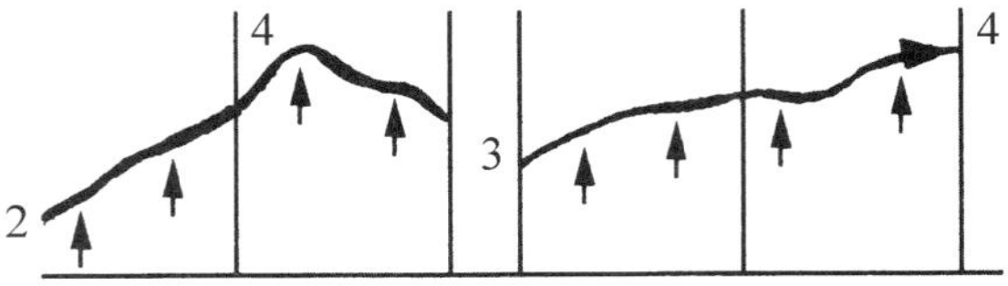

这里的“十”延长声音与“二”紧接,并不隔断,“二”也稍延长声音,几乎占到这个语节的一半,“莲峰”紧连,占这个语节的另一半。由于各语节内部词的疏密度也不相同,这涉及更精细的探讨,属于韵律美的问题,这里不便详说。如果我们按三个语节划分,是什么样子呢?那就是:

黄山|四千|仞|

三十|二莲|峰|

语节增多,词的疏密度活动范围缩小,朗读时便不那么灵活了。后一句有两处难处理的地方,第二个语节的组成尤为明显。既不能在“十”那儿拖长的同时在“莲”那儿拖长,又不能把“二”与“莲”紧密联结,像划分成两个语节那样处理,失去同上句的对称,还得就范于“二、二、一”的格式,但那诗意与韵味就差多了。

七绝,一般分为三个语节。

如:君问|归期|未有期|

巴山|夜雨|涨秋池|

何当|共剪|西窗烛|

却话|巴山|夜雨时|

如:渭城|朝雨|浥轻尘|

客舍|青青|柳色新|

劝君|更尽|一杯酒|

西出|阳关|无故人|

有人主张七言诗划分为四个语节,但我们认为,在朗读中还是划分成三个语节为好,其理由,与五言划分为两个语节是一样的。

七言中也有语节划分后与语法关系不合的。这时,要特别注意二者兼顾。

如:山僧|不解|数甲子|

一叶|落知|天下秋|

第二句的第二个语节,可以把“落”字声音延长些,“知”字稍高而短促,为“天”字的高出搭桥,就大体可行了。

在七言中,二、二、三的格式最为普遍,甚至可以有四、三的格式,虽然也是两个语节,却仍有别于五言。这对语节内部词的疏密度的掌握就要求更高,也更灵活了。

词(长短句)、曲中,也基本上是以五言、七言为基础,或断或连,错落组合而成的。

只要熟练地掌握了五言、七言的格式,那也就好办了。或是扩展,或是紧缩,朗读时酌情处理,定会有变化之妙。

我们认为,格律诗语节的划分,是从具体思想感情的运动和语流速度两方面考虑的,不单纯是意义上的区分,也不单纯是节拍的谐和,格律诗之所以为格律诗,就因为它是用明显的格律来包容、凝聚思想感情的,语节特点的存在是格律诗的重要标志之一。如果我们在朗读时不考虑这一点,或考虑不周,就很容易失去格律诗的特点,而读成大白话或普通散文。

3. 韵脚一定

没有韵脚,难称格律诗。双句末一音节一般都是韵脚,第一句押韵的也较普遍。绝句、律诗等一般是一韵到底,古诗、乐府、歌行,有不少换韵的,这也允许。词、曲,就一个词牌或曲牌看,大多也是一韵到底。

在朗读时,出于音韵的需要,必须给韵脚以呼应,不可含糊带过。在韵脚不是重音的诗句中也要适当地比其他音节读得响亮些。

韵脚的呼应,不但有语气的色彩问题,也有基调的烘托问题,更有形成回环往复的节奏感的问题,既不必逢韵就扬、就重,也不应轻视韵脚的作用,不讲究韵脚的表达。

语言发展至今,朗读格律诗的韵脚以普通话的"十三辙"为准,即发花、姑苏、一七、乜斜、灰堆、遥迢、江阳、言前、人辰、中东、油求、梭波、怀来,有时还包括小言前儿和小人辰儿等儿化韵。有些古诗不合这十三辙,也不要刻意追求,以免发生笑话。

4. 平仄一定

什么样的诗,要求什么样的格律,这里面就包含着平仄问题。

平,指阴平、阳平两个声调。

仄,指上声、去声两个声调。

过去所谓"平、上、去、入",但到普通话里,由于"入派三声",即入声已分别演变到其他三个声调中,入声已不复存在(当然某些方言中还保留着,如广州话)。今人写格律诗也有沿用古韵的,在仄声韵里包含着入声音节。但在朗读中,我们不必追溯入声、沿用古韵。

平仄是很重要的问题,古人作格律诗,对平仄的要求相当严格,本句交替、对句对立、上下相粘,等等,使音律抑扬,语言优美,这在朗读中也起着重要作用。

五言诗的平仄如《登鹳雀楼》:

白日依山尽,(平仄平平仄)
黄河入海流。(平平仄仄平)
欲穷千里目,(仄平平仄仄)

更上一层楼。（仄仄仄平平）

七言诗的平仄如《出塞》：

秦时明月汉时关，（平平平仄仄平平）

万里长征人未还。（仄仄平平平仄平）

但使卢城飞将在，（仄仄平平平仄仄）

不教胡马度阴山。（平仄平仄仄平平）

从普通话朗读的要求看，这些平仄关系已经不完全符合原诗的格律了，但基本上还是保留着平仄变化的一些规律。不论五言、七言，不论绝句还是律诗，在平仄上都在严格规定之外，允许许多的变体。

对此，朗读者应有所了解，以利于把握语言中的韵律。如：除了韵脚要求分平声韵、仄声韵之外，五言中，第二、第四个字的平仄要求也很严格；七言中，“一三五不论，二四六分明”，同样是这个意思。

在朗读格律诗时，邻句平仄的对应关系将在声音形式上发挥重要作用。在字数、语节、韵脚一定的情况下，平仄相对应，语势就可以变得更为错落有致，节奏的抑扬回环更加鲜明，使人感到音韵铿锵，倍觉动听。

5. 语无定势

正因为格律诗的种种“一定”，虽给朗读以方便，但也给朗读以困难。

说方便，朗朗上口，字句简洁，“熟读唐诗三百首，不会做诗也会吟”。长久的吟诵已成格式，即使不识诗眼、不解其意，甚至目不识丁，黄发垂髫，也可以“吟”一两首。

说困难，是指读好不易。以它那种“一定”的局限，要表达丰富的感情、深邃的意境，有韵律而不单调、有回环而不复沓，需要进行认真的、不断的研究。

这里，我们只能简要地介绍一点儿，力争突破局限的表达方法。

还是以两首七言诗的诗句为例，以便在对照中加以比较。

①千里江陵一日还。

②夜半钟声到客船。

这两句诗，字数、语节、韵脚、平仄都一样（第一、第五个字平仄虽不同，但无关大局）。但是，由于①的轻快、②的沉静，在朗读时，就应该有明显的不同处理。

①的模糊图形为：

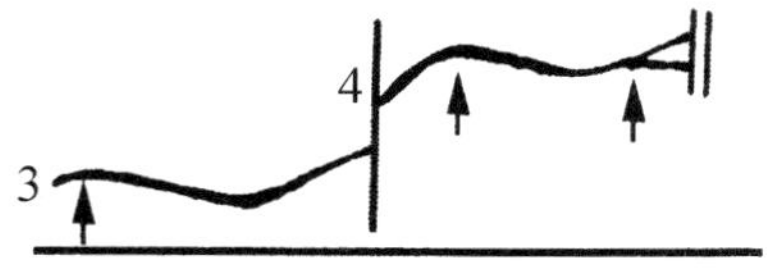

①属起潮类语势,“千里”和“江陵”两个语节几乎合二为一,“一日还”,沿“一”的变调——阳平调势上行,“还”扬而不落,表现出路虽远、船行快的欢快心情。

②的模糊图形:

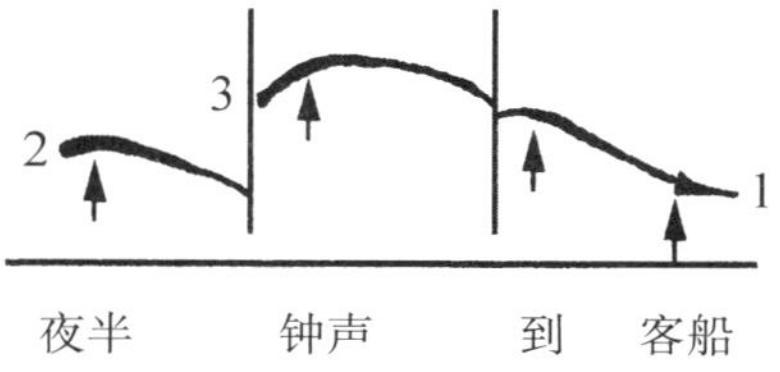

②属落潮类语势,“夜半”有夜深人静的感觉,“钟声”高起,借“到”的去声调势下行,似传到了船上,“客船”低而轻缓,“船”渐弱缓收,似钟声悠扬不绝于耳。三个语节,仍觉不满足,所以第三个语节有一分为二的态势。

由此可见,语势的变化大有可为,可以说:语无定势是冲破种种“一定”、朗读好格律诗的诀窍。

二、自由诗朗读

比起格律诗来,自由诗的朗读的确可以更自由一些,但是,正因为可以更自由一些,往往听不出诗行,不觉有诗味,变得跟一般散文的朗读差不多,所以有时给人以散乱的印象。

自由诗毕竟是诗。不过,有人又把格律诗的吟诵调用在自由诗的朗读上,听起来十分别扭,自由诗的豪爽不羁、跳脱奔腾的特点就被抹杀了。

那么,怎样才能朗读好自由诗呢?

1. 深入意境,因境抒情

不论是叙事诗,还是抒情诗、讽刺诗,如果没有意境,就很难成为好诗。若表达不出意境,也就不算好的朗读。无意境的朗读,情浮意浅,声音形式怎样变化多端,也弥补不了这根本上的弱点。深入意境,要求思索、想象,紧紧抓住具体而微妙的构思。同时,要在这个基础上,引发浓烈的感情,因境抒情。

尤其要注意那句句比喻、处处象征的诗,万花筒般的变幻,往往使人眼花缭乱,如果不从意境着眼,就会像堕入五里雾中,不知其行止。

诗的语言极为凝练,在自由诗中显现出万千气象。每一个诗句可以成为显微镜的一个镜头,透过它,能明察尘埃草芥;也可以成为望远镜的镜头,通过它,能接近琼楼玉宇。囿于文字,意境就无从发见。

诗的语言具有跳跃性,更增加了诗的容量,“视通万里,思接千载”已经显得褊狭了，今天提供给诗人的有更广阔的空间、更久远的时间，这跳跃性的跨度也就不可限量了。朗读者如果表达不出诗句跳跃中的内在联系，竟把一个个单句平摆浮搁地送给听者，那意境当然就无从表达了。

因境抒情，才可能出意境。但有的朗读者，只知“借字抒情”，不知要因境抒情。“借字抒情”当然比“见字生情”好得多，因境抒情也不能脱离“借字”，但为了强调诗的特点，突出意境的重要性，抒发出感情的深度，我们认为“因境抒情”较为恰当。

因境抒情，必须从全诗的整体出发，在意境需要的前提下引发，这就避免了片断感。

如《囚歌》，作者身陷囹圄而不屈，面对利诱而不惑，豪情壮志，气贯长虹。人的身躯与狗洞、“自由”与“永生”，简洁鲜明的对比，造成恢宏高远的意境。

在朗读时，必须提挈全篇，以具体的、形象的比喻和象征传达出意境的可感性，发挥意境的感染力。

最忌脱离整体意境感受去图解比喻和象征，致使诗歌朗读有貌无神。“——爬出来吧，给你自由！”是诗人转述自己的所听，并非真有某个说客出面，因之，在转述中充满了憎恶、否定的态度感情，更表达了诗人赤诚的内心。有的朗读者忽然以敌酋的语气，甚至某种怪声表达，那意境便顿然消失。而“我应该在烈火与热血中得到永生！”本是诗人的热烈期望，深沉内在，自勉自励，有的朗读者为加重语气分量，竟用起潮类语势，像在发出号召，于是前功尽弃。

我们说，因境抒情，也要“借字抒情”，完全不应该走入图解式的歧途，而应该以“有我”之境，传“有情之语”。如“……给你自由！”借“自由”的反义性重音，传“我听、我厌”之神，揭露那虚伪自由之态。“……得到永生！”是爱，是欲，深挚、向往，徐缓、坚定，以波峰类语势（“热血”为顶峰）表达“留取丹心照汗青”的崇高信念。

因境抒情，还要注意在意境的凝结点上发挥，而在意境的疏散点上超脱。这同画画是一样的道理，“纤细过度，翻更失真”（谢赫《古画品录》）。古人写诗注意炼字，更注意诗眼，就因为诗眼是意境的传神之处。自由诗更需要朗读者准确把握意境的凝结点。

2. 把握节奏，重视诗味

说节奏是诗的生命，并不过分，因为它字数不定、语节不定、韵脚不定（有的自由诗也是两句一押韵，有的自由诗却不用韵）、平仄不定，朗读时，如果不把握住节奏，只剩了“自由”而丢掉“诗”。

诗味，恰从节奏中来，自由诗朗读的节奏不但展现着意境美，而且显示着音韵美，诗味便如影随形地飘散出来。

为了说明自由诗朗读的节奏，必须涉及几个问题，我们分别说明一下。

（1）随步移形，呼应对称

自由诗本身就包含着符合诗情的语节，如果单从语节看，远不如格律诗那样整齐。自由诗本身是分行写的，如果从分行看，长短不一，有的诗行也许不成语句。自由诗多数要分诗节，或两行一个诗节，或四行、五行以至更多行为一个诗节，全诗分若干诗节。这样，语节、诗行、诗节，成为朗读时有声语言的“步子”，由于步子的大小不同、跨度和容量不一，朗读者在驾驭有声语言的过程中，必须随步移形，不可步法错乱。它的重要标志，就是呼应对称。

自由诗里，呼应对称的情况多种多样，这里不能一一列举。现在，仅以三小段诗为例。

如：真是|做梦也|想不到啊，
事情会|发生得|这样神奇：

如：何必这样问呢——到底更爱南方，还是北方？
我只能回答：我们的国土到处都是一样；
何必这样问呢——到底更爱甘蔗林，还是青纱帐？
我只能回答：生活永远使人感到新鲜明朗。

如：有的人
骑在人民头上：“呵，我多伟大！”
有的人
俯下身子给人民当牛马。
……
骑在人民头上的，
人民把他摔垮；
给人民作牛马的，
人民永远记住他！

这三个例子，都有呼应对称的节奏变化。

第一个例子，是语节的对称，即相邻诗行的语节数目大体相同。自由诗常用这种办法显示对称性。这种对称的反复出现，就形成了全诗的节奏。

第二个例子，是前两句与后两句的并列性对称，第一句与第三句相呼应，第二句与第四句相呼应。如此回环，也造成某种节奏感。这一类呼应对称可以扩大到包含六、八、十二行的诗节中，如第三个例子。相邻的诗节或中间经过不同诗节变换的相隔诗节，都可以形成相隔呼应对称，即二与五、三与六、四与七诗节的呼应对称。二、三、四诗节和五、六、七诗节是两组各自并列性对称。而前一组的每一个诗节，又是由一、三诗行的反复和二、四诗行的对比组合起来的。这里举的是二与五诗节的呼应对称，代表了两组的呼应关系和诗节内的情况。这种多层次、多样化的呼应对称，更增强了自由诗的回环往复而不显杂沓的节奏感。

(2)起伏跌宕,停连灵动

自由诗为朗读提供了有利条件,允许比格律诗更自由地起伏跌宕,允许比格律诗更灵动地停连。

朗读自由诗,要善于使用突停、长停、快连、推进、虚实等技巧,因境抒情,因情用声。但是,必须强调思想感情的依据,不应以无情之声读有情之语。有的朗读者喜欢用自以为正确生动的朗诵腔调朗读诗,忽快忽慢,忽高忽低,一快就听不清字词,一慢就拉腔拖调,一高就声嘶力竭,一低就如窃窃私语,其实,这非但不正确、不生动,反而让听者生厌。这不是起伏跌宕,而是装腔作势。

如:趁这夜已快完了,请告诉他们
　　说他们所等待的就要来了

这是艾青《黎明的通知》一诗的最后两行。朗读这首诗,一定要根据内容和诗情把全诗的两行一节的样式在保留其特点的基础上加以变化。如果每一诗节内的两个诗行都有差不多的长短停顿,相邻的诗节显不出联系的松紧,那“通知”的激情,那“黎明”的信息就很容易分崩离析、散乱一团。

这首诗结尾的两个诗行,是全诗发展的必然,是胜利将临的号角。怎样使这两个诗行起伏跌宕、停连灵动呢?我们可以简单介绍一点方法。

“趁这夜已快完了”可以与上一诗节第二诗行紧接,“以最慈惠的光辉”稍柔缓,“趁”字高起,抑制不住欣喜的心情读完“这夜已快完了”,再紧接“请”字,稍顿,“告诉他们”要深情、稍缓,但却是推进的起点,稍停,然后以上行语势继续推进:第一步是“说他们”,第二步是“所等待的”,要给一定分量,表现等待、盼望多少代、多少年的深重痛楚,稍一顿,推进到第三步“就要”,激情欲爆发、倾泻,较快,第四步“来了”,“来”字是推进的顶峰,高些、重些、长些,“了”字不落,干净收住。为了突出“来了”,在前边可以安排一个较长的停顿。这样表达,逗号处、分行处,都没有正规的停顿,只以一顿略作表示,偏偏在“就要”之前一顿,之后一停,就把那“通知”的号音吹响了,犹如报告人们早已渴望的信息已经到来一样,令人信其必至,使人喜其即至。“就要”二字,声音就像举起的手、开幕的锣,引起听者巨大的期待感,“来了”就像喷薄跳出的朝日,使听者为之精神大振,不由思前想后,久久回味。

当然,如果把分明的两个诗行读成了一个诗行,或把诗行读得七零八碎,甚或乱加语气词,诗也就变成了人们常说的大白话,虽不呆板,但诗意诗情也就无从生发、表达了。

这里,我们不能不对那种漠视诗的形式的看法和做法表示异议。有的朗读者,自称“激情派”,认为“激情就是一切”。他们的朗读是不是真的激情洋溢,另作别论,仅是不顾诗节、诗行的做法,就很值得讨论。听他们的朗读,语节、诗行、诗节都是杂乱无章的，貌似起伏跌宕、大停大连，实则破坏了诗的形式，打乱了诗的步法。朗读者的主观随意性处理，大大超越了诗人严谨的构思和诗篇严密的布局。那语言，也是貌似口语，实则浅露，貌似自然，实则干瘪。于是，凝练的诗句被简单化，饱蕴的诗意被表面化了。这怎么能称得上是对原诗的再创作呢？

三、背诵

诗的朗读，不应该简单从事。只有反复诵读才可以体会到个中滋味。因此，背诵不是对朗读者的苛求。背诵的目的，是为了加深对诗的体会，传达出诗的意蕴，给自己、给别人以美感享受。肤浅的理解、敷衍的态度，即使背得滚瓜烂熟，也不能达到背诵的目的。

在背诵的过程中，不应停留在文字、诗句上，而应力求做到：全诗熟稔于胸，全身心都沉浸于诗的意境之中，诗句在心中跃动，几欲脱口而出。只有这样，文字、诗句才有可能融会贯通，化为有机整体，个别文字的影像、个别诗句的语意都不再单独呈现，一种超然字外的综合意念便统领着一切，每一点深刻体味、每一处细微贯穿，都不再受视觉（看文字）的束缚，全身心都进入诗情中去了。

朗读时要形于色，既有利于自己的“第二次唤起”，形成积极的朗读状态，又有利于有声语言色彩丰富，使听者动容。背诵时，更要形于色，眼睛要传神，可以左右、远近地扫视，也可以专注于个别朗读对象，虽不应四处乱看、不停地来回扫视，但要在眼神里包含着热情和活跃。全身也不可木然不动，应辅以准确、适当的手势。

面部表情、眼神、手势，都是为表达原作服务的，要以准确传达为主，朗读者的主要精力还是要花在深入作品、表达作品上，那种因背诵而着意表演、令人目不暇接的做法，确是“颠倒了视听”，违背了朗读目的，破坏了现场的严肃气氛。

背诵接近朗诵，但不完全是朗诵，初学者宁可多一些质朴，也不要追求表面的华美。

这里所说的背诵，已不只限于诗歌了。但并不是所有文字作品都应该背诵的，一般来说，千古传诵的佳作、脍炙人口的精品、特色鲜明的范本、妙语惊人的片段，都值得背诵，这不但得益于一时，更能增益久远。我国也是一个“诗国”，无论专攻此业，还是业余爱好，尽量多背一些诗歌，实在是一种陶冶和享受，因此，是值得大大提倡的。

第六节　文言文朗读

文言文，是一种言简意赅的古代书面语言作品的统称。它与生活语言相距甚远，虽然近代、现代还有人写它，但自“五四”以后，白话文兴起，它便相形见绌了。现在，我们学习文言文，不是为了复古，也不是为了全盘接受，而是为了批判地继承文化遗产，取其精华，弃其糟粕。文言文中，虽有死去的语言，但也很有值得借鉴、吸取的一面。不少文言文，用优美、精湛的文笔表达出某种高尚的思想情操，至今读来，仍有相当强烈的感染力，仍有极为精妙的音韵美。正因为如此，只是阅读，就显得不足了，而朗读它，往往能品其所言，得其所未言，比起白话文的朗读更具有特殊的作用。

文言文朗读，比白话文朗读困难得多，因为有众多障碍。它字少意深，音单义广，难以补足；它一词多义，句法简奥，难以准确；它时过境迁，语焉不详，难以晓畅；它词异声同，一字多音，难以显露；它快读失字，慢读失章，难以把握；它文无定势，稍纵即逝，难以体味。对这些障碍，朗读者必须千方百计予以克服。

一、熟读原文，加强感受

朗读者对于文言文中的字字句句，一定要理解得透熟、精到。最好在脑子里把每一个字词、语句都形成对应的白话文。对有关的古人、古事，对有关作者及其他作品、时代、典故、训诂、释义、音韵、句读等都应有所了解。了解了这些之后，应该做一次“翻译”工作，从头到尾地、有条不紊地将文言文“译”成白话文。在这个过程中，字斟句酌、反复推敲，不但会进一步加深理解，形成鲜明具体的意念，而且可对作品的思想性、艺术性给以具体恰切的评价，二者联系在一起，建立迅捷的条件反射，汇入有声语言之中，便会言之有物了。

透熟、精到的理解，还必须融入具体的感受。对古文语词的感受是很不容易的，朗读者功力不足，就几乎引不起感受。值得注意的是，有一种不正确的认识妨碍着具体感受的获得，这种认识是：平心静气、不动声色才是朗读文言文的正宗。当然，文言文是表古人的思想，达古人的意向，抒古人的情感，发古人的感慨，今天的朗读者没有必要“替古人担忧”“代古人疾呼”。不过，任何作品，包括文言文在内，缺乏感受的朗读不仅违反语词感受律，而且，必然削弱有声语言表情达意、言志传神的功能，必然缩小文言文的认识意义，降低其美学价值。

二、整体平缓，语词拓开

在理解和感受的基础上，如何把握有声语言的进程，是朗读文言文的关键所在，不能不较为详细地说明。

我们认为，朗读古文，不宜峰谷悬殊、缓疾突变。从整体来看，应该是平稳的、舒缓的、从容的、深沉的。

唯其平稳,才可以显出字字珠玑;唯其舒缓,才能疏通词句承续的渠道;唯其从容,才给听者以思索的时间;唯其深沉,才会达到探幽发微的目的。

从整体看,感情态度、语气节奏的各种类型并不消失,而是全都向这个要求靠拢,靠拢到仍能区分的程度。这就是说,不能像白话文的朗读那样,体裁、类型都很显明,一听就知道,但是,也不应千篇一律,毫无差别。

朗读文言文的基本功在于把语词拓开,以便更多地容纳、表露那些不见诸文字的含义、意蕴。

拓开语词,不是字字拓开、词词拓开。怎样拓开呢?要确实把握三点:一要看语法关系、词性、句式;二要看思想感情的延续、转换过程的需要;三要看易懂、难懂的情况。

拓开语词不是一个一个读出字音,而是在语流中,把语言链条拉长,有些环节拉长,有些音节拉长。

如:“自——三峡——七百里中,两岸——连山,略无——阙处;重岩——叠嶂,隐天——蔽日;自非——亭午——夜分,不见——曦月。”

如:“庆历——四年春,滕子京——谪守——巴陵郡。越——明年,政通——人和,百废——俱兴。乃——重修——岳阳楼,增其——旧制,刻——唐贤今人诗赋——于其上。属予作文——以记之。”

如:“呜呼!灭——六国者——六国也,非——秦也。族秦者——秦也,非——天下也。嗟夫!使六国——各爱其人,则——足以拒秦;使秦——复爱——六国之人,则——递三世——可至万世——而为君,谁——得而族灭也?秦人——不暇自哀,而——后人哀之;后人——哀之——而不鉴之,亦使后人——而——复哀——后人也。”

如:“居——五日,桓侯——体痛,使人——索——扁鹊,已——逃秦矣。桓侯——遂死。”

用横线标明拓开的位置,并不十分准确,没有横线处也有一些拓开的音节,一般不太明显;有横线处也不一定就同样拓开,有的短些,有的长些。如果以为按这横线标示朗读就万无一失,当然会失望的,不过,文言文朗读中语词打开大体上就是这个情况。由此可见,词语拓开的位置一般是二、三、四个音节之间,显然比白话文的朗读顿挫要多。

我们可以看到,没有语词拓开,朗读时语词紧凑,是很不利于表达思想感情,很不利于突出文言文特色的。

三、语势复归,读而不说

从句子看,语气各有千秋,语势也有变化,不过抑扬缓疾轻重的变化幅度不大,而语势的起而复归是文言文朗读的特点,不可像白话文朗读那样起伏自由,语势错落。

语势复归,并非归为同一落点,但那每一句落点的差距不能过大。这是出于平缓和深沉的需要。

试举一例:“……雷霆乍惊,宫车过也;辘辘远听,杳不知其所之也。……”

此句接上句“焚椒兰也”,句首稍高起上行,表示雷声乍响,滚滚来去。“宫车过也”,稍低,表示判断明白。“辘辘远听”,声音由较大到较小,第一个“辘”字稍重、稍长,第二个“辘”字稍轻、稍短,“远听”渐低,至“杳不知其所之也”,恢复到近似“焚椒兰也”的语势上,平稳而深沉。

像《醉翁亭记》中二十一个“也”字,既体现出不同的语气色彩,又有语势复归的具体显露,“也”的落点各异,但均归于平缓和深沉,正是文言文朗读的典范作品。

整体平缓、语词拓开和语势复归,就使文言文朗读具有了明显的特点,使朗读者更进一步把握读而不说的基本要求。

古汉语与现代汉语有重大差别,文言文与现代书面语言作品有多层隔阂,文言文距普通话就更为遥远了。因此,像朗读白话文那样去朗读文言文,是根本不行的。白话文用普通话朗读,文与言相当接近,可以读而不板,说而不演,文言文也用普通话的声音形式去套,就显得极不和谐了,即使比较浅显的某些语句也不能像说话那样朗读。

我们并不主张文言文朗读要死气沉沉、古古板板,那种朗读是没有活力的,既有碍于朗读者“有动于衷”,也有害于听者的美感享受。但是,我们也不主张把文言文朗读得像说大白话,那会使文言文的特色丧失殆尽。

为了使文言文朗读既保存文言文特色,又不僵化刻板,我们认为,应该坚持读而不说的基本要求,发挥朗读的优势。为此,我们为初学者提供四点具体意见,以利于把握。

1. 词语的主次关系不宜过分分明

这一点,是同白话文朗读相对而言的,主要表现在次要词语的声音形式上。由于次要,往往在朗读时减弱吐字归音的清晰度、力度,听起来较松、较弱、较快。在文言文朗读中不能这样明显,主次之间对比不那么强烈。

如:“其必曰‘先天下之忧而忧,后天下之乐而乐’乎。”

文言文朗读,对“先”与“后”、第二个“忧”与第二个“乐”这并列性和重复性重音也要突出,声音高些、重些、长些;其他语词不能一带而过,仍要拓开些:“其——必曰∧‘先——天下之忧——而忧,后——天下之乐——而乐’乎。”

如果按白话文朗读,或者去“说”,重音位置、主次关系不变,但非重音部分就会迅速推进,低弱短促,成为:“其必曰∧‘先——天下之忧而忧,后——天下之乐而乐’乎。”引号内的两句各为两个语节,除“先”“后”之外,语节内词的密度加大,音节变短,语流变快。就像日常说话中引用这两句那样，与文言文朗读的要求不同，差距更大。

2. 词语易懂难懂要区别，也不宜流于口语

文言文中的词语，有的深奥难懂，朗读时按文言文朗读要求，可以认识到那必要性；对于文言文中浅近易懂的词语，貌似白话，朗读时就想摆脱文言文朗读要求，以“说”为满足，那是不行的。

如：“吾王之好鼓乐，夫何使我至于此极也！父子不相见，兄弟妻子离散！”

这是话中之话，而且是引用“百姓”的话，但这仍是文言文。其中“父子不相见，兄弟妻子离散”一句，同今天的口头语言何其相似！如径直按口语“说”出，听者完全能懂，不会发生歧义。可是，这样一来，与上下文的语气、节奏等便很不协调了。犹如京剧台步中忽然出现生活中走路那样，不是“创新”，只能说是玉中的瑕疵、水中的泥沙。为了顺文势、合文气，为了首尾协调，还是照样把语词拓开为好，成为：父子——不相见，兄弟——妻子——离散。

3. 语助词要适当延长，更不宜混同白话

如：“夫（发语词，音 fú）、也、矣、乎、哉、焉、耳”等，这类语助词在文言文中随处可见。朗读时，都要适当延长音节。尽管它们的作用几乎可以同“了、呢、吗、呀”等一样，读起来也不能像白话文那样。说话时或朗读白话文时，“了、呢、吗、呀”等，都属于轻声，音节短促，一点即过，少有拖长音的情况。

如：“前人之述备矣。”

比较：“前人的记述已经很详尽了。”

“矣”虽轻，也比“备”短，但保持上声调类（近于前半上调值）。而“了”，是轻声，极短。

如：“何哉？”

比较：“为什么呢？”

“哉”尽管比“何”要短，但仍有延长感。“呢”极短促，一点即收。

如：“夫战，勇气也。”

比较：“作战，是靠勇气的。”

“夫”只是发语词，阳平声调，“也”表示肯定语气，上声声调（读近于前半上调值），都稍轻、较长。“的”为轻声，一点即收，不能拖长。这句文言文，朗读时按语词拓开的要求：

夫——战，勇——气也。（或：勇气——也。）

不注意这个问题，把语助词一律读得轻短，文言文包蕴的意味就必定大大减少。

4. 把握文言文音韵特色,尤不宜平白如话

人们日常生活中的谈话,大多数尽管自然,却往往失之于平白,很少讲究音韵的美感。

我们朗读任何文字作品,包括理、工、农、医的学术论文,都要注意音韵的美感,那么,朗读非常讲求音韵美的文言文,就更不能不把握音韵的特色了。

文言文中,有很多骈体,对仗工整,音韵铿锵,朗读时不允许稍有忽视。即使是非骈体文,也要把握音韵的特色。

如:“无由会晤,不任区区向往之至!”

(平平仄仄,平仄平平仄仄平仄)

“由”字上扬,“晤”字下抑;“任”“向”“至”与“不”(变调,在去声前读阳平)、“区”、“之”的抑扬相间,再插入调值为近于前半上声的“往”,就显得音韵抑扬有别,声音高低悦耳。这还没有包括对音节内部的更细致的研究,没有包括声、韵、调、轻重格式、音节响度、语流速度、声音色彩等的研究。

对于读音,我们坚持以普通话语音为准,不必也不应拘泥于古音。坚持读古音,并不能说不对,有时也有一定的好处。不过,“古音”并不一样,不能以一时、一地的古音作为古音的代表。试想,如果我们朗读某一篇文言文,就要回到作者的年代,追溯当时、某地的读音,是不是可能呢?时至今日,似乎尚未出现通达先秦以来历代各地域全部字音读法,并据以读出或注出真正是当时、当地字音的学者、朗读者,那么,所谓古音到底是什么音呢?年代越久远,古音的概念越模糊,坚持读这并不准确的古音,还不如坚持比较准确、比较普及的普通话语音。对古音韵的研究是一定研究领域(如历史语音学、汉语发展史、音韵学等)的事,作为朗读,不以读出古音为目的。

关于文言文朗读的问题并不只这些,朗读方法也会是千差万别、千变万化的。我们所说的这些,对于初学者,对于如何克服文言文朗读中的障碍,也许有一些帮助,但是,也不要使文言文朗读落入某种窠臼,甚至形成有音无义、半死不活的固定腔调。

在对几种不同体裁作品的朗读进行了以上的探讨之后,我们还要再次强调,作品的体裁不同,对朗读的确有相当影响,但它们不能离开朗读的基本理论,不能违背朗读的基本规律。如果忽视这一点,对不同体裁作品的朗读就会在某些方面脱离朗读的轨道,甚至在总体上失去朗读的特征,我们就不能顺利完成自己的任务。

知识梳理

记叙文朗读:(1)线索清晰,立意具体,朗读者明确了作品发展线索的方向、把握

好各个曲折之间的转换后，要透过人、事、物、景的具体变化，使作品的立意生发开去，深沉起来。(2)表达细腻，点染得体，即叙述要舒展，描写要实在，人物要写意化，声音要轻柔化。

论说文朗读：(1)论点鲜明，论据有力。论点如箭，坚实犀利，论据如弓，强韧有力。(2)态度明朗，感情含蓄。语气不可犹豫、商量，要肯定、果断，但不可以势压人，而要从容、大度。感情的运动控制在心里，在适当处流露。(3)语气肯定，重音坚实。直言其事，直论其理，语气肯定，稳如磐石，坚定不移，势不可遏。(4)读引语和括号内词语时，既显示出它们同上下文的区别，又加强它们同上下文的内在联系。

小说朗读：(1)抓住核心，深化感情。抓住中心思想，进行感情的深化，促使朗读者把理智感渗入形象，并以符合生活逻辑的必然性把形象细腻丰满地展现出来。(2)抓住个性，塑造人物。从“外形”与“内心”两方面去把握，使人物形神兼备、栩栩如生。(3)抓住基调，变化节奏。在一定基调的范围内，小说的节奏要求适当加大幅度，使高低、快慢、强弱、虚实的变化显得更有对比的鲜明度，更有回环的运动感。

寓言朗读：(1)切忌“揠苗助长”。要从寓言的具体内容出发，实事求是。(2)切忌“守株待兔”。在准确揭示寓意的前提下，努力把握形象体态的丰富性，不可墨守成规、以偏概全。(3)切忌“买椟还珠”。寓言通过形体，揭示寓意，因此在形象体态上，一定要准确、生动，坚持形神兼备。

诗歌朗读：(1)格律诗的朗读。要从字数、语节、韵脚、平仄等方面综合考虑，但同时注意“语无定势”，冲破种种“一定”，是朗读好格律诗的诀窍。(2)自由诗朗读。应深入意境，因境抒情，把握节奏，重视诗味。

文言文朗读：(1)熟读原文，加强感受。对于文言文中的字字句句，一定要理解得透熟、精到；对于文言文的思想性、艺术性，要加深理解、恰切评价。(2)整体平缓，语词拓开。从整体来看，不宜峰谷悬殊、缓疾突变，应该是平稳的、舒缓的、从容的、深沉的。(3)语势复归，读而不说。语势复归，并非归为同一落点，但那每一句落点的差距不能过大。这是出于平缓和深沉的需要。读而不说，是指词语的主次关系不宜过分分明，词语易懂难懂要区别，也不宜流于口语；语助词要适当延长，更不宜混同白话；把握文言文音韵特色，尤不宜平白如话。

结束语

朗读学展望

随着朗读学的兴起，理论研究工作必须跟上来；

现在，一个科学的、完整的、个性鲜明的朗读学理论体系，有待于形成；

愿众多的有志者协力同心，让朗读学新花怒放，结出硕果！

朗读学已经亮出了自己的旗帜。

毫不夸张地说，建立朗读学正是社会发展的需要，是当代精神文明建设的需要。当我们对朗读学的一系列基本问题进行了初步的探讨之后，就更会感到这种种需要了。

今天的世界，是语言日益丰富、不断互相汲取的世界。今天的中国，更要求日益规范、更加富有中国特色的语言。普通话的强大生命力，已经鲜明地表现出来。普通话雄踞海内、波及海外的时期，正在迅速到来。

在这个必然的趋势中，朗读学的广泛开展、深入发展，无论在社会实践中，还是在理论研究上，都理所当然地提到日程上来了。

在普及普通中小学教育，发展职业教育、业余教育，扩大大专院校专业学科教育的过程中，朗读教学势在必行，方兴未艾。现在，一些大学中文系已经或准备开设朗读课，就是一个证明。朗读学，应该在教育领域独树一帜，这是一项战略性的改革，那潜移默化的作用无可估量。

语言规范化的任务，只靠子孙繁衍是完不成的，只靠师承习业是走不快的。靠全社会人人争先、个个奋力、时时留心、处处进取，也还要多少年、多少代才能达到目的。而朗读学的历史，也将顺此成章，延续不止。

众多的国际友人渴望掌握普通话，并以朗读中国作家的作品作为登堂入室之门。朗读学的发展，必将使越来越多的人掌握朗读。

朗读，作为一项独立的语言交流形式，已经在许多国家广泛开展起来。广播、电视的大发展已经给人们带来了对朗读需求的一定满足，带来了对朗读鉴赏的一定愉悦；而那更直接、更具体的服务性朗读，也已经出现了。

1980 年 9 月，日本大阪“立夕阳丘”图书馆，开设了一个“盲人朗读室”，不但有三名专职图书管理员，还有 25 名民间朗读员担任朗读工作。常有许多盲人来听朗读，他们认为这样了解新知识“既省时又方便”。

西德《世界报》报道说，西德的多特蒙德市图书馆利用盒式录音带录制了一些文学作品，作为“会说话的书”，免费借给读者。这样，使读者，尤其是盲人和视力差的读者，可以借到家里欣赏和听读。据报道，该图书馆迄今已录制了 465 盒，有陀思妥耶夫斯基等的世界文学名著，也有侦探小说和幽默滑稽故事，此外还有现代作家讲解自己作品的录音。

世界上不少国家已经在出版的书刊中附有录音磁带或密纹唱片。我们国家也开始做这样的尝试了。朗读学百花盛开的春天一定会来到。

目前,“信息高速公路”“多媒体”,已经开始为世人瞩目。“人机对话”“双向互动”,也已经成为人们使用电脑的关怀趋向。朗读将在这些活动中发挥前所未有的作用,并成为使用现代化高科技手段必不可少的本领。“地球村”的“全球意识”不但创造着科学技术的新成果,而且会扩大和提高“软件”的包容范围和使用效率,朗读当在更高的层面上,促进“信息共享,认知共识,愉悦共鸣”,从而为朗读学的理论与实践增添更精美的篇章。

随着朗读学的兴起,理论研究工作必须跟上来。目前,草创的阶段已使不少有志者花费了心血,一些报刊也发表了颇有见地的文字,不少专家、学者不但自己辛勤地耕耘,还在倾心培养天资颖慧的后来人——这些都透露着朗读之春的可喜信息。

现在,一个科学的、完整的、个性鲜明的朗读学理论体系,有待于形成;朗读学范围内,诸多概念、术语、观点、表述,有待于讨论;朗读学的源流、纵向横向的变化,有待于探索,朗读学与其他学科的关系,有待于深入研究。

朗读教学法,是朗读学不可或缺的手足。它将把朗读学的理论付诸实践,针对不同的朗读者、不同的问题,根据朗读的规律,教以具体方法。

朗读美学,是朗读学更为重要的方面,也可以说,是朗读学的高级形态。它将把朗读学从社会应用状态升华出来,循着美学的轨迹,展现色彩斑斓的景象,以自己无愧于历史发展的珍品,自立于艺术之林。已经出版的《朗读美学》,从朗读学的视角出发,开始探讨美学视阈的几个重要问题,相对于基础理论,可能有所提升和深化。

《朗读学》一书的出版,如果能对建立朗读学起到抛砖引玉的作用,也就算是尽到了它的责任。

愿朗读学鲲鹏展翼,赶上迅猛发展的新时代!

愿众多的有志者投身于这块未被开垦的处女地,协力同心,精耕细作,让朗读学新花怒放,结出硕果!

后记

本书由湖南教育出版社自1983年8月出版以来，1990年7月第二版第四次印刷，到1995年10月改由北京广播学院出版，这已经是第三次修改增订了，希望继续得到大家的帮助与指正！

本书出版以来，受到广大读者的厚爱。但是，“生活之树常青，而理论总是灰色的”。朗读活动的深入发展，又提出了许多问题，值得进一步研究和探讨。《朗读学》作为基础理论，只能解决基本认识、基本规律、基本技能、基本范式的阐释和例证。至于审美层面，《朗读美学》的论说，也可以作为起点。而具体训练和能力强化方面，还需要《朗读教学法》加以仔细地推敲和切实地指导。这几个层次的联手合作，才算进入比较科学的体系建构。我们会为此而不懈地努力。

有声语言的“只可意会，不可言传”，说明了解析和提高的难度。不过在这些年的诸多有识者的研究探索中，出版了不少论著，为这个学科的发展作出了重要的贡献。值得一提的是，也有引用本书而没有注明出处的，这当然有悖于学术规范，甚至有剽窃之嫌，希望此类情况不再发生。今后，还要加强理论普及工作和朗读指导工作，从而不断催生有声语言典范，极大提升语言文化素质，为弘扬民族精神，构建和谐世界作出自己的贡献。

虽然"口耳之学，幽眇难知"，现在终究是走出了这一步。以后的路尽管很漫长，也还是要继续走下去。再次增订也是必然的，我们期望不断获得新的成果！

仍然要感谢中国传媒大学出版社的同志们的辛勤劳动！

中国传媒大学　张颂

2009 年 4 月 30 日记于"三书屋"